国家科技部政策引导类研究项目（编号：2012GXS4B058）
江苏省高校优势学科建设工程项目资助

我国公共体育服务体系研究

王家宏 等/著

苏州大学出版社

图书在版编目(CIP)数据

我国公共体育服务体系研究/王家宏等著. —苏州:苏州大学出版社,2016.9
国家科技部政策引导类研究项目
(编号:2012GXS4B058)
ISBN 978-7-5672-1784-3

Ⅰ.①我… Ⅱ.①王… Ⅲ.①群众体育-社会服务-研究-中国 Ⅳ.①G812.4

中国版本图书馆 CIP 数据核字(2016)第 182533 号

书　　名：我国公共体育服务体系研究

作　　者：王家宏 等
责任编辑：周建国
装帧设计：吴　钰

出版发行：苏州大学出版社(Soochow University Press)
社　　址：苏州市十梓街1号 邮编：215006
印　　装：建湖县人民印刷责任有限公司
网　　址：www.sudapress.com
邮购热线：0512-67480030
销售热线：0512-65225020

开　　本：700mm×1000mm 1/16 印张：16 字数：288千
版　　次：2016年9月第1版
印　　次：2016年9月第1次印刷
书　　号：ISBN 978-7-5672-1784-3
定　　价：45.00元

凡购本社图书发现印装错误,请与本社联系调换。服务热线:0512-65225020

目录 CONTENTS

第一章 导论 /1
一、选题的背景与意义 /1
(一)选题的背景 /1
(二)研究的意义 /2
二、文献综述 /4
(一)国外相关研究综述 /4
(二)国内相关研究综述 /9
三、研究思路与研究方法 /11
(一)研究思路 /11
(二)研究方法 /11

第二章 我国公共体育服务体系理论概述 /12
一、相关概念的界定 /12
(一)公共服务 /12
(二)公共体育服务 /14
(三)公共体育服务体系 /15
二、公共体育服务体系的特征 /17
(一)系统性特征 /17
(二)公共性特征 /18
(三)统筹性特征 /18
(四)服务性特征 /18
(五)保障性特征 /19
(六)科学性特征 /19

（七）创新性特征　/20
　三、我国公共体育服务体系的结构与功能　/20
　　（一）公共体育服务体系的结构　/20
　　（二）公共体育服务体系的功能　/26

第三章　我国公共体育服务供给体系　/29

　一、我国公共体育服务供给现状及问题　/29
　　（一）公共体育服务供给的总量不足　/29
　　（二）公共体育服务供给的结构失衡　/30
　　（三）公共体育服务供给的对象有限　/30
　　（四）我国公共体育服务供给体制存在的问题　/31
　二、我国公共体育服务供给体制问题的成因分析　/34
　　（一）政府和公众观念滞后　/34
　　（二）城乡分割的二元体制　/34
　　（三）公共财政体制不健全　/35
　三、我国公共体育服务供给体制的完善　/36
　　（一）明确公共体育服务供给体制的目标　/36
　　（二）完善公共体育服务供给体制的基本要求　/36
　　（三）明晰政府公共体育服务供给的职能　/37
　　（四）完善公共体育服务供给体制的对策　/39
　四、政府、社会和市场在公共体育服务体系中的关系　/42
　　（一）政府、社会和市场是公共体育服务的多元供给主体　/42
　　（二）公共体育服务多元供给主体之间存在竞争与合作的关系　/44
　五、我国公共体育服务供给机制的理论分析　/46
　　（一）政府提供公共体育服务的基本类型　/46
　　（二）政府公共体育服务供给机制　/48
　六、我国公共体育服务供给机制存在的问题　/49
　　（一）政府与市场边界不明，政府职责"越位"与"缺位"并存　/49
　　（二）政府包办，效率低下　/50
　　（三）市场力量参与不够，非政府体育组织作用发挥不充分　/51
　　（四）比例失衡：公共体育服务资源的非均衡供给　/52
　七、我国公共体育服务供给机制多元化模式的构建　/55

目录

（一）政府公共体育服务供给机制转变的现实依据 / 55
（二）公共体育服务供给机制多元模式的构建 / 58
（三）实现公共体育服务供给机制多元化的途径 / 62

第四章 公共体育服务的组织保障体系 / 68

一、政府体育组织保障 / 69
（一）政府体育组织的组织结构及其职能 / 69
（二）政府非体育组织保障 / 74

二、非政府体育组织保障 / 75
（一）体育协会组织保障 / 75
（二）体育俱乐部组织保障 / 77

第五章 公共体育服务的政策法规保障体系 / 90

一、国内外研究现状 / 91
（一）体育政策和体育法规的定义 / 91
（二）体育决策与政策执行研究 / 92
（三）我国公共体育服务政策法规保障的研究 / 93

二、我国公共体育服务政策法规保障的现状与困境 / 95
（一）我国公共体育服务政策法规的基本现状 / 95
（二）我国公共体育服务政策法规保障的困境 / 97
（三）我国公共体育服务政策法规解读 / 97

三、我国公共体育服务政策法规保障的例证 / 108
（一）江苏省公共体育服务体系示范区建设 / 108
（二）苏南地区公共体育服务的政策法规保障例证 / 109

第六章 公共体育服务信息保障体系 / 111

一、公共体育信息服务开展现状及存在问题 / 111
（一）公共体育信息服务现状 / 111
（二）信息公开存在的主要问题及解决措施 / 114

二、公共体育信息服务信息需求分析和满意度调查 / 118
（一）公共体育信息服务信息需求分析 / 119
（二）公共体育信息服务信息平台功能需求分析 / 123
（三）公共体育信息服务信息需求满足程度分析 / 126
（四）公共体育信息服务满意度调查分析 / 129

三、公共体育服务信息保障体系建设研究 / 135
　（一）建设目标 / 135
　（二）建设原则 / 135
　（三）建设模式 / 136
　（四）构成要素 / 138
　（五）运行机制 / 141
　（六）实施措施 / 143

第七章　公共体育服务财政保障体系 / 150

一、我国公共体育服务财政保障现状 / 151
　（一）公共体育服务财政投入 / 151
　（二）公共体育服务税收政策 / 155

二、公共体育服务财政投入与经济增长实证分析 / 157
　（一）向量自回归模型 / 157
　（二）数据来源与处理 / 157
　（三）实证分析 / 158

三、基于DEA模型的公共体育服务财政投入绩效分析 / 161
　（一）数据包络分析(DEA)简介 / 161
　（二）DEA模型建立 / 161
　（三）我国地方公共体育服务财政投入效率实证分析 / 162

四、我国公共体育服务财政存在问题及原因分析 / 166
　（一）存在问题 / 166
　（二）原因分析 / 170

五、国内外公共体育服务财政保障典型案例的剖析与启示 / 173
　（一）国外公共体育服务财政保障的典型案例 / 173
　（二）国内公共体育服务财政保障的典型案例 / 175
　（三）启示 / 178

六、完善我国公共体育服务体系财政保障政策的建议 / 180
　（一）转变政府体育职能 / 180
　（二）完善分税制财政管理体制 / 181
　（三）优化公共体育服务的财政投入 / 182
　（四）建立健全公共体育服务的税收体系 / 183

（五）开拓公共体育服务多元化的筹资路径 / 184
　（六）加强公共体育服务的财政管理 / 185

第八章　公共体育服务评价体系 / 187

　一、我国公共体育服务绩效评价指标体系的构建原则 / 187
　（一）一般性原则 / 188
　（二）特殊性原则 / 189
　二、我国公共体育服务绩效评价指标体系理论框架的建立 / 189
　三、我国公共体育服务绩效评价指标体系的确立 / 191
　（一）我国公共体育服务绩效评价指标体系的确立程序 / 191
　（二）我国公共体育服务绩效评价指标体系的指标类型建立 / 193
　（三）我国公共体育服务绩效评价指标体系的经验性预选 / 193
　（四）我国公共体育服务绩效评价指标的筛选 / 195
　（五）我国公共体育服务绩效评价指标体系的权重确定 / 200
　（六）我国公共体育服务绩效评价标准体系的构建 / 202
　（七）我国公共体育服务综合评分评价方法 / 203
　四、我国公共体育服务接受者满意度指数模型构建 / 204
　（一）顾客满意度相关理论在公共部门中的应用 / 204
　（二）美国顾客满意度指数模型 / 207
　（三）我国公共体育服务接受者满意度指数模型构建 / 209
　（四）我国公共体育服务接受者满意度的测评方法 / 211
　（五）量表的设计 / 212
　五、我国公共体育服务绩效评价体系的实证研究 / 216
　（一）数据的采集及处理 / 216
　（二）绩效评价 / 218
　（三）评价等级 / 222
　（四）结果分析 / 224

参考文献 / 233
后记 / 243

第一章 导论

一、选题的背景与意义

（一）选题的背景

公共服务是 21 世纪公共管理和政府改革的核心理念,公共服务以合作为基础,强调政府服务性的同时,也强调公民的权利。① 作为在以往各种管理模式的基础上发展而来的一种真正以公民权利和公共利益为本位的政府运作模式,新公共服务理论强调政府要关注公共利益的实现,对社会公正和公平的实现也有了更加明确的要求。②

人类进入 21 世纪以来,关注民生、改善民生已被提升到关乎民族前途、关乎国家政权的政治高度,成为新世纪社会主义的重要目标。经过三十多年以效率为导向的改革开放,我国经济社会发展迅猛,但是较高的经济增长率并未能带来国民福利相应的普遍提高,公共服务体系建设得不到足够重视,形成大量社会事业发展的"欠账",形成"一条腿长、一条腿短"的状况。现阶段,我国人民生活总体上进入小康水平,中国社会发展阶段由生存型社会转变为发展型社会。③ 国际经验表明,随着一国发展水平的提升,特别是当进入人均 GDP 在 3000 美元至 10000 美元阶段,该国公共需求快速扩张,居民消费逐步由耐用品消费向服务消费升级,要求政府的公共服务支出在政府支出中的比重应有显著提升。④ 目前,我国人均 GDP 已超过 3000 美元,处于公共服务发展的黄金时

---

① 孙其军,郭焕龙.北京 CBD 公共服务体系建设的思考——基于"新公共服务"的视角[J].中国特色社会主义研究,2011(1):86-90.
② 李庆雷.基于新公共服务理论的中国国家公园管理创新研究[J].旅游研究,2010(4):80-85.
③ 中国发展阶段的转变:由生存型阶段步入发展型阶段[EB/OL].[2010-10-25]. http://theory.people.com.cn/GB/13040403.html.
④ 郑佳.中国基本公共服务均等化政策协同研究[D].吉林大学博士学位论文,2000.

期。随着公众意识的觉醒和公共服务需求的急剧膨胀,公众对公共物品和公共服务的需求在质量与数量上表现出了更高的要求。

2002年以来,随着科学发展观、构建和谐社会、服务型政府建设等理念与目标的提出,中国进入了经济建设与社会建设并重的新时代,公共服务成为各级政府工作的重要组成部分。2008年,胡锦涛同志在中共中央政治局第四次集体学习时强调,公共服务均等化是公共服务体系建设的长远目标;公共服务体系建设的关键是创新公共服务体制,改进公共服务方式,形成公共服务供给的社会和市场参与机制。党的十八大报告强调,全面建成小康社会进程中要加快形成政府主导、覆盖城乡、可持续的基本公共服务体系;改进政府提供公共服务的方式,强化企事业单位、人民团体在社会管理和服务中的职责,引导社会组织健康有序发展,充分发挥群众参与社会管理的基础作用。党的十八届三中全会指出,要以促进社会公平正义、增进人民福祉为出发点和落脚点,推进社会领域制度创新,推进基本公共服务均等化,加快形成科学有效的社会治理体制;使市场在资源配置中起决定性作用,并更好地发挥政府作用;必须建立现代财政制度,发挥中央和地方的积极性。这为我国公共体育服务体系建设指明了方向,明确了目标并确立了思路。

和谐社会在体育领域表现为一种体育理想与体育价值追求。2009年国务院办公厅下发的《国家体育总局主要职责内设机构和人员编制规定》(国办发〔2009〕23号)的职责调整中提到要"加强体育公共服务,促进多元化体育服务体系建设,推动全民健身的职责"。"十二五"期间,国家提出要以满足人民群众不断增长的体育需求为宗旨,以建设体育强国为目标,转变体育发展方式,建立覆盖城乡、可持续的公共体育服务体系,让体育回归民众,惠及公众生活,"覆盖城乡"成为公共体育服务均等化的重要前提。近年来,我国不断加大公共体育服务体系建设力度,在公共体育服务形式和内容创新等方面取得了一系列成绩。但由于起初没有做好足够的理论准备,至今没有形成一套完整、科学的理论体系以及相应的政策法规体系和制度保障体系,使得我国公共体育服务体系建设发展差异较大,在一定程度上影响和制约了公共体育服务体系建设的科学发展。

(二)研究的意义

"十二五"期间,公共体育服务体系建设是全面建成小康社会的重大战略举措。从总体上来讲,深入研究公共体育服务体系,可以从具体实践中发现普遍规律,提出符合各地实际的不同模式以及针对性和可操作性较强的解决方案,逐步建立和完善符合中国国情、符合市场经济规律、符合体育自身发展要求的

第一章 导论

公共体育服务体系,进一步增强工作的前瞻性和科学性,为公共体育服务体系建设提供理论依据和决策参考,推动公共体育服务体系建设再上新台阶,其理论意义与现实意义体现在:

1. 理论意义

（1）有利于探索、总结我国公共体育服务体系建设和完善的内在规律。本研究立足国情,借鉴国外公共体育服务体系建设的理论,如新公共管理理论、新公共服务理论等,并阐释其必然性,探讨其规律性,同时对公共体育服务的含义、内容和供给方式进行了多视角的探讨。

（2）有利于拓展、深化我国公共体育服务体系建设和完善的理论探讨空间。本研究深入挖掘我国关于统筹城乡发展和促进公共体育服务均等化的理论,系统研究公共体育服务需求体系、供给体系、保障体系和评价体系,拓展了学界关于我国公共服务体系研究的理论视野。

（3）有利于为实现统筹地域、城乡发展与公共体育服务均等化提供政策上的思路和建议。目前,公共体育服务体系构建思路和建设标准尚缺乏系统而明确的政策谋划,在突破我国城乡二元结构体制机制、科学制定公共体育服务体系的政策和更新公共体育服务供给的传统思维方面,尚缺乏系统的政策性思维。本研究重点探讨实现城乡统筹的体制机制,为公共体育服务均等化提供政策上的思路和建议。

2. 现实意义

（1）本研究可以为全面推进我国服务型政府建设和完善城乡公共体育服务体系提供政策选择。公共体育服务体系建设有利于解决政府在社会公共领域的缺位问题,将原来由政府承担的一些公共服务职能转移给非政府组织和私人部门甚至社区,改变完全由政府提供公共服务的局面,实现公共服务提供主体的多元化,并在多元化的公共服务主体间,形成有效竞争机制,从而提高公共服务供给的效率,实现资源的有效配置。

（2）本研究可以为统筹城乡的公共体育服务体系建设提供具体的可操作性方案。现阶段,我国公共体育服务体系建设面临着城乡二元分割、资源配置严重失衡、部门协作困难等问题。所以,要按照统筹城乡的总体要求,强化政府公共体育服务责任,形成政府部门、市场组织与其他非营利性组织良好协作的服务体制和机制。

二、文献综述

（一）国外相关研究综述

国外开展公共服务研究较早,为公共体育服务体系的研究奠定了坚实的基础。戴维·奥斯本(David Osborne)和特德·盖布勒(Ted Gaebler)在《改革政府》一书中总结了关于社区服务的授权管理模式和企业化战略中的"顾客导向";E. S. 萨瓦斯(E. S. Savas)在《民营化与公私部门的伙伴关系》一书中提出了公共服务的"民营化"模式,并且提出关于"根据物品与服务不同而选择不同的民营化提供机制"的方案设计;罗伯特·D. 帕特南(Robert D. Putnam)在《使民主运转起来》一书中提出了公共服务的社会资本理论。就我们目前掌握的信息和材料而言,国外没有"公共体育服务"(Public Sports Service)这个提法,对于公共服务体系(Public Service System)及公共体育服务体系的探讨主要集中在对它们的基本内容和管理模式探讨等方面。

英国政府公共服务改革集中在服务提供者私有化方面,在公共服务上主要充当授权者和监督者的角色,逐渐淡化了唯一提供者的身份,在经济、效率、服务质量等方面取得的成绩令人瞩目,其公共服务改革也日趋完善。[①] 2002 年英国政府发布了"游戏计划"(Game Plan)[②],提出建设"积极和成功体育国家发展战略",该战略吸收了美国、芬兰和澳大利亚等不同国家体育发展的成功经验,并将公共体育服务供给体系建设作为实现其战略目标的关键,通过各种途径进行创新,如提供婴儿照顾、更好地利用乡间和城市空间等,鼓励各个年龄阶段的人参与更多的体育锻炼。英国体育的发展在很大程度上是依靠全国性的、地区性的和基层的体育非营利组织。2004 年,英国体育理事会发布了"英国体育框架"(The Framework for Sport in England)[③],提出了使英国成为世界上"最积极和成功的体育国家"的远景目标,以及每年使英国参与体育和积极休闲活动的人数增加 1% 的具体目标。同时,"框架"确立了英国体育要实现的一些目标,一是要提高竞技体育水平,二是要提高人们体育与积极休闲参与的水平,并通过体育来实现增进健康、促进社区安全、改善教育、促进经济发展等方面的

---

① Guttmann, Daniel. Public purpose and private Service: the twentieth century culture of contracting out and the evolving law of diffused sovereignty [J]. Administrative Law Review, 2001(3): 859–926.
② The delivery system for sport in England [EB/OL]. http://www. Sport England. Org/default. aspx.
③ The framework for sport in England [EB/OL]. http://www. Sportengland. org/facilities_planning/planning_tools_and_guidance/planning_kitbag/planning_contributions/national_frame work for sport. aspx.

第一章 导 论

优先发展。

美国没有专门的体育行政机构,但出台了相关的体育法规和政策。美国的体育政策主要由《美国业余体育法》(1978年出台,1998年修订)统领,各州在这项法律下制定本地区的体育政策。美国的体育政策由地方体育政策和一些体育社团的内部政策构成。20世纪70年代以来,美国联邦政府制定了若干国民健康促进政策,其中最主要的是以提高国民整体健康水平为目的的《健康公民》系列。1980年,美国卫生和公众服务部(United States Department of Health and Human Services,简称HHS)发布了第一个健康公民十年计划"健康公民1990",此后每到一个十年的开始,HHS就要推出这十年的全国健康计划。2010年12月2日美国卫生和公众服务部发布了第四个健康公民十年计划——"健康公民2020"(Healthy-People 2020)①,反映了21世纪初美国的主要健康问题,包括体育活动、超重和肥胖、烟草使用、滥用药物、不负责任的性行为、精神健康、损伤和暴力、环境质量、免疫接种、卫生保健的可获得性等。2010年5月,美国健康与公共服务部颁布了最新国民健康促进政策——《全民健身计划》,这是针对"美国肥胖人群比例的迅速增加,青少年、儿童体育参与极度缺乏"的现状而制定的专门性疾病防控系列措施之一,目的是通过形成积极参与体育的生活方式和文化氛围,使体育在预防疾病、提高生活质量方面发挥最大的效能。《全民健身计划》发动所有美国人积极参与体育锻炼;结合疾病预防宣传活动,开展全国性体育教育计划;创建一个体育健康政策发展研究中心等②。美国各地政府根据自身实际情况制定相应的体育公共服务政策,在具体的执行过程中,政府通过各种方式对私营部门、非营利性部门进行竞争性选拔之后,由它们承担体育公共服务供给、管理的责任。③ 美国对老年人体育更加重视,美国环保署、老龄署从2001年开始逐渐在各个社区专门修建"健康老龄化"体育锻炼场地设施④;对初次健身的老人一般会由具有一定经验的社区体育指导员首先进行严格的健康诊断,根据诊断结果安排老人的健身计划。⑤

---

① Baidu 百科[EB/OL]http://www.healthy people.gov/2020/.2011-06-19.
② NCPPA. National physical activity plan gets a running start [EB/OL]. http://www.hcppa.org/home/news/17/2010-05-11.
③ 戴维·奥斯本,特德·盖布勒.改革政府[M].上海:上海译文出版社,1996:17-33.
④ Entwistle Tom, Martin Steve. From competition to collaboration in public service delivery: a new agenda for research[J]. Public Administration,2005(1):233-242.
⑤ B. Houlihan, A. White. The politics of sports development: development of sport or development through Sport?[M]. London: Rout Ledge,2002:80-83.

德国公共服务体系的提供主体除了政府,还包括具有法人地位的社会保障机构及各种非营利性组织等,当前其公共服务供给模式也随着经济的发展逐渐发生着变化。① 德国公共体育服务均等化的评价标准主要包括事实标准和价值标准。德国最重要、最具权威的体育管理机构是德国体育联合会,国家体育政策的制定、实施以及体育资源的分配基本都是由德国体育联合会负责,联邦政府以及各州和地方等层次的政府机构在体育公共服务发展中可以对相关政策、措施提出建议,并对体育公共服务设施的建设提供资助,但不干预体育公共服务管理事务,在体育公共服务管理中主要起协作作用。1972年,"学校体育锻炼计划"的出台使得有关学校与俱乐部之间的合作得到强调。1976年到1985年,一些有关学校与俱乐部之间合作的具体措施的原则性文件相继出台,各联邦州正在实行的合作项目大多是从20世纪80年代中后期和20世纪90年代初开始的。

1960年,前联邦德国奥委会与德国体联和文化部共同发起实施第一个"黄金计划"(1960—1975年),计划由各州执行,旨在创造条件促进大多数民众从事体育锻炼。体育设施建设成为计划实施的最主要途径和建设目标。1976年,开始实施第二个"黄金计划"(1976—1984年),体育设施建设仍然为该计划的实施重点和重要内容。各类体育场馆设施的建设细分为针对不同类别人群,体育场馆建设中更加注重结合民众体育兴趣和需求变化。第三个"黄金计划"(1985—1990年),该计划的建设意图和目标主要体现在以下两方面:一是对现有场地设施的功能、条件进行改造,以提高设施功能水平;二是建设符合民众体育兴趣、需求的新场地设施。1990年,德国政府和德国体育联合会提出了"东部黄金计划",以期缩小原东德与西德在体育场馆设施条件方面的地区差异。三个"黄金计划"为德国体育发展奠定了坚实的场馆设施基础。

1964年,日本政府在《关于增进国民健康和体力的对策》中提出通过强化设施的完善、指导者的培养、活动组织的培育等措施有组织地在学校、社区和企业实施普及大众体育的方针,该对策成为日本大众体育政策的基石。日本的《体育振兴法》第一条规定:"本法律以明确有关振兴体育政策措施的基本内容,促进国民身心的健全发展,形成明朗而充实的国民生活为目的。本法律不能用于强制国民进行体育活动,也不能将体育活动用于前项规定的目的之外。"② 随

---

① Warner M. E., Hebdon R. Local Government restructuring: privatization and its alternatives[J]. Journal of Policy Analysis and Management, 2001(2): 315-336.
② 日本体育指导实务研究会. 体育指导实务必携——体育振兴法[M]. 东京: 行政出版社, 2002: 71-73.

着体育的社会化发展,日本政府先后出台《关于面向21世纪的体育振兴策略》(1989)和《体育振兴基本计划》(2001—2010)等,政策鼓励地方建立综合性区域体育俱乐部或泛区域体育中心,并配置一定的发展基金,明确规定对俱乐部基本配套设施给予补贴帮助。日本政府在1972年12月推出的《关于普及振兴体育运动的基本计划》中,强调了以完善社会体育环境为核心,以社会体育设施建设为重点的发展社会体育的具体措施,明确提出不同经济发展地区的基本社区体育配套设施的标准,中央直接对47个都、道、府、县和3300个左右的市、町、村进行分配,突出了体育配套设施均等化的思想核心。1989年11月,日本文部省保健体育审议会发表了咨询报告书《关于面向21世纪体育振兴策略》,进一步完善了社区体育中心体育设施的标准。2000年,日本政府颁布了《体育振兴基本计划》,明确了2001—2010年日本体育发展的总体目标及其方针政策,并谋求大众体育、竞技体育和学校体育的协调发展,各项政策中还包括了老年人体育、妇女体育、残障人体育、体育科学研究以及反兴奋剂问题等。《体育振兴基本计划》中明确规定:"到2010年全国各市、区、町、村分别至少建立一个综合型区域体育俱乐部。到2010年全国各都、道、府、县至少分别建立一个泛区域体育中心。"①1976年,颁布《学校体育设施对外开放令》,通过制定法规促进体育资源的整合。截至2001年年底,日本学校体育设施的开放率达到98.8%,其中体育馆的开放率为86.6%,室外运动场对外开放率为80.3%,游泳池开放率为25.5%。②

1966年,韩国政府颁布了《体育振兴法》,1982年又发布了修改后的《体育振兴法》,从政策上、法律上保证了国民参加体育活动的权利,为体育向生活化方向发展奠定了良好的基础。《体育振兴法》规定了体育日和体育周,其内容和活动安排听从总统的命令,每年10月15日为韩国体育日,每年4月最后一周为体育周。1983年,韩国体育部颁布了《关于开放利用学校运动场规则》的体育部第一号令,规定:"早晨、放学后、公休日和放假期间,在不影响学校教育的情况下,学校体育场馆及体育设施原则上向居民开放,并向居民公布开放时间和使用办法。"③1990年3月,韩国政府制订了"大众体育振兴三年综合计划",即所谓的"小老虎计划"。1991年,韩国为振兴国民生活体育成立了"国民生活体育协议会",将培育国民生活体育放在体育政策的核心位置上。1993年,韩国又

---

① 日本体育指导实务研究会监修.体育指导实务必携——体育振兴基本计划[M].东京:行政出版社,2002:71-73.
② 日本笹川体育财团.日本体育白皮书[M].东京:日本国际出版社,2006:52.
③ 郑基永,姜允哲.韩国体育概况[J].当代韩国,2002(2):75-76.

制订了"全民大众体育振兴五年计划",把大众体育与竞技体育放在同等重要的位置。"全民体育振兴长期计划"明确地对社会体育的发展提出了规划和部署,从制度上保证了社会体育工作的进行,使韩国的社会体育得到了长足的发展。

韩国大众体育协会作为法人组织,接受大韩体育协会的领导,在体育协会法人化的初期,国家和国民体育振兴公团每年都要制订计划,从各个方面资助大众体育事业的快速发展。而国家和国民体育振兴公团是引导韩国 21 世纪大众体育健康发展的最主要的社会团体,对开展大众体育活动起到很大的推动作用。大韩体育协会规程还明确规定,在 16 个市、郡修建 1916 个居民小区体育设施,在每个市、道成立一个社会体育中心。在公共体育设施方面,企业依照《体育振兴法》的规定,建造相应的运动场馆。政府充分利用农村和城市的空地、公园、住宅区,建造简易体育设施,为全体国民的体育生活化创造了基本的场地设施条件。《体育振兴法令》明确规定社会体育指导员必须具有资格证书,政府补贴并加强社会体育指导人员的培训。①

另外,新加坡、加拿大、澳大利亚等国家也均将公共体育服务纳入国家宏观规划之中。1975 年,新加坡由体育理事会、教育部、国防部、园林署、康乐署和人民协会等 15 个部门联合制订实施了"体育设施蓝图计划",对公共体育服务进行了宏观指导。1990 年,加拿大政府推出的"积极人生计划"通过建立省级政府财政支出能力均等化作为缩小各地财政差距的手段,为所有公民提供基本均等的、包括体育公共服务在内的基本公共服务,联邦政府对财政收入低的省份实行财政转移支付,取前 2—6 位省份的均值作为补助标准。对低于标准的省份或地区给予补助,补助数额为低于数额的差额乘以该地区的人口。澳大利亚制定了许多富于创新精神的公共服务政策,也采取了其他一些措施来提升公共服务质量及帮助服务接受者更有效率地利用资源。② 澳大利亚在"有活力的澳大利亚计划"中提出,体育公共服务的标准、水平和内容可以由各州自行确定,但联邦政府要根据各州经济情况提供不同拨款。

综上所述,发达国家对于公共体育服务均制定了相应的政策,其主要内容是为一般的民众提供所需要的体育公共服务,并且通过政策性文件的形式予以制度化。这些发达国家的大众体育政策具有共性的特征:一是政策目标都具有很强的可检验性,设立了较多的可以量化的指标,以便于检验政策实施的效果;二是所建立的政策目标和国民个人的利益息息相关,为国民所关注和理

---

① 郑基永,姜允哲.韩国体育概况[J].当代韩国,2002(2):70—77.
② Moran T. Address to the institute of public administration australia[J]. Canberra, 2009(15):20–23.

解,因此具有较强的激励作用。

(二) 国内相关研究综述

国内学者对公共体育服务体系的研究主要是基于对该领域改革现状和问题的理性分析所做出的理论与对策上的回应。现今,公共体育服务的研究日趋深化,逐步上升到公共体育服务的体系和模式层面。关于公共体育服务体系建设主体,主要存在三种观点。①基于市场失灵理论,有学者认为政府应成为我国公共体育服务体系建设的主体。[1] ②还有学者认为,政府在提供公共体育服务时,无法应对差异化的需求,造成一部分人无法享受公共物品,导致公共体育服务方面的政府失灵,公共体育服务产品供给可进行市场化运作。[2] ③基于政府与市场双重失灵理论,有学者提出,第三部门或非营利性组织在公共体育服务供给中可以发挥补充作用。[3] 关于公共体育服务体系建设路径,一种观点认为,其建设完全是政府的职责,不能采取市场化、商业化的经营管理方式,所有经费应该由政府来承担。[4] 另一种观点认为,公共体育服务体系建设不能脱离社会主义市场经济体制,应当完全走市场化的道路,把公共体育事业单位推向市场,缩减公共财政支出,提高公共体育建设效率,充分满足多层次的体育需求。[5] 因此,有部分学者基于上述两种建设路径可能出现的政府失灵或市场失灵问题,提出第三种较为综合的观点,即国家与市场相结合,走公共机制与市场机制相结合的建设路径。[6]

公共体育服务体系不仅是政府单纯给予或提供什么的问题,更主要的是社会大众需求什么及作为需求主体如何参与公共体育服务的问题。曹可强等认为,在体育公共服务体系中,政府是责任主体,市场与非营利体育组织是实施主体;建设体育公共服务体系,要充分利用市场和非营利性体育组织的作用。[7] 王才兴指出,体育公共服务的核心任务是向群众提供基本的体育公共服务及体育产品,以保障群众的体育权利得到实现。[8] 樊炳有(2010)认为,体育公共服务是一个系统性实践,整个系统至少包括体育公共服务管理系统、体育公共服务

---

[1] 李丽,张林.体育公共服务:体育事业发展对公共财政保障的需求[J].体育科学,2010(6):53-57.
[2] 郭惠平.对和谐社会我国公共体育服务社会化改革的再思考[C].第8届全国体育科学大会论文摘要汇编(一),2007:110.
[3] 俞琳.非营利性组织在体育公共服务中的作用[J].体育科研,2008(2):25-27.
[4] 蓝国彬.实现城乡公共体育服务均等化的路径思考[J].体育与科学,2010(2):9-13.
[5] 刘艳丽,苗大培.社会资本与社区体育公共服务[J].体育学刊,2005(3):35-38.
[6] 郝海亭.自治:公共体育服务的"公平、效率"供给方式[J].广州体育学院学报,2010(2):12-15.
[7] 曹可强,徐箐,俞琳.完善上海市体育公共服务体系的若干对策建议[J].体育科研,2008(2):35.
[8] 王才兴.构建完善的体育公共服务体系[J].体育科研,2008(2):1.

规划系统、体育公共服务融资系统、体育公共服务提供系统和体育公共服务绩效评估系统这五个系统结构。① 王伯超(2008)以公共服务层次理论作为框架,把体育公共服务体系分成四个层次。基本理论问题为第一层次;体育公共产品和服务提供是第二个层次;第三层次是保证体系健康且有序运行的体育公共服务运行机制;第四层次为绩效与可持续发展。② 肖林鹏等(2007)认为,公共体育服务体系包括九大要素,即体育活动、体育组织、体育场地设施、体育信息、体育指导、体育资金、体育政策法规、体育监督反馈和体育绩效评价。③ 闵健等(2005)认为,作为多元化的公共体育服务体系,在服务内容上,它应该包括群众体育、竞技体育和体育产业三个方面的服务;在服务主体上,提供公共体育服务的主体不仅要包括政府体育组织,而且要包括社会体育组织,它们之间应按其合理的等级和层级关系,保持运转协调,各司其职。④ 范冬云(2010)亦认为公共服务体系是公共体育服务各构成要素相互作用而形成的有机整体,该体系包含竞技体育服务体系、学校体育服务体系和大众体育服务体系。⑤

郑家鲲(2011)提出构建完善的体育公共服务体系应包括构建非均衡的公共财政政策、构建以政府为主导的主体多元协同互动的公共体育服务治理格局、制定"基本公共体育服务国家标准"、完善公共体育服务体系建设的发展规划和实施方案、夯实公共体育服务体系建设的制度基础、健全公共体育服务的绩效评估和监督管理机制等。齐立斌(2011)认为,效率机制、公平机制、问责机制、监督机制构成了农村公共体育服务的运行机制。⑥ 曹可强等(2008)认为,为了保证公共体育资源能够发挥最大效益,必须组织有关部门和专业人士确定评估指标并进行科学论证:一是对政府的宏观管理论证应以服务数量和质量、满足社会需求的程度、对反馈信息的回应能力等作为标准;二是在考评具体的体育公共服务机构方面,建立内部评价与外部评价相结合、以外部评价为重点的绩效评估指标,强调公共利益,重视公平公正;三是在指标设计方面,将体育公共服务绩效评估从以前的静态拥有评估转向动态过程评估;四是在指标的运

---

① 樊炳有.体育公共服务内涵、目标及运行机制[M].北京:人民体育出版社,2010:66.
② 王伯超.构建我国体育公共服务体系的理论思考[J].广州体育学院学报,2009(1):1-4.
③ 肖林鹏,李宗浩.我国公共体育服务体系概念开发及其结构探讨[J].天津体育学院学报,2007(6):472-475.
④ 闵健,李万来,刘青.公共体育管理概论[M].北京:北京体育大学出版社,2005:177.
⑤ 范冬云.广州市大众体育公共服务研究[D].上海体育学院博士学位论文,2010:22.
⑥ 齐立斌.新农村公共体育服务理论体系的架构[J].河北体育学院学报,2011(2):11-15.

用方面,注重差异性和灵活性,对城市与农村、在职人员与退休人员等要区别对待。① 樊炳有(2010)认为,体育公共服务绩效评估系统主要考虑体育公共服务的绩效评估与体育公共服务的公平度评估。②

综上所述,这一系列研究缺乏理论研究的连续性、系统性,没有站在国家层面对公共体育服务体系建设进行研究,缺乏供政府实施的可操作性方案。目前,我国政府的体育体制还处于制度设计的机构运行阶段而不是功能运行阶段,公共体育服务体系要想成为一个有效的自循环系统,必须在公共政策层面去实现其自循环系统构型,而不是任意地用一些杂乱项目来填充。

三、研究思路与研究方法

(一)研究思路

本研究首先明确了我国公共体育服务体系研究的背景和意义,述评了国内外相关文献。其次,阐释了公共体育服务体系相关概念、特征、结构与功能,确立了我国公共体育服务体系研究的相关基础理论。再次,从公共体育服务需求体系、供给体系、保障体系以及评价体系四个层面对公共体育服务体系建设进行了系统性的研究。其中,需求体系主要研究了公民体育权利、全面建设小康社会与政府职能转变视域下需求体系定位;供给体系主要从体制创新和机制变革两个层面进行分析;保障体系主要从组织保障、财政保障、政策法规保障、信息保障等层面进行分析;评价体系则主要从评价主体、评价客体与评价方法等方面进行了分析。

(二)研究方法

我国公共体育服务体系的研究存在多种理论和学科的交叉。公共服务体系的外延与内涵涉及的相关变量和因素很多,研究既涉及公共管理、行政管理、公共经济等相关理论,又涉及体系建设的基本原理和方法。只有使用多种研究方法,从多个角度对政府公共体育服务体系问题进行全面研究,才能得出科学的结论。本研究综合运用了文献资料法、历史研究法、比较研究法、问卷调查法等方法,对政府公共体育服务体系进行了全面、系统、科学的分析,其成果将对我国公共体育服务的快速发展产生重要的影响。

---

① 曹可强,徐箐,俞琳.完善上海市体育公共服务体系的若干对策建议[J].体育科研,2008(2):20-24.

② 樊炳有.体育公共服务的运行机制探讨[J].体育与科学,2010(2):17-21.

第二章 我国公共体育服务体系理论概述

一、相关概念的界定

（一）公共服务

目前,"公共服务"已成为理论界和实践界使用相当广泛的词语,不同学者从各自的视角对其进行了不同界定,虽然形成了一些共识,但是仍然未形成完全统一的定义。国际标准化组织(ISO,1991)对"服务"的定义为:有形产品的附属物(子集),即由生产过程而产生的结果。① 从产出形式看,产出可分为产品和服务两种。产品具有有形的特征,生产和消费在时间与空间方面具有可分性;而服务具有无形的特征,生产和消费在时间与空间方面具有一体性。服务是主体和客体分离的结果,是具有某种需要的主体和满足主体需要的客体之间的一种关系,也是指客体在其效用上对主体需要的满足。②

1912年,法国公法学家莱昂·狄骥(Léon Duguit)最早明确提出了公共服务的范畴,即"任何因其与社会团结的实现和促进不可分割,而必须通过政府来加以规范和控制的活动,就是一项公共服务,只要它具有除非通过政府干预,否则便不能得到保障的特征"③。莱昂·狄骥认为政府是公共服务的唯一主体,基于其所处时代其他公共服务组织尚未发展成熟,他所提出的公共服务的主体是政府的论点则显得有些狭隘。现代法国著名法学家古斯塔夫·佩泽尔认为,公共服务是指"公共团体为满足普遍利益的需要而进行的活动"④,该研究使得公共服务的主体从政府向公共团体进行了延伸和拓展。

---

① M. T. Alonso-Rasgado, G. Thompson, O. J. Dannemark. State of the art in service design and modeling [D]. VIVACE Public,2004:59.
② 石国亮.国外公共服务实践[M].北京:中国言实出版社,2011:8.
③ 莱昂·狄骥.公法的变迁[M].沈阳:辽海出版社,1999:7.
④ 古斯塔夫·佩泽尔.法国行政学(第十九版)[M].廖明坤,译.北京:国家行政学院出版社,2002:14.

第二章 我国公共体育服务体系理论概述

1954年,保罗·萨缪尔森(Paul A. Samuelson)在《经济学和统计学评论》上发表的《公共支出的纯粹理论》一文中首次明确界定公共服务的含义和特征,他认为公共服务的主要特征是"任何人消费这种物品不会导致他人对该物品消费的减少"①。随后,詹姆斯·布坎南(James M. Buchanan)提出了"俱乐部经济理论",埃莉诺·奥斯特罗姆(Elinor Ostrom)则从"公共池塘资源"入手,探讨了自主治理公共池塘的可能性,这从一定程度上丰富了公共服务理论,使得公共服务理论体系更加完善。而这也形成了目前公共服务的研究基础和重要途径。各位学者试图通过公共产品的非竞争性和非排他性来演绎并阐释"公共服务"。

"公共"作为一个外来词,在西方语境下,不同学者的理解有所不同。美国学者乔治·弗雷德里克森(H. George Frederickson)在《公共行政的精神》一书中归纳总结了社会科学中学者们关于"公共"的五种观点:①公共是利益集团;②公共是理性选择者;③公共是被替代者;④公共是顾客;⑤公共是公民。② 并且对五种观点进行了评价和批判,认为"公共既是一种理念也是一种能力。作为一种理念,公共意味着所有的人们为了公共利益,而不是出于个人的或者家庭的目的才走到一起来。作为一种能力,公共意味着为了公共利益而在一起的工作是一种积极的、获取充分信息的能力"③。于是,公共与政府被区别开来。当然,公共的行动大多数是通过政府实施的,但是并不是所有的行动都是通过政府来实施的。社会组织、非营利组织、志愿者协会都是公共的表现形式。这为非政府组织介入公共服务提供了一个合理的理由。公共服务作为政府职能的重要组成部分,使得政府成为公共服务的天然主体。

马庆钰(2005)认为,公共服务主要是指由公法人授权的政府和非政府组织以及有关工商企业在纯粹公共物品、混合性(型)公共物品以及私人物品的生产和提供中所承担的职责。④ 李军鹏(2003)认为,公共服务是公共部门与准公共部门为满足社会公众需要,共同提供公共产品的服务行为的总称。⑤ 该界定强调了公共服务需要根据满足对象的需求以实现其价值来进行界定。虽然理论界和实务界对公共利益的界定存在分歧,但对于维护公共利益对公共服务的提供极其重要这一点已经形成共识。柏良泽认为,公共服务可以界定为以公共利益为目的提供各种物品(包括有形物和无形物)的活动。并认为,公共利益是判

---

① 方堃. 当代中国新型农村公共服务体系研究[M]. 北京:中国社会科学出版社,2010:18.
② 乔治·弗雷德里克森. 公共行政精神[M]. 丁煌,译. 北京:中国人民大学出版社,2003:28.
③ 乔治·弗雷德里克森. 公共行政精神[M]. 丁煌,译. 北京:中国人民大学出版社,2003:46.
④ 马庆钰. 关于"公共服务"的解读[J]. 中国行政管理,2005(2):78-82.
⑤ 李军鹏. 公共管理学[M]. 北京:首都经济贸易大学出版社,2003:5.

断公共服务的内在依据,物品只有与公共利益相联系才具有公共服务的特性。①弗雷德里克森提出:"政府公共服务就是对宪法、社会公正和公共利益做出必需的回答。"②陈昌盛、蔡跃洲(2007)提出:"公共服务通常指在一定社会共识基础上,一国全体公民不论其种族、收入和地位差异如何,都应公平、普遍享有的服务。"③方堃(2010)认为,公共服务是指以政府为代表的公共部门和其他治理主体为满足社会公共需要,整合公共权力和公共资源,通过各种机制及方式,提供物质形态或非物质形态的公共物品和服务,以实现公共利益目标的行为总称。④而基于公共利益对公共服务的界定这一点对于传统语境下依据物品属性而进行的界定有了一定的突破。陈力(2007)从广义和狭义层面界定了公共服务的概念,认为狭义上的公共服务是指政府公共服务,而广义的公共服务是指政府组织及社会其他组织,以社会公共利益为目的,提供各种共同需要的有形或无形服务产品的活动(包括纯公共产品、混合性公共产品以及特殊私人产品)。⑤

综上所述,公共服务中包含着一定的价值判断,而纯粹经济学意义上严格的"非竞争性和非排他性"的公共产品则缺乏价值判断的意蕴。追求公共利益成为政府研究公共服务问题的重点,公共服务的概念比公共产品的概念更加广泛,强调社会的公正和覆盖面,注重公共权利的实现。政府成为公共利益的代表,政府的职责是促进公共利益的实现。政府虽然在公共服务供给中承担着重要责任,而公共服务的复杂性使得单靠政府难以提供足够的公共服务,将服务的提供者与生产者相分离成为世界的潮流。私营部门和社会组织日益成为公共服务不可或缺的提供主体,当然,政府仍然是公共服务供给中最核心、最重要的责任主体。因此,我们认为,公共服务是指由政府部门、市场组织及其他社会组织以社会公共利益为目的,为满足社会公共需要而提供的各种公共物品和服务。

(二)公共体育服务

目前,理论界和实践界仍然存在着体育公共服务与公共体育服务表述上的争论,本研究从规范用语的角度,借鉴教科文卫体五大公共事业当前普遍使用并获得广泛认可的"公共教育服务""公共文化服务""公共卫生服务"和"公共科技服务"等概念,认为,在体育领域使用"公共体育服务"这一术语同样更合常

---

① 柏良泽.公共服务研究的逻辑和视角[J].中国人才,2007(3):28-30.
② 乔治·弗雷德里克森.公共行政精神[M].丁煌,译.北京:中国人民大学出版社,2003:36-41.
③ 陈昌盛,蔡跃洲.中国政府公共服务:体制变迁与地区综合评估[M].北京:中国社会科学出版社,2007:3.
④ 方堃.当代中国新型农村公共服务体系研究[M].北京:中国社会科学出版社,2010:21.
⑤ 陈力.区分公共服务与经营性服务的理论思考[J].中国人才,2007(10):14-16.

第二章 我国公共体育服务体系理论概述

规。公共体育服务概念是根据公共服务的概念进行推演而得出的,即公共服务概念在体育领域内的适用。关于公共体育服务,代表性的观点有:肖林鹏、李宗浩、杨晓晨(2007)认为公共体育服务是指公共组织为满足公共体育需要而提供的公共物品或混合物品。公共组织是公共体育服务的供给主体;全体公民是公共体育服务的客体;公共体育需要是公共体育服务供给的发端和归宿;公共体育服务的内容丰富、供给模式多元。① 肖林鹏(2008)认为政府和体育行政部门、准政府组织、非政府组织、企业和个人都可能成为公共体育服务的供给主体。② 闵健等(2005)认为公共体育服务是指公共体育组织和公共体育服务人员为社会公众的体育活动所提供的体育产品和体育劳务。③ 汤际澜(2011)认为公共体育服务是以提供公共体育产品为核心,对公共体育产品内容加以确定、利用资源公平而有效地供给并对供给行为进行绩效评价的综合社会活动。并指出,公共组织并不一定需要亲自去完成公共体育产品的生产任务。④

综上所述,学者更多的是从产品性质的角度进行研究的,而满足公众的公共体育需求,保障公民体育权利则是研究的最终目标。但是政府服务与公共服务存在相当多的交叉性,政府的服务不一定代表公共的利益和公共的意愿,而当政府服务被全力扭曲后,则可能转为私人攫取利益的工具,成为非公共服务的提供者。公共组织作为以管理社会公共事务、提供公共产品和公共服务、维护和实现社会公共利益为目的,拥有法定的或法律授予的公共权力的所有组织实体,应包括政府与非营利组织。在市场经济体系下,公共服务的生产与提供主体是多元的,政府、市场组织与社会组织均可参与其中。除公共组织之外,市场组织也可以作为公共体育服务的供给主体。因此,公共体育服务是指由政府体育相关部门、市场组织及其他社会组织以社会公共利益为目的,为满足社会公共体育需求而提供的公共物品和服务。

(三)公共体育服务体系

关于"体系",根据《辞海》的解释,"体"意味着整体,其中包含诸多因素;"系"意味着相互联系。"体系"是指各个要素之间不是孤立存在的,它们彼此关联,由这些相互联系和制约的要素所构成的一个整体就是"体系"。并且,体系作为一个整体,它执行着特殊的功能。目前,关于"公共服务体系",人们的认

---

① 肖林鹏,李宗浩,杨晓晨.公共体育服务概念及其理论分析[J].天津体育学院学报,2007(2):97-101.
② 闵健,李万来,刘青.公共体育管理概论[M].北京:北京体育大学出版社,2005:162.
③ 肖林鹏.论我国公共体育服务供给的基本问题[J].体育文化导刊,2008(1):10-12.
④ 汤际澜.我国公共体育服务均等化研究[D].苏州大学博士学位论文,2011:48-50.

识尚没有达成一致。《"十二五"规划国家基本公共服务体系》认为基本公共服务体系是指由基本公共服务范围和标准、资源配置、管理运行、供给方式以及绩效评价等所构成的系统性、整体性的制度安排。陈昌盛、蔡跃洲(2006)认为,任何公共服务都可以分为四个层次来考察。第一个层次必须首先回答什么是公共服务和公共服务的范围等问题。第二个层次则要回答提供多少服务、如何融资和生产及定价等问题。第三个层次更加注重公共服务实践中的运行问题,强调如何在现实中保证公共服务的效率和公平,以及需要建立什么样的机制来实现这一目的。第四层次强调政策执行的效果与激励机制设计,并为政策工具的调整和改进直接提供依据,目的是保证公共服务提供的稳定性、有效性和可持续性。① 丁文武(2011)认为,公共服务体系主要是指以政府为主导、以社会团体和私人机构等为补充的供给主体,以为公民及其组织提供基本而有保障的公共服务为主要目的而建立的一系列有关服务内容、服务形式、服务机制、服务政策等的制度安排,最主要表现为政府主导、社会参与和体制创新。② 这为我们全面把握公共体育服务体系提供了参考。

"公共体育服务体系"作为一个正式的、官方的概念提出,是我国体育理论与实践界共同努力的结果,更是对新中国成立以来我国体育事业重点、难点的高度概括。肖林鹏、李宗浩、杨晓晨(2007)认为公共体育服务体系是指由满足公共体育需求的要素构成的有机整体,包括体育活动体系、体育组织体系、体育场地设施体系、体育信息体系、体育指导体系、体育资金体系、体育政策法规体系、体育监督反馈体系、体育绩效评价体系,并对各子体系的结构及内容等方面做了简要分析。③ 郇昌店(2011)等认为公共体育服务体系是主要由服务主体、客体以及环境共同构成的公共体育服务系统。④ 任春香、李红卫(2011)则认为我国公共体育服务体系内容主要包括公共体育设施建设服务体系、公共体育信息服务体系、公共体育指导服务体系、公共体育组织管理服务体系、国民体质监测服务体系与公共体育政策服务体系。⑤ 杨俊峰(2009)认为公共体育服务体

---

① 陈昌盛,蔡跃洲.中国政府公共服务:体制变迁与地区综合评估[M].北京:中国社会科学出版社,2007:21-22.

② 丁文武.集成电路产业公共服务体系建设研究[D].天津大学博士学位论文,2011:21.

③ 肖林鹏,李宗浩,杨晓晨.我国公共体育服务体系概念开发及其结构探讨[J].天津体育学院学报,2007(6):472-475.

④ 郇昌店,张瑛.我国公共体育服务概念的辨析——兼于范冬云先生商榷[J].西安体育学院学报,2011(3):305-308.

⑤ 任春香,李红卫.新时期我国公共体育服务体系的基本内容探析[J].体育与科学,2011(5):40-43.

第二章 我国公共体育服务体系理论概述

系是一个能够不断为全国人民改善体育健身的环境和条件,有效地支持全国人民参与体育健身活动,满足全国人民多样化的体育健身需求,使全国人民健康素质得到明显提高的服务和保障系统;是一个由若干服务要素和保障要素组成的,按一定结构和层次构架的,具有体育服务和体育保障功能的整体。①

综上所述,公共体育服务研究的核心问题是公共体育服务的类型和结构,解决"是什么"的问题;而公共体育服务体系是侧重研究如何有效地整合公共体育服务资源,从而为公共体育服务的运行提供保障,即研究公共体育服务主体如何为客体有效提供公共体育服务的问题。近几年,学术界关于公共体育服务体系的理论观点不尽相同,总体来讲是对这一体系的架构和外延存在分歧,各种观点都基本认同的构建公共体育服务体系的最终目的是:充分体现公益性和政府的主导在政策制定、制度建设等方面的主导作用,切实保障人民群众的基本体育权益。因此,我们认为公共体育服务体系是指以为公民及其组织提供基本而有保障的公共体育服务为主要目的而建立的一系列有关服务内容、服务形式、服务机制与服务政策等的制度安排,最主要表现为政府主导、社会参与和体制创新,而公共体育服务体系则是需求体系、供给体系、保障体系和评价体系的综合体。这从根本上要求我们既不能把公共体育服务简单等同于群众体育,也不能把公共体育服务与竞技体育简单对立。要在实践发展中不断探索,从而进一步认识公共体育服务的特点和规律。

二、公共体育服务体系的特征

(一) 系统性特征

公共体育服务体系是一个复杂的系统,涉及供给系统、需求系统、保障系统和评价系统等。为了充分发挥各系统和各组织要素之间的协同作用,建立一个高效、有序的公共体育服务体系,需要基于系统性思考,来组织、设计、管理和运行各环节。系统性含义主要包含三个方面。第一,整体性。公共体育服务体系是一个有序的系统组合,其建立应着眼于公共体育服务的运筹、运作。第二,联系性。联系性既表现为公共体育服务体系各子系统彼此间的制约、渗透与转化,也表现为相互连接与依存。第三,有序性。公共体育服务体系的内容、结构、层次具有明确的服务方向,即不断满足人民群众的公共体育需求是有序推

---

① 杨俊峰.山西省小城镇公共体育服务体系研究[D].山西师范大学体育学院硕士学位论文,2009:7.

进系统实施的基本前提。所以,公共体育服务体系要注重系统化建设,对公共体育服务机制、设施、组织机构、内容、队伍以及功能结构、体系布局进行规划,注重市场经济体制下的公共体育服务需求,形成多层次、多样化、网络化的供给系统,惠及公众。

(二) 公共性特征

"公共性"是公共体育服务体系最重要和最核心的一个特征。公共体育服务体系的公共性包括四个方面。一是指利益取向的公益性。公共体育服务作为现代社会公共服务的基本范畴,以普遍实现公共体育权益为准则,追求社会效益的最大化。二是服务主体的公众性。公共体育服务单位应该面向社会普遍提供基本无差别的公共体育服务。所有的公共体育服务措施,都应该无条件地向公众开放,接纳公众参加各种活动,接受公众的管理和监督。三是服务供给的公平性。享受基本的公共体育服务,是现代社会公民的基本权利,而提供公共体育服务则是现代政府的主要职责,政府必须为公众提供等同的接触和享受公共体育服务的机会。四是资源配置的公有性。一般来说,公共体育资源内容体现出一定社会的共同价值准则和主流意识形态导向,符合社会在体育上的共同、根本与长远的利益。具有公平与正义特征的公共性是一种价值伦理,客观要求政府满足公众要求,让公民享有平等的参与权和参与机会,并强调公共舆论的监督和批判作用。

(三) 统筹性特征

统筹性是公共体育服务体系建设目标的具体反映,该目标即实现公共体育服务的均等化。"统筹性"要求加强顶层设计和谋篇布局,在政府主导之下,整合区域内各级公共体育资源,凝聚各方面力量,发挥各方面优势,形成合力,建立动态的公共体育文化系统。推进体系化建设,要重点做好"两个统筹"。一是要统筹区域和部门的体育资源。"十二五"期间,要重点以国家公共体育服务体系示范区为平台,消除行政壁垒,突破体制障碍,加大跨部门、跨领域、跨系统的交流与合作,促进公共体育资源的共建共享,提高其利用效率。二是要统筹城乡体育发展。城乡统筹发展,就其本质而言,最终目标是实现城乡无差别或最大限度地缩小城乡差别的发展。建立城乡体育发展的联动机制,推动公共体育资源在城乡之间均衡布局、合理配置,缩小城乡公共体育服务资源差距,促进城乡体育协调发展。

(四) 服务性特征

公共体育服务作为公共体育管理工作中最为重要的内容,从一个侧面肯定了公共体育管理者的服务性特征。政府、公民、第三部门及私人部门在公共服务提供过程中的角色和功能各不相同,在相应的领域中,各有所长,各有所短。通过彼此的通力合作,形成多元协调联动的局面,为公众提供高质量的公共体育服务。保持民意表达公共利益诉求通道的顺畅,保证公共体育服务的服务性;公开公共体育服务的有关信息,赋予公民更多的知情权、表达权和监督权;公民具有对公共体育服务进行自主多元选择的权利。改变传统的严格的行政控制,并向人性化的公共治理转变,进而实现政府从管理型向服务型的转变。而以公众为导向的公共服务体制客观要求公共服务由政府单向提供转变为由公民和社会所支配,即公民需要什么样的服务,政府才能够提供什么样的服务;公民要求以怎样的方式提供服务,政府就得以怎样的方式提供,政府没有自由处置的权力。

(五) 保障性特征

公共体育服务体系的建立,就是要确保每一个人都能够享受到除生存权之外的基本的体育权利,实现最基本的体育需求。财政保障系统、绩效评估系统与政策调节保障系统作为公共体育服务体系的重要子系统,不仅直接关系到整个体系实施的可行性、稳定性、现实性和长效性,还决定着公共体育服务体系的存在效果,使其具有自我调节、自我修复和自我监控能力。公共体育服务体系的保障性特征主要体现在制度方面、投入方面、参与方面与配置方面。一是从制度架构上确保全体公民在享有公共体育服务方面权利均等;二是从财政投入上确保全体公民在享有公共体育服务方面资源均等;三是从决策参与上确保全体公民在享有公共体育服务方面效果均等,旨在允许社会成员存在在公共体育服务体系之外的选择,尊重其选择权。

(六) 科学性特征

公共体育服务体系是一种科学的制度设计。其科学性主要体现在:其建设需要根据国家与地区的经济、社会及体育发展状况,建立责任明确、富有效率、服务优良的管理体制和运行机制。公共体育服务体系作为服务型政府治理的一种管理模式,很大程度上应该吸纳现代管理技术并最大限度地表现出技术实现过程中的规范化、标准化、公开化、透明化。同时,我国目前尚缺乏整体性的或针对不同区域特点而形成的差异性的科学合理的体育投入指标体系。而科学合理的投入指标体系应该包括:一是投入总额及其增长速度;二是投入总额占财政支出的比例及其增长速度;三是投入的各项构成。这样的公共体育服务体系才能成为考核公共体育服务的投入、质量、效率和水平的重要量化指标。建立科学的公共体育服务考评体系需要确定考核主体、考核导向以及关键考核指标,即在政府考核主体之外,应结合公众的意见和第三方机构的意见,以公众需求为导向,确立和细分关键的考核指标,建立起科学合理的指标体系。

(七)创新性特征

创新性特征主要表现为公共体育服务观念的创新,即公共体育服务成为各级政府的职责之一,实现成本、效率和公平的统一。公共体育服务体系不是单项性的政府体育职能,更不是由某一个政府体育部门来行使主体职能的体育项目计划,它是政府因承担体育义务而设计出来的制度层面上的自循环功能框架,是政府公共体育服务规范化、制度化、效率化、均等化和长效化的制度创新之举。首先,要从制度层面上实现政府从"管理型政府"向"服务型政府"转变,打破传统体制下政府单一主体的垄断供给,形成政府、市场组织与非营利组织协同运作的局面。其次,要进一步推进管理创新。紧密结合国家、区域的总体发展规划,做到体育规划创新先行,明确发展的长期战略规划,有效整合公共体育服务资源,提供丰富、优质的公共体育服务。再次,要强化公共体育服务机制创新。一方面,要建立健全完善的公共体育服务运作标准、运作原则、运作程序;另一方面,要建立责任追究和公众参与机制,推进公共体育服务创新。

三、我国公共体育服务体系的结构与功能

"公共体育服务(体系)"一词近几年在政府部门体育工作报告中频繁出现,且使用频率越来越高,但人们对于公共体育服务(体系)的构成、功能等尚缺乏系统的研究。

(一)公共体育服务体系的结构

公共体育服务体系是关乎公共体育服务的需求、产生、形成与实现的一个过程,这种过程是由按照一定的逻辑顺序进行的一系列活动构成的,提高公共体育服务的质量就是提高这个过程的质量。公共体育服务体系制度设计是一个严密而完整的链状结构,涉及公共体育服务体系建设的各个方面和所有重大问题,从群众体育需求和基本体育权益研究开始,到如何供给与如何保障公共体育服务体系并提供更好的公共体育服务,最后到公共体育服务评价考核体系研究结束,各部分环环相扣、关联密切,具有严密的逻辑性和完整性。因此,以公共体育服务体系和政府公共服务特性分析为基础,自上而下,划分模块,逐步求精,找出系统的组成要素,按照体系构造要求形成结构。公共体育服务体系应该包

第二章 我国公共体育服务体系理论概述

括公共体育服务需求体系、供给体系、保障体系以及评价体系,而所谓的体育设施服务体系、体育人力资源服务体系以及相关的政策法规体系都只是内容层面,我们认为,把它们作为各个二级子系统更为合适。

1. 我国公共体育服务需求体系

"公共需要不是全社会个人需要的简单相加,而是一般社会需要的抽象,是维持社会存在和社会发展正常运行的基础条件。"[①]公共服务需求是公共需要的一个重要组成部分,它是"人类社会共同体对公共产品和公共服务的共同需要"[②]。长期以来,我国实行"自上而下"的管理体制,政府管理者以自己的主观意愿去想象公众的公共体育服务需求,从而使供给与需求之间存在着偏差,资源严重浪费。随着公共管理改革和"以人为本"理念的凸显,"以公民为导向"的公共体育服务体制逐步建立起来,即公共体育服务的提供从由政府自上而下硬性供给转变至由公民和社会支配。

公民体育权利的实现仍然是我国公共体育服务需求体系框架结构的功能支撑点,并进而成为政策层面的命题。"十二五"时期是我国全面建设小康社会的关键时期,这一阶段我国公共需求逐渐由消费型向发展型升级。全面建设小康社会的重点是满足社会公共需求,那些基本的公共需求更多的是以公民权利的方式得到法律的确认的,这反映出公共体育需求的一个重要特征,即公共体育需求很大程度上是在反馈当中生成的,只有在充分表达和社会协商中才能被确定。而尊重公民的体育权利,首先就要尊重他们体育需求的表达权和公共决策的参与权。

市场经济体制下,公共体育服务供给要充分考虑消费者对公共体育服务的需求状况,否则就无法达到公共体育服务最优供给。需求表达被看作是公民参与政治或管理的逻辑起点。只有通过公众参与,让公民的需求得到充分的表达,政府提供公共服务的逻辑起点才能回归正常。[③] 在公共服务领域,所谓需求表达机制是指在一定的政治框架下,不同需求主体通过一定的渠道直接或间接地向政府提出自己的需求,通过相互博弈最终影响政策,使需求得以满足的过程。公共体育服务机构通过社会调查,倾听公众的意见,建立明确的公共体育服务标准,向公众承诺,根据公众的意见提供公共体育服务的内容和服务的方式,这样就真正把公众放到了公共体育服务的中心地位。公众参与是推动政府

---

① 孙晓莉.中外公共服务体制比较研究[M].北京:国家行政学院出版社,2007:3.
② 李军鹏.公共服务学——政府公共服务的理论与实践[M].北京:国家行政学院出版社,2007:9.
③ 陈国权,张岚.从政府供给到公共需求——公共服务的导向问题研究[J].人民论坛,2010(278):32-33.

公共服务向公共需求导向转变的关键。从政府层面来讲,不仅需要扩大公民的参与渠道,加强制度建设,确保在政府服务过程中的各方面、各环节均有规范化的公民参与途径,而且要加强对政府公务人员的道德教育,提高政府的责任意识和对公民参与的回应性,以保证公民参与的实现。而对于公民来讲,要强化自身素质培养,提高参与能力,增强权利意识,培养责任感。

2. 我国公共体育服务供给体系

在传统的计划经济体制下,公共体育服务供给的有效性主要通过行政系统内部自上而下的管理,以行政命令为基本特征的行政管理而得以实现。改革开放以来,公共体育服务消费超额性的存在,使得公众愿意通过市场购买公共服务,也促使营利组织愿意提供公共体育服务,获得应有的利润。当然,政府通过税收优惠等诱导性政策激励企业有效供给公共体育服务,提高了公共体育服务市场供给的积极性。但是,市场供给在追求利润最大化的同时,效率与公平无法兼顾。市场失灵与政府失灵使得非营利组织(志愿组织)在参与公共服务的提供方面能够弥补市场和政府的不足。基于志愿组织存在着"志愿失灵"的情况,以往对志愿组织一概肯定的万能神话被打破了。志愿组织主要依赖政府委托和政策优惠、企业组织及个人的资金资助为社会提供公共体育服务。有时候,"非政府组织的组织行为偏离志愿性公益机制,而出现资源配置的低效或价值取向的非公共性现象,从而在满足社会多元化需要、提供公共产品和服务上,产生功能性和效率上的缺陷"[①]。

公共服务是一个复杂性系统,其复杂性来源于自身结构、参与方关系、供给方式和所处的社会环境的复杂性。而基于这种复杂性,公共服务供给中往往存在各种不同机制的混合。公共体育服务供给体系不仅需要立足于公众的基本体育权益和公共体育服务需求,组织好公共体育服务的生产,而且需要根据供给对象的需求特点和行为方式特点,选择合适的途径和方式以实现公共体育服务的最优供给。因此,体现效率与公平的公共体育服务供给体系,必将成为新时期我国构建和谐体育的重要内容。

随着经济领域和社会领域自组织力量的发展,公共体育服务供给过程也演变成由政府、市场、第三部门与私人部门等不同角色组成复杂合作网络的过程。公共体育服务的任何一种供给主体都无法完全准确地反映公众需要偏好和现实的利益诉求,往往都会因其自身的价值判断而造成供给结果与需求目标的不一致。政府应该着力构建公共体育产品供给多元主体之间的对话合作机制,促

---

① 顾顺晓.非政府组织失灵的机制探究及其矫治[J].理论与改革,2007(1):47-49.

第二章 我国公共体育服务体系理论概述

进权力分享,建立起共同承担风险的公共体育服务供给联合体;政府应该建立机制,提高私人部门的社会声誉、加大政府补偿力度、对非营利组织提供财政资金支持等,激励其参与公共体育服务供给,满足公共利益;进一步完善公共体育服务的市场价格形成机制,约束各主体市场利益最大化的冲动,保证每个公民平等地享有权利。

3. 我国公共体育服务保障体系

(1) 组织保障体系。基于公共体育服务的复杂性,公共体育服务组织保障体系的实质就是组织结构重新设计的过程,是把组织的任务、责任、权力与利益进行有效组合和协调的活动,旨在形成合理的公共服务组织结构,实现组织目标,为公共体育服务组织的生存与发展奠定坚实的基础。组织结构的复杂性可以从三方面衡量:横向、纵向和空间。纵向的复杂性是指层级的数量;横向的复杂性是指横向跨越组织的部门和工作的数量;空间的复杂性是指组织结构要素在地理位置上分布的数量。① 因此,公共体育服务组织保障体系除了纵轴结构与横轴结构外,还应具有空间轴结构,即形成政府组织、非营利组织、私人组织以及各种公共体育服务机构在地理位置上分布的空间轴结构。

(2) 政策法规保障体系。目前,我国存在着由法律、法规和部门规章条例三个层次组成的政策法规体系。在推进公共体育服务均等化的进程中,在法律体系建设上,要从纵向层次上尽快整合政策、法规,清理不符合公共体育服务均等化原则的法规、规章、政策,将较为成熟的政策、法规通过全国人民代表大会立法的途径上升为基本法律,提高其权威性、统一性。公共体育服务社会化改革要制定和实施有关的法规与政策,对私营部门的投资权、经营权和收益权进行界定与保护,提供制度激励。公共服务市场化的法制建设首先要从过去强调"管制"向维护市场平等权利转变,使政府成为创造良好环境的主体。其次要从"允许"性规定向"禁止"性规定转变。再次,要从主要依靠行政性规章和文件向依据法律授权转变,从"权利本位"向"责任本位"转变。

(3) 财政保障体系。目前,行政化的资金拨付和使用方式使得公共体育服务财政资金的使用缺少决策的科学性。所以,一是要加快建设公共服务型政府,增强公民对有关公共体育服务供给过程的参与性,完善各级政府之间财权、事权的合理划分,消除财权和事权和配置不对称对公益性体育事业发展的消极影响。二是完善财政政策,逐步增加国家财政投资规模,积极引入社会资本,完善以政府供给为主、民间资本广泛参与的公共体育服务供给机制。三是改革和

---

① 理查德·L.达夫特.组织理论与设计精要[M].李维安,等,译.北京:机械工业出版社,2003:9.

完善财政体制,壮大地方税务体系,规范财政收入渠道,增强各级政府提供基本公共体育服务的能力;进一步明确中央与地方的事权,健全财力与事权相匹配的财税体制;完善与规范中央财政对地方的转移支付制度,提高财力性转移支付的比例,实行纵向转移与横向转移相结合的模式。四是推进城乡公共服务均等化的财政制度。建立财政投入增长机制,扩大公共财政覆盖农村公共体育服务领域范围,逐步使农民享有与城市居民同等的公共体育服务。

（4）信息保障体系。信息保障体系是指一个国家或一个地区联合各类信息资源中心,根据统一的规范,协调进行信息资源的收集、整理、存储、开发和利用,以满足社会对信息资源需求的体系。公共体育服务信息保障体系首先需要明确信息机构的定位与机构之间的关系、各自的运行基础、资源和服务对象。其次,应该根据资源共建共享的原则,致力于本机构信息资源的专业化、特色化建设,建立跨系统、跨部门的信息工作协调机构,在各个层次上组织与协调信息资源的共建与共享。再次,应该在确保用户正式交流渠道畅通的同时,努力疏通和拓宽其他信息交流渠道,开发和利用知识创新信息。应该建立多渠道信息沟通网,加强体育服务信息化建设。① 最后,信息权益保障制度建设需要制定信息资源开发与服务等相关权益保护方面的法律、法规,建立具有可操作性的信息服务权益监督体制,保护信息服务的经营权、竞争权、开发权和产权,以此提高信息权益保护的自觉性,防止侵权行为的发生。

4. 我国公共体育服务评价体系

公共体育服务评价的实质就是指公共体育服务的绩效评估。绩效评估作为一种全面的质量管理工具,其基本目标在于回答组织或个人是如何行动的,是否实现了既定目标,接受服务的对象的满意度如何,整个行动是否处于有效的控制之中,以及在哪些地方需要进一步改进等基本问题。② 当然,公共体育服务的绩效评估应从法律上承认并保障公共服务评价机构在进行公共服务评价时不受任何组织或个人的干扰和影响,确保整个评价工作在法律制度化框架内运行③,并在公平与效率价值准则之上,使用最有效率的方式去追求公平。具体来说,必须明确和处理好以下几个问题:

（1）公共体育服务绩效评估的内容:评估什么。关于绩效,一般认为,绩效

---

① 李建国.体育公共服务体系的基本框架[N].中国体育报,2008-07-11(8).
② 陈昌盛,蔡跃洲.中国政府公共服务:体制变迁与地区综合评估[M].北京:中国社会科学出版社,2007:3.
③ 樊继达.建立以结果为导向的公共服务评价体系[EB/OL].http://www.china.com.cn/xxsb/txt/2007-04/23/content_8158039.html.

第二章 我国公共体育服务体系理论概述

不仅是对结果的衡量,还是对过程的衡量,以及对提供方的努力程度和接受方的满足程度的衡量。所以,绩效是一个综合性的范畴,其包含"过程"和"结果"双重内涵,过程产生结果,结果反映过程。因此,公共服务绩效评估是公共服务评估主体按照一定的政策和使用一定的评估技术方法对公共服务生产者即供给主体所提供的公共服务的数量、质量、效率、公平性、满意度等方面的评估。①

对于公共体育服务来说,其绩效评估的对象是公共体育服务的提供者及产品。就过程来说,它包括投入是否满足经济性要求,过程是否规范与合理;就行为结果而言,它又包括产出与投入相比是否有效率,行为的结果是否达到预期的目标,这里的影响既包括经济的影响,又包括社会的影响,结合绩效评估的内容,我们认为公共体育服务绩效评估的内容不仅要考虑投入、产出的效率,同时要考虑效果、公平性,尤其要顾及公众的满意程度。

(2)公共体育服务绩效评估的主体:谁来评估。"谁来评估"涉及公共体育服务绩效评估中评估主体选择的问题。公共体育服务评估主体的构建是其绩效评估的关键环节,关系到公共体育服务评估的合法性和有效性。我国公共体育服务评估过程中存在着单向性和不平衡性等问题,多重视政府内部评估,而相对忽视社会公众和相对人的参与。在实践中,多元化的评估主体,特别是外部评估主体的作用并没有得到充分的认识。在政府组织日趋互动和开放的形势下,适时引入多元化的评估主体,尤其是外部的评估主体,无疑对完善公共体育服务绩效评估体系有着积极的作用。当然,尽管公共体育服务评估主体是多元的,包括政府评估、公众评估和第三方评估,但是,服务使用者公民的感知评价,在公共体育服务评价中应该是不可或缺的。其中,公共体育服务内部评估主体不仅包括传统的上级领导部门和组织人事部门,而且也包括内部的广大员工以及其他相关部门;而组织外部的评估主体,则包括各种社会团体、专业人士、新闻媒体以及更加广泛的公民社会。

(3)公共体育服务绩效评估的方式和方法:如何评估。"如何评估"是关于公共体育服务绩效评估中如何确立衡量标准和综合使用评估方法的问题。根据绩效评估的性质,公共体育绩效评估的方式可以分为定性评估和定量评估。定性评估主要是指评估中心对公共体育服务绩效进行质的鉴别和确定等级,主要是通过评审的方法进行。因为其建立在评估主体主管印象和经验基础之上,易受到评审者主观因素与外界因素的影响和干扰。定量评估是指对公共体育

---

① 曹爱军.公共文化服务的理论与实践[M].北京:科学出版社,2010:145.

服务进行量的鉴别和等级评定,主要是在测量的基础上,运用统计与数学的方法对所得出的数据进行整理和分析。因此,公共体育服务绩效评估必须坚持定量分析和定性分析相结合,单纯的定性分析容易产生偏差,而单纯的定量分析无法为改进公共服务提供有效的评价意见。同时,公共体育服务绩效评估指标体系合理与否、科学与否决定着绩效评估的水平和质量的高低,需要设立一套科学的公共体育服务评估模型,合理设计评估指标和权重,注重评估的可操作性,并不断地对绩效评估指标体系进行修正、完善。

(二)公共体育服务体系的功能

《辞海》对于"功能"一词的解释是:"有特定结构的事物或系统在内部和外部的联系与关系中表现出来的特性和能力。"功能概念在社会学中得到了广泛的应用,并形成了"功能主义社会学"。在社会体系的构成要素中,人们把比较恒常的要素状态和要素间的关系称为社会体系的结构,把某一构成要素对其他结构要素和上下级体系所产生的正负影响或正负结果,称为这种构成要素的功能。公共体育服务体系的功能是公共体育服务体系构建的硬约束,并与该体系的价值指向息息相关。

1. 公共体育服务体系的系统功能定位

公共体育服务体系的功能定位主要是明确该体系"做什么"的问题,体现了该体系的总体功能目标以及开展的主要功能内容。因此,功能定位是否合理关系到公共体育服务活动能否顺利开展。

(1)创新服务功能。正确的导向确定了整个公共体育服务体系运行的发展方向和目标,而以公众为导向则是公共体育服务体系科学发展的必然选择。公共体育服务体系的核心是"公共服务均等化",即公民都应拥有平等获得公共体育服务功能的权利,其目的主要是将服务共享功能的覆盖范围进一步地延伸和放射。这需要扩大政府决策的公众参与度,即提供什么公共体育服务和如何提供公共体育服务需要依据公众意见进行。创新服务功能在其结构优化方面的目标则是公民共享公共体育服务的满意程度,即对公共体育服务结果的目标定位就是全体公民对公共体育服务广泛性的满意程度。公共体育服务的成效集中体现在服务的有效性方面,有效的服务集中体现了公民满意的评价。并且,公共体育服务体系以民为本,追求公共体育服务供给方式和手段的创新与再造。这需要扩大引入市场竞争机制以符合市场经济发展的要求,营造并发展政府与社会、各级政府与地方政府之间公共体育服务的协作机制,进一步完善政府在公共体育服务提供过程中的责任机制,最后以稳定的法制环境为基础优化公共体育服务体系的服务功能,这是实现和创新服务功能极为关键的先决条件之一。所以,国家应通过严格的立法和执法程序,规定每一位公民享有利用公共体育服务功能的权利,使公民的权利合法化、公开化和制度化。

(2) 资源整合功能。资源整合是优化配置的关键。公共体育资源整合就是要优化资源配置,实现整体的最优,即达到配置的帕累托效率(即二八定律)和有效公平两个目标,并最大限度地满足公众公共体育服务的需求。从总体上来讲,公共体育服务资源整合就是推动公共体育资源的社会化、市场化以及民主化进程,进一步健全和完善"政府推动、市场拉动、部门联动、城乡互动、典型带动、全民齐动"的运行机制,积极整合政府的政策资源和经费资源,落实公共体育服务的科学发展观,实现亲民、便民、惠民、利民的总体要求。具体来说,首先要能够通过建立资源共享机制,强化对体育系统内部场馆资源和社会学校场馆资源的整合,满足人民群众健身锻炼的需求。其次,要加大地方财政在公共体育资源配置过程中的投入比例,提高供给效率,使其能够提供符合当地居民需要的公共体育服务。再次,要制定鼓励公民参与社会体育指导员队伍的相关制策,并使之制度化和常规化,并且重视提高公共体育工作者素质的教育和培养,注重调动人的工作积极性,发挥人的潜力。

(3) 激励约束功能。从总体上来看,公共体育服务体系的激励约束功能不仅体现为促进公共体育服务数量与质量的快速发展,还使得公共体育服务与公共体育需求的发展变化有机对接。公共体育服务体系在为决策者提供借鉴参考的同时,也将评价结果反馈给了被评价对象,使其明确工作中的长处和短处并采取相应的措施。正确的评价结果可以激发被评价者的主动性,以更高的效率努力工作;负面的评价结果可以促使被评价者警醒,从而进行改进。

公共体育服务体系通过政策导向以激励各种供给主体积极主动地依法行使其权利,在法律允许的范围内获得与之相关的最大受益。并能够做到禁止性和允许性条款规定相结合,充分发挥其激励与约束功能,为公共体育服务的快速发展提供有效的调控和保障。而在财政激励约束方面,依据绩效综合评价结果对公共体育服务提供主体的支持力度进行权衡,奖惩结合,充分发挥正向激励、逆向约束的作用,而在吸引社会力量参与公共服务提供的过程中,采取税收优惠、政府采购、财政贴息等手段。

2. 公共体育服务体系供给主体间的功能关系

结构功能主义代表 T. 帕森斯在《社会体系》中提出"AGIL"分析框架,认为社会系统的结构是适应功能需要而产生的,并将社会系统划分为经济制度、政治制度、法律制度与社区制度四个子系统,它们分别对应着"适应"(adaptation)功能、"目标实现"(goal attainment)功能、"整合"(integration)功能与"潜在模式维系"(latency pattern maintenance)功能,各子系统之间相互依存、相互影响,共同维持系统的运行。这为我们明确公共体育服务体系各供给主体的功能及其相互关系提供了研究思路。

为满足公共需要而提供公共服务,既是一个调节社会资源配置的过程,又是一个发挥社会主体功能的过程。① 目前,我国公共体育服务体系中供给主体主要包括政府公共机构、市场组织、非营利组织以及相关科研机构与高等院校等。在公共体育服务体系内部,各供给主体依靠其自身所具备的资源优势而分别承担着不同的功能分工,进而演化为公共体育服务体系的系列功能,具体的供给主体有:①政府公共机构。政府公共机构在目标制订、政策引导、布局规划、战略研究等方面引导着公共体育服务体系的发展方向,决定着服务开展的重点领域,并且凭借其权力与权威,对体系内部的各供给主体及其行为进行管理控制和组织协调,在资源配置、结构优化和维持体系运转方面发挥重要作用,在信息、技术、资金等公益性服务项目中发挥着带头、推动作用。因此,政府公共机构在公共体育服务体系中承担着目标达成功能。②市场组织。市场组织等主体在资本积累、管理运行效率和交易成本方面具备天然优势,能够在政府无法有效进入的领域实现生产要素的优化配置,使得各生产要素在适应外部市场与社会环境变化方面反应最为迅速,可以最先做出调整和进行变化。因此,市场组织在公共体育服务体系中主要发挥着适应功能。③社会性组织。社会性组织通过调研等方式,汇集公众的多重体育需求,实现对公众需求的确认,将各种存在关联的因素整合到统一的体系下,以便协调需求、资源与供给之间的平衡,进而实现"需求整合""组织整合"与"系统整合"的统一。因此,社会性组织在公共体育服务体系中主要承担着整合功能。④相关科研机构及高等院校。国家相关的体育科研机构以及高等院校属于政府和市场之间的一种组织形态,具有一定的公共责任,不仅承担着部分公益性公共体育服务的供给功能,还通过体育理论以及相关科学技术的教育、培训与推广研究,维持着公共体育服务体系的有效运行,使得公共体育服务体系不至于受到供给主体更替的影响。因此,相关科研机构及高等院校主要发挥着维系模式的功能。

---

① 孙晓莉.中外公共服务体制比较[M].北京:国家行政学院出版社,2007:11.

第三章 我国公共体育服务供给体系

一、我国公共体育服务供给现状及问题

根据我国体育的现实和众多学者对我国公共体育服务现状的研究,我们从提供服务产品质量的角度可以归纳出我国公共体育服务面临的主要问题。①

（一）公共体育服务供给的总量不足

公共体育服务供给总量是判断公共体育服务水平的重要标志。当前,我国公共体育服务部门存在的"缺位""错位""越位"等缺陷得不到有效控制与弥补,加之民间资本不能顺利介入公共领域,导致公共体育服务的供给与公共体育需求严重脱离,使许多公共体育服务供给成为无效供给,在原有的公共体育服务总量不足的基础上,又产生了公共体育服务有效供给总量不足的新矛盾。虽然近年来体育财政拨款总额有所增加,但体育事业费所占财政比例呈下降趋势。公共体育资金的利用效率偏低,财政投资大部分用于体育事业系统内部开支。

除资金不足外,公共体育场地设施也严重不足。第五次全国体育场地普查结果显示,我国体育场地达85万多个,总面积达13.2亿平方米,但每万人仅拥有6.58个体育场地,人均体育场地面积仅1平方米左右,是美国的1/16,与同时期的美国、日本等发达国家平均每万人拥有200多个体育场地的状况更无法相比,而且我国现有体育场地大多数设施简陋,质量普遍不高。

另外,体育社会组织在公共体育服务供给体系中所起的作用有限。我国体育社团类型包括体总、人群体协、项目体协、行业体协等达308个种类,这些体育社会团体是开展各类群众体育活动的具体领导者和组织者,但这些体育社团

---

① 肖林鹏,李宗浩,杨晓晨,等.论我国公共体育服务的供给困境[J].山东体育学院学报,2008(8):1-4.

存在整体数量不足、官民两重性、缺乏规范管理等问题,在提供公共体育服务中起不到应有的作用。

(二)公共体育服务供给的结构失衡

公共体育服务供给的结构性失衡包括物质性供给失衡与非物质性供给失衡以及经济性供给失衡与公共性供给失衡等。国家和社会注重资金的投入与物质基础的建设,而忽视人员队伍、信息宣传、制度规范等"软环境"建设的现象在有些地区还比较严重。在部分体育事业单位改制的过程中,过度"私有化",使得很多国有资产流失,大量本应该免费提供的公共体育服务成为人们必须交费才能获得的"经济性"服务产品。政府投资与社会投资比例失衡。

我国公共体育服务供给的结构性失衡还体现在区域失衡上,即东部与西部、经济发达地区与经济欠发达地区、城市与乡村的失衡。例如,从体育场馆资源分布情况来看,我国现有近70万个各类体育场馆,其中占国土面积的16.5%并拥有我国39%左右人口的城镇,拥有我国全部体育场馆中的79.8%;而占国土面积83.5%并拥有我国61%左右人口的广大农村地区却只拥有我国20.2%的体育场馆资源。场地设施的这一分布结果导致大多乡村缺乏甚至没有体育活动场所和设施。

(三)公共体育服务供给的对象有限

公共体育服务往往由政府独家来提供,而政府包办式的供给能力又非常有限,这必然会导致能够享受到政府公共体育服务的供给对象是有限的。相关研究显示,我国社会体育指导员的缺口现象突出,人均社会体育指导员数不足1/3000。尽管公共体育部门一直在大量投入人、财、物来提高公共体育服务水平,然而这些与广大人民群众的公共体育需求期望仍存在较大差距,要求增加锻炼场地设施、开放体育场馆、提供科学健身指导服务、增加体育活动经费支持等的声音日益强烈。

如今虽然公共体育资源开始向农村和中西部地区倾斜,国家通过税收返还、专项补助和一般性转移等转移支付手段保障落后地区的公共体育财政支持,但是在现行税收和财政体制下,中央和地方的财权分配不对称,使得地方提供公共体育服务的能力受到约束,很多农村地区,尤其是偏远地区的人们还很难获得公共体育服务的裨益。当前,我国对体育设施的综合利用、多种经营、自负盈亏的意识越来越强,但是在体育设施的设计上仍保持着贪大求全、为少数领导服务的强烈意识。体育主管部门实际上更注重"金牌战略",对基本的公共体育服务重视不够,用大量的竞技体育投入代替了惠及公众的基本公共体育服务。

（四）我国公共体育服务供给体制存在的问题

1. 公共体育服务供给中传统行政管理体制的弊端

当前我国公共体育供给体制仍然是采用传统的行政管理体制——政府包办体育，政府对体育事业管得过死，体育事业的市场化程度很弱。尽管目前我们已引入了国际上通行的"公共管理"概念，努力将传统行政管理向现代公共管理转变——这也是当今世界各国行政体制改革的一项基本内容，但是体育供给领域中传统的管理体制依然带来诸多弊端。

传统行政管理体制导致了体育非政府组织力量非常薄弱，其提供公共体育服务的能力有限，而社团登记导致的双重管理，经费的制约和多年来对政府的依赖，等等，这些都使非政府体育组织难以具备较高的提供公共体育服务的能力。

传统行政管理体制带来了政府供给主体单一、供给服务对象有限和公共体育服务覆盖面较窄的问题，政府、体育非政府组织、企业、个人等都可以成为公共体育服务的供给主体。然而传统行政管理体制不仅制约了体育非政府组织的发展，同时也制约了体育行业内市场组织的发展。以北京市营利性的体育健身俱乐部为例，多数健身俱乐部负责人表示不会再继续扩大投资建设俱乐部，只是在维持目前的运营状态。①

2. 各级政府职能不清

现阶段，政府在公共体育服务供给过程中既扮演生产者又扮演供给者，突出表现为政府的职能不清问题，本该由上级政府投资管理的事情，有的通过转移事权交由下级去完成，本该由政府提供的服务却转移给发展不尽完善的市场去提供。政府对其自身与市场"该干什么"和"能干什么"缺乏考量。在公共体育服务供给方面，政府本来是管理、监督、服务和部分供给的角色，而非大包大揽，全程参与，更不是"该管的管，不该管的也要管"。政府的提供责任主要包括由谁提供、提供什么、提供多少、何时提供、向谁提供以及哪些优先提供，而不是政府独家垄断公共体育服务的生产与供给。当下，在公共体育供给方面政府规模过大，对完全可以由市场解决的且效果好的领域干预过多。最终导致我国公共体育服务带有浓厚的行政色彩和垄断性，缺乏效率和活力。在经济全球化趋势下，要想真正跻身于世界经济强国，政府就必须转变观念，明晰职能，提高效率。

---

① 马宏俊. 我国政府体育公共服务体系的困境及对策[J]. 体育科学, 2013(1): 3-9.

政府必须将自己的职能定位于"掌舵"而不是"划桨","多些指导,少些主导"①。

3. 政府垄断单一性的供给体制

长期以来,我国体育行政部门一直是我国公共体育服务供给的绝对主体。决策者的"官僚偏好"往往与其效用函数联系在一起,在集权决策机制中,公共体育资源的配置高度往往依赖决策者们的"偏好"系统。因此,在社会公共体育服务需求不断增长的情况下,这种"政府包办"的单中心公共体育服务供给已不能满足多样化与多层次的公共体育服务需求。现实情况下,由于体育行政部门把竞技体育成绩作为体育工作的重要考核标准,形成了竞技体育产品在非意愿选择下的过分供给、其他公共体育服务项目的供给显得力不从心的局面。公共体育服务供给的主体不仅包括政府和体育行政部门,准政府组织、非政府组织(体育社团、体育基金会、民办非企业体育单位等)、企业、个人等都可以成为公共体育服务的供给主体,它们出于公共利益目的的体育事务都可视为公共体育服务范畴。

政府垄断单一性的供给体制还制约了社会体育组织的活力。近年来,我国各种社会组织发展迅速,并开始承担部分公共体育服务职能,但由于体制及政策性障碍,社会组织提供公共体育服务的作用尚不能充分发挥。例如,国家体育总局设置的20个运动项目管理中心管理着国家批准的98个运动项目,由于受国家事业单位的建制、人员编制及经费控制,各中心不可能增加过多人员,致使部分中心整日忙于体育竞赛和活动,无暇顾及项目的长远规划,同时随着运动项目的不断增加,活动更加频繁,国际交流更加频繁,各项目管理中心提供公共体育服务的能力越来越受到限制。大量的民间体育组织虽然开始深入社区和乡村,但仍然受到众多体制和制度的约束,多数民间体育组织在管理及活动组织等方面受到的影响及阻力太大,不能充分发挥作为"百姓身边的活动组织者"的功能。大部分体育企业也由于公共体育服务的市场介入约束和企业社会责任感不强等因素,尚难以扮演好公共体育服务提供者的角色。②

4. 组织管理体系不健全

从组织类型上看,新中国成立以来我国已建立起较完善的体育行政管理组织体系,但是社会体育组织和市场组织体系还不健全。公共体育服务供给比较完善的发达国家的经验表明,要推动公共体育服务供给的健康运行和持续发展,就必须把公益性和市场化有机结合,以公益性为主导的运行机制体现了社

---

① 樊炳有. 我国体育公共服务供给制度及实践路径选择探讨[J]. 体育与科学,2009(4):27-31.
② 肖林鹏,李宗浩,杨晓晨,等. 论我国公共体育服务的供给困境[J]. 山东体育学院学报,2008(8):1-4.

会体育的大众化和服务性。① 随着我国竞技体育和群众体育的迅速发展,建立适应社会主义市场经济内在需求的高效、持久的多元化运行机制是当下和未来我国公共体育服务发展的重要任务。与此同时,社会体育组织建设也必须与之同步进行,在公益性的基础上,要积极培育公民参与全民健身活动的机制,建立和完善以政府供给为主体,以体育协会和体育俱乐部等社会体育组织为辅助的公共体育服务供给体系,推进公共体育服务供给的市场化进程,建立社会化的体育服务网络,丰富公共体育服务供给的内容,逐步形成体育信息、体育指导、体育培训、体育设施、体育竞赛、体质监测服务供给等全方位的具有中国特色的公共体育服务供给格局。

从组织结构体系来看,目前我国全国性和地方性的社会体育组织较多,但基层体育组织数量不够多,规模不够大,难以满足群众日益增长的健身需要。基层体育组织隶属体育社会团体,在一定程度和范围内承担着政府社会体育管理与协调的功能,在政府和社会之间起着桥梁与纽带作用。

5. 公共体育服务供给体制建设中的法律缺失

公共服务法律体系主要包括三个方面,即公共服务组织法、公共服务运行法和公共服务监督法。然而,目前我国关于公共体育服务体系方面的法律法规几乎没有,现有的法律中能找到的关于政府应当提供公共体育服务的法律依据是《宪法》第21条的规定:"国家发展体育事业,开展群众性的体育活动,增强人民体质。"而体育领域中的基本法——《体育法》中却没有关于公共体育服务方面的规定。目前正式文件中提到公共体育服务体系建设的只有国家体育总局"十二五"规划对公共体育服务进行的一些阐述。

法律法规的缺失使政府体育公共服务体系建设无法实现"有法可依",这与法治国家"有法可依、有法必依"的法治理念相矛盾,也与推进体育事业"依法治体"的要求相背离。在"无法可依"的状态下,从法律主体的角度来讲,体育公共服务主体的法律定位就会不清楚:体育行政部门、体育非政府组织、企业、个人等公共服务提供者之间的法律关系不清,各类公共服务主体缺乏明确的职能定位与法律地位。尤其是作为推进体育公共服务的主导者——体育行政部门对于自己是否"越位""缺位"或"错位",没有法律上的判断标准。对自己的行为没有准确定位,就会严重挫伤政府部门的积极性,也会导致体育公共服务不能合法、合理、持续、有序地推进②。

---

① 陈庆修. 世界经济重心转向服务业[J]. 中国国情国力,2002(9):25-27.
② 马宏俊. 我国政府体育公共服务体系的困境及对策[J]. 体育科学,2013(1):3-9.

二、我国公共体育服务供给体制问题的成因分析

(一) 政府和公众观念滞后

一方面是"大政府""小社会"的行政观念的影响。政府的基本性质决定了政府是权力"有限"和责任"无限"的结合体。当前,中国正处于经济转轨和社会转型的关键时期,计划经济时期的意识形态难以迅速根除,导致在计划经济形态和传统的官本位思想的影响下,"大政府""小社会"的行政观念依然盛行。政府对公共体育供给的垄断,使得公共体育服务的供给质量和效率很难得到保证。

另一方面是公众体育消费观念淡薄,对政府和国家依赖性强。当下,我国强政府、弱社会的格局还没有发生实质性的变化,广大民众在参与体育活动方面依然表现出对政府和国家极大的依赖性,对体育的关注度和参与度不够,体育消费意识淡薄,体育消费习惯还未形成。公众在公共体育服务上的权利意识淡薄,缺少对公共体育服务供给情况的参与和民意诉求,缺少对政府公共体育供给的监督和参与,一直以来都处于被动的地位,处于"给什么,消费什么;不给也不说"的状态。为了促进我国公共体育服务供给体制的健康发展,保障公民在公共服务中的权利和地位,首先要解放思想,增进公民在公共体育供给方面的参与。转变人们的健身意识,提升居民的体育服务消费,树立健康的体育服务消费有利于提高生活质量、促进身心健康的观念。另外,公共体育服务供给部门要千方百计地扩大体育服务领域,创造条件,优化供给体制机制,强化服务意识。形成布局合理,内容多样,多层次、宽领域的公共体育供给服务体系[①]。

(二) 城乡分割的二元体制

城乡二元体制是造成农村体育公共服务供给不足的制度性根源。我国在工业化初期,通过农业税和"剪刀差"等形式将大部分农业积累转化为工业积累,为城镇化的突飞猛进奠定了基础,农民理应享受与城镇居民同等的待遇,但是,长期以来,在城乡二元体制以城市偏好为主导的公共服务供给体制的大环境下,农村公共体育服务的供给一般不列入国家或地方政府的财政预算,这就形成城乡两种有差别的公共体育服务供给体制。这种城乡二元体制在公共体育服务提供方面的最主要表现就是,政府包揽城市所需要的主要公共体育服

---

① 陈颖川,吉建秋,吴明.大众体育主体归位的运行基础及其社会性建构研究[J].天津体育学院学报,2005(5):59-62.

务,给予公共财政资金支持,而农村很大程度上实现的是"自给自足"的公共体育服务供给体制;农村所需的公共体育服务,政府提供较少,大多是以农民自己上缴税费来承担,这就导致了农村公共体育服务不论是在数量上还是质量上都与城市存在很大差距。改革开放后,随着市场经济的引入和综合国力的增强,我国对这一非均衡的发展模式进行了调整,但城乡分割的二元结构并未从根本上得到改变,农村公共体育服务仍大多由农村自己来解决,农村公共体育服务受财力所限,远远落后于城市,这从体育场地设施的总量、分布以及社会体育指导员的配置等方面体现出来。农村公共体育服务的缺乏又制约了农村体育的发展,从而形成恶性循环,以致城乡在公共体育服务的供给和享受上的差距越来越大。

(三)公共财政体制不健全

首先,公共财政投入不足。在公共体育发展过程中,财政资源缺乏是制约我国公共体育服务供给的关键因素。总体来看,体育事业发展经费的不足,影响了政府履行公共体育服务的职能,制约了公共体育服务供给的数量和质量,同时也限制了公共体育服务供给的宽度和广度,不利于体育民生工程的建设。此外,国家直属体育事业投入在中央财政支出中的比重也呈下降趋势,国家直属体育事业经费投入的不足,直接影响到国家体育总局对体育事业和公共体育服务发展的宏观调控能力,不利于体育事业和公共体育服务供给的均衡发展。另外,在公共财政投入方面还存在竞技体育和公共体育的投入结构不合理的问题,在体育经费的使用上,表现为竞技体育投入比重大,群众体育投入比重少,同时存在区域体育发展不平衡的缺陷,表现为西部地区体育事业经费严重不足。

其次,地方财力有限。我国现行的财政体制是财权层层向上集中,而事权下移,到了最基层的乡镇一级财政,经费捉襟见肘。基层公共体育服务投入不足和资源匮乏严重影响了大众参与体育活动的积极性。从基层场地的现状就可见基层在公共体育服务供给上的财政乏力。

再次,转移支付制度不合理。一是对转移支付资金的确定采用基数法,客观上延续并扩大了既得利益格局,没能发挥转移支付资金制度在协调区域经济发展中应起的作用,不仅没有均衡财政支出差距和社会经济发展水平的均等化效果,反而扩大了各地区间财政收入能力和基本公共服务水平的相对差距,使得财政困难的县、乡长期处于不利地位。二是中央政府对转移支付资金的拨付要经过省政府、市政府,再到县、乡基层政府,拨付资金链条的加长,一方面造成资金拨付的时滞性,影响资金的使用效率;另一方面增加了转移资金的漏出。

三是对转移支付资金缺乏有效的监督制约机制。

三、我国公共体育服务供给体制的完善

公共体育服务体制的改革和完善是指通过对政府、市场与社会等多种角色在公共体育服务中的作用进行合理调整。在公共体育服务领域中引入竞争机制，可以打破传统的政府垄断地位，使它们功能互补；优化公共体育服务供给体系，构建公共体育服务供给领域的多元参与和竞争的新局面。

（一）明确公共体育服务供给体制的目标

完善我国公共体育服务供给体制的基本目标，就是要建立一个符合中国国情的、以社会公平公正为主导的均衡的公共体育服务供给规则体系，从根本上解决原有体制内供给不足的问题，以提高供给水平和效率。

体育事业属于社会主义事业的一部分，建设以人为本，全面协调的可持续发展的公共体育服务也就自然而然成为中国特色体育事业的应有之意。在《中共中央国务院关于进一步加强和改进新时期体育工作的意见》中明确提出："体育行政部门要把工作重点转移到贯彻国家方针、政策，研究制定体育行业政策和发展规划，依法加强行业管理和提供服务上来。"随着中国经济的腾飞，大众的体育需求日益高涨，对公共体育服务的要求也越来越高，这对政府的公共服务职能形成了严峻的考验。体育行政部门必须强化政府的公共服务职能，明确我国公共体育服务供给体制的目标。

（二）完善公共体育服务供给体制的基本要求

公共体育服务供给就是以政府为主导，发挥市场和社会组织优势，整合体育资源，向社会公众提供公共体育服务和体育产品。因此在构建公共体育服务体制的过程中要立足根本，着眼于制度设计、系统规划、整体推进，从而保证全体公民共享体育发展成果。其基本要求是：

1. 以人为本，面向公众

立足基本国情，立足公众参与体育、享受体育的需求，从公众根本利益出发，建设必要的体育场地设施，建立健全的体育组织，开展各类体育活动，使公众体育权利得到充分保障。

2. 政府主导，坚持公益

牢牢把握公共体育服务的公益性质，明确体育行政部门的主体责任，充分发挥各级政府在立法、规划、投入、监管和政策制定等方面的主导作用，统筹兼

第三章 我国公共体育服务供给体系

顾,积极推进公共体育服务全覆盖。

3. 公众参与,强化基层

在公共体育服务政策制定、绩效评估、监督反馈、产品供给等方面吸收公众参与,发挥公众在公共体育服务体系建设中的积极作用。加强基层公共体育服务机构设施和能力建设,促进资源共建共享,全面提高公共体育服务水平。

4. 改革创新,提高效率

完善财政保障、管理运行和监督问责机制,形成保障公共体育服务体系有效运行的长效机制。创新公共体育服务的供给模式,引入竞争机制,积极采取购买服务等方式,形成多元参与、公平竞争的格局,不断提高公共体育服务的质量和效率。

(三) 明晰政府公共体育服务供给的职能

"政府职能,简单地说就是一个社会的行政体系在整个社会系统中所扮演的角色和所发挥的作用。"①界定政府公共体育服务供给的职能,就是要明确政府在公共体育服务中的定位与责任,建立健全各级政府在公共体育服务中的职责体系。当前的重点是从纵向上明确中央与地方各级政府在公共体育服务供给方面的分工和责权,从横向上整合部门职能,强化公共体育服务部门建设,努力形成适合服务型政府建设要求的政府组织构架。

政府公共体育服务供给的职能定位应该是以改革为动力,通过加强和完善政府公共体育服务职能,提供更多更丰富的社会公共体育服务,满足广大人民群众快速增长的社会公共体育服务需求,实现社会和谐。推动政府职能由经济建设型为主向公共体育服务型的转变,政府将逐步完善公共体育服务职能,树立服务型政府理念,摆正政府角色,恰当定位,更加注重增长的均衡、效益和社会公平。做好应该做的事,同时将不应由政府做的事务交由社会承担,从全能型政府包揽一切的状况中解脱出来。

1. 界定政府职能需明确的几个关系

第一,公共体育服务的地理范围与政府层级间的关系。根据管理范围与地理范围一致的原理,管理单位应该根据公共体育服务的地理范围来设置。公共体育服务的管理单位应该是多范围的,而且是相互联系的。目前,我国公共体育服务的管理现状基本上是以行政区划为依据的,而不是以公共体育服务的地理范围为依据的。

第二,公共体育服务的受益范围与政府层级间的关系。不同的公共体育服

---

① 许文惠,齐明山,张成福.行政管理学[M].北京:人民出版社,1997:31-33.

务,其受益范围是不一样的。从理论上来说,所有的公共体育服务如健身场所、公共体育设施等,都是开放性的,向我国所有的公民乃至外国人开放。公共体育服务的管理最好与公共体育服务的受益范围相一致。根据这一原理,由于公共体育服务是多种多样的,其受益范围也是多种多样的,所以,公共体育服务的管理单位要与公共体育服务的受益范围相一致。从政府层级管理关系来看,每一级政府提供的公共体育服务都有其受益范围,对于这类公共体育服务,每一级政府都可以自己处理。如果是由上级政府来处理,就会出现管理范围过大的问题;如果由下级政府来处理,就会出现管理范围过小的问题。

第三,公共体育服务的成本范围与政府层级间的关系。公共体育服务的成本也有一定的范围。公共体育服务的融资范围如何,直接关系到公共体育服务资源配置是否适当。全国性的服务,往往是全国性的融资范围比较合适;地方性的服务,地方性的融资范围比较合适。公共服务管理单位最好与公共服务的成本范围相一致。如果管理范围大于成本范围,则出现局部融资而大范围受益的问题;如果管理范围小于成本范围,则出现局部受益而大范围融资的问题。就转移性支付来说,中央给地方的转移支付资金,最好直接转移到受益单位,让受益单位直接接受中央的转移支付资金,而不要通过中间环节,否则容易出现管理范围和受益范围不一致的问题。

第四,公共体育服务的管理范围与政府层级间的关系。公共体育服务往往是通过组织来进行管理的。在计划经济时代,考虑公共体育服务提供时,往往是从政府能做什么入手,而不是将政府服务作为对市场的补充,这种理念塑造了无所不能的大政府。而当前的改革核心是,精简政府职能,使政府撤出可以由市场调节的领域。因此,确定我国公共体育服务范围时,应主要着眼基本职能和中型职能,集中力量办好公共体育服务最基础最重要的项目,体现"立足国情,抓主放次"的发展策略。

2. 政府在公共体育服务供给中的角色

大量的研究表明,政府在公共服务中的正当角色主要体现为:①制定公共体育服务规划与政策,营造公共体育服务的制度环境,保障公共服务均衡发展;②监管公共体育服务的行业生产与供给,保障公共体育服务质量;③通过付费购买公共体育产品,保障公共体育产品的有效供给;④直接生产和提供基本公共体育服务,维护基本公共体育需求。

3. 政府在公共体育服务供给中的职能

根据政府在公共体育服务中的角色,各级政府的职能主要是:制定有关公共体育服务的法律法规、方针政策,依据国民经济与社会发展规划制定专项国

第三章 我国公共体育服务供给体系

家公共体育服务发展规划和公共服务质量标准,提供国家层面的公共体育产品和公共体育服务;对各省、自治区、直辖市的公共体育服务进行宏观统筹管理和监督检查;运用财政转移支付大力推进公共服务均等化,保障公共体育服务的公平公正。省级政府的公共体育服务职责主要是:保证国家法律、法规、政策、规划、质量的执行,根据本地区情况制定地方公共服务的规章、政策与规划;提供本区域内的公共体育产品和服务,建立和完善地方公共体育服务体系;对各市县的公共体育服务进行组织协调和监督检查,对基本公共体育服务提供必要的财政保障。市、县政府的公共体育服务职责主要是:贯彻落实国家和省级政府的相关法律、法规、规章与政策,提供区域内各项公共体育产品与公共体育服务,保障基本公共体育服务的实现度与满意度,维护社会稳定,促进社会和谐。乡镇政府的公共体育服务职责主要是:管理乡镇公共事务,将各级政府的公共体育服务政策落实到村到户,为社会主义新农村建设提供直接的基本公共体育服务;及时化解基层纠纷,维护基层稳定与社会和谐;逐步由基层行政组织向直接为居民服务的"公共服务中心"转变。

此外,各级体育行政主管部门还必须充分发挥各级各类体育基金会和体育协会、体育志愿者组织、体育热心人士的积极性,通过与这些组织和个人建立合作伙伴关系,共同提供满足公民需求的公共体育服务。比如发挥体育用品企业为全民健身提供设施设备的功能,发挥体育基金会吸收捐赠和服务体育特殊群体的功能[1],等等。

(四)完善公共体育服务供给体制的对策

1. 转变行政观念,建设服务型政府

在新时期创新政府管理模式、转变政府职能的感召下,政府主导的公共体育服务供给体制,必须牢固确立社会服务理念,政府体育管理部门应当积极转变自己在体育管理中的角色,在管理方式上进行根本性转变。[2] 国家体育总局局长刘鹏在2008年全国体育局长会议上明确强调:"不断深化政府的政策规划和公共服务职能;要深入研究和认真思考按照社会主义民主政治建设和建立服务型政府的要求,更好地转变工作作风和履行政府提供公共体育服务的职能。"着力改变公共体育服务的地方化或小区域化供给格局,及时剥离挂靠在政府内的非公共体育服务部门,着力破除部门化、系统化的陈旧体制弊端,由政府通过制度形式来确定体育服务的质量标准,以合同的形式,通过投标者的竞争,将原

---

[1] 易剑东.中国体育公共服务研究[J].体育学刊,2012(2):1-10.
[2] 肖前.公共体育产品非政府供给的可行性与途径[J].体育学刊,2006(4):128-130.

先由政府提供的公共体育服务转让给私营公司、非营利组织等机构,以改善公共体育服务的质量,转变政府在公共体育服务供给中的角色,促进各类公共体育服务产品供给组织的成长。①

2. 多元化的公共体育服务供给的组织体系

在完善公共体育服务供给体制过程中,应遵循"小""少""优"的原则。"小"即规模小、官员少、机构精干,降低运行成本。"少"即管得少,基层政府体育行政部门的主要作用是弥补公共体育市场的不足,对公共体育市场无能为力或产生较多负效应的领域起有限的干预作用。"优"即创造最优环境,提供最优的公共体育服务和公共体育产品。在实际操作上可逐步推行省级政府体育部门直接管理县(含县级市)的体育行政机构,取消乡镇一级体育行政建制而变为县(含县级市)的派出机构或设立准行政体育机构,也可探索乡镇自治的公共体育管理模式;在城市公共体育行政机构中,撤销或合并市(含地级市)、区级政府体育行政机构(保留直辖市和大中型城市的政府体育行政部门——体育局),由街道办事处作为市级政府体育行政部门的派出机构,行使社区公共体育事务的管理职能。减少纵向的行政层次和体育行政部门之间的职能交叉与重叠,避免多重多头执法。

要积极探索我国公共体育服务的市场化道路,引入市场竞争机制,将原来政府不该管的、管不了的和管不好的那部分交由私营企业、非营利组织、社会中介组织以及个人和其他社会组织。让这些组织或个人通过不同的途径参与公共服务的供给,实现我国公共服务完全由政府垄断变为利用社会力量由社会自治组织或政府与社会组织合作的形式向广大民众提供。

3. 完善公共体育服务的制度建设

当前,建设致力于提供公共体育服务的公共服务型政府和完善的公共体育服务供给体制需要实现如下制度的建设与创新:民主参与决策制度,保障公众的决策;公共体育服务财政支出制度,保障公共体育服务支出协调、合理;公共体育服务信息公开制度,保障公众的知情权;公共体育服务绩效评估制度;公共体育服务公开问责制;等等。通过一系列制度的建设与完善,实现建设法治政府和责任政府。在制度建设过程中要特别注意实行制度公开化、透明化,以"社会本位""民本位"的公共管理理念为指导,建立一套适应社会主义市场经济发展,符合我国国情、社情、民情,公正、公开、公平、透明的公共体育服务制度。②

---

① 高建磊. 我国公共体育服务产品的供给体制创新研究[J]. 体育科技文献通报,2009(8):123.
② 许宗祥,楚继军. 构建服务型基层体育行政管理体系的研究[J]. 广州体育学院学报,2006(1):7-11.

第三章 我国公共体育服务供给体系

我国政府在公共体育服务供给中的制度安排应坚持的原则是:以传统模式为主,以社会化运行为辅;在一定范围内大力推行市场化运行模式;借鉴工商管理的技术方法,转变政府职能,实现服务型政府建设目标。

4. 完善公共体育财政体制

目前我国公共体育财政体制的支出结构不尽科学合理,我国公共体育财政支出的大部分都投入竞技体育发展中,而关乎其他公共体育服务项目的支出所占比例较少。针对当前关乎公众切身需要的公共体育设施短缺等问题,必须创新公共体育财政体制,改变公共体育财政支出的结构和比例,提高支持基本公共体育服务建设的公共体育财政的总量与比重,加强基本公共体育服务供给。

完善公共体育财政预算,优化财政支出结构。各级政府要优先安排预算用于基本公共体育服务建设,并确保其增长幅度与财力的增长相匹配,同基本公共体育服务需求相适应,推进实施按照地区常住人口安排基本公共体育服务支出。加快构建以政府为主导、充分体现社会公平的再分配调节机制。

拓宽基本公共体育服务资金来源。继续安排中央资金,提高贫困地区和薄弱环节的基本公共服务能力,地方各级政府特别是省级政府要安排相应资金。充分利用各种形式,拓宽政府筹资渠道,增加基本公共服务的基础设施投入。例如公共体育服务通过政府参股、政府经济资助(如补贴、优惠贷款、减免税等)、合约出租、政府购买和特许经营(BOT、BOOT 和 TOT 等模式)等方式引入市场机制,探索政府、市场和志愿组织三方相结合的公共体育服务复合供给新模式。为弥补体育事业经费的不足,保障公共体育服务和产品的供给提供可持续发展的道路。①

提高县级财政保障基本公共体育服务能力。中央财政制定县级基本公共体育服务财力保障范围和保障标准,并根据相关政策和因素变化情况动态调整。省、市级财政要按照本行政区划内基本公共体育服务均等化的要求,逐步提高县级财政在省以下财力分配中的比重,帮助困难县(市、区)弥补基本财力缺口。县级政府要强化自我约束,科学统筹财力,规范预算管理。中央财政要完善县级财政保障基本公共体育服务的激励约束机制,根据基层工作实绩实施奖励。②

5. 破除城乡二元结构束缚

为了克服城乡二元结构对我国公共体育服务供给的影响和制约,首先要正确面对城市与农村二元公共体育服务体制的格局,在不同地区实行公共体育服

---

① 李丽,张林.体育公共服务:体育事业发展对公共财政保障的需求[J].体育科学,2010(60):53-58.
② 国务院.国务院关于印发国家基本公共服务体系"十二五"规划的通知(国发〔2012〕29号)[EB/OL].[2012-07-20].http://www.gov.cn/zwgk/2012-07/20/content_2187242.htm.

务体制的梯度推进,明确划分不同层级的政府在公共体育服务中的职能权限,破除单中心治理和供给,追求多中心治理的供求均衡范式,这是公共体育服务的制度安排。公共体育服务供给主体引入多元竞争机制、市场机制、社会化机制是公共体育服务实践路径的科学选择。

四、政府、社会和市场在公共体育服务体系中的关系

(一) 政府、社会和市场是公共体育服务的多元供给主体

依照公共物品理论(public goods theory),现实生活中存在具有完全消费非排他性与收益非竞争性的公共体育服务,即纯公共体育服务,如公共体育服务信息。由于公共体育服务具有完全的非排他性与非竞争性,因而具有理性的经济人会采取"搭便车"(freeride)的行动策略享受公共体育服务,却不具有自愿为公共体育服务生产捐助的动机或经济刺激。作为追求利润最大化的企业也会因为供给公共体育服务无法规避非排他性(non-excludability),导致其成本无法得到有效的补偿从而放弃供给的意愿。由此可见,市场对于公共体育服务生产的资源配置不起作用,市场进行供给其结果必然是缺乏效率,即产生市场失灵(market failure)。因此,政府对于公共体育服务具有供给的责任性(accountability),即应由政府部门提供公共体育服务。公众投票等公共体育服务需求信息传达机制是公共体育服务社会最优水平的决定机制,但从公共选择理论(public choice theory)的角度来看,由于现实中存在公共体育服务的公众需求信息不完全及传达机制不健全,自上而下的供给政策执行障碍以及政府偏好供给(诸如为奥运争光之类)等因素制约,政府往往并不遵循公众的个人偏好,甚至是违背公民的个人偏好而进行强制消费。① 另一方面,政府在供给公共体育服务过程中难以避免的双边垄断、预算最大化等问题,导致作为公共体育服务唯一供给主体的政府缺乏市场配置资源所具有的竞争机制及成本效益观念,供给效率低下、供给总量与质量存在严重不足,甚至因缺乏监督约束机制而产生"寻租"行为,从而致使政府失灵(government failure)现象出现,因此需要打通公众需求表达机制梗阻、突破供需矛盾以及提高对公众需求的回应(responsiveness)。从新公共管理理论的视角来看,这就需要政府合理下放职权,组织和利

---

① 沈满洪,谢慧明.公共物品问题及其解决思路——公共物品理论文献综述[J].浙江大学学报(人文社会科学版),2009(6):133-144.

用非营利组织部门和私人的力量来联合供给公众所需的公共体育服务;而从多中心治理理论角度来看,为追求质量、效率与效能,政府不必然自己"生产"或"制造"公共体育服务,政府可以与不同主体合作,运用特许经营、凭单制和政府采购等市场方式与手段来供给公共体育服务。

依据俱乐部理论(theory of clubs)、公共池塘资源(common-pool resources)概念,现实生活中也存在具有部分消费非排他性、收益非竞争性与部分消费排他性、收益竞争性的混合型公共体育服务,如社区公共体育服务设施。对于混合型公共体育服务,政府部门承担着供给的责任,同时市场、社会部门也可以作为混合型公共体育服务的供给主体。根据国际货币基金组织(IMF)的有关数据可知,2015年中国人均GDP排名世界第77位,人均GDP达到8016美元,与此相对应的是,公共体育服务也进入了总量增加、内涵扩展、结构优化的发展阶段,混合型公共体育服务需求多样化、服务对象平民化、服务范围均等化、服务资源及其价格的市场化等特征逐步呈现出来,政府对于混合型公共体育服务的这些动态变化存在回应不足,决定了政府对混合型公共体育服务供给倾向于依据公众的平均需求和偏好予以供给,因此对于混合型公共体育服务需要将政府与市场有机结合起来,合理划分政府与市场在混合型公共体育服务供给领域中的调控边界,规避"政府失灵"或"市场失灵"。另一方面,由于市场失灵或政府失灵的存在,作为社会部门的非营利体育组织如各种体育社团、体育类民办非企业单位,就自然参与到供给公共体育服务特别是混合型公共体育服务的过程之中。

多中心治理理论认为公共服务的供给主体应该多元化。目前国外公共体育服务供给格局呈现出适度市场化、合理社会化以及恰当分权化的基本发展趋势,导致大部分国家采用市场与国家相结合的模式。这些国家的经验证实,改善传统的以政府为主体的供给模式,推行多元化的公共体育服务供给模式有利于提高公共体育服务的总量与效率。[①] 公共体育服务多元化的供给方式也是目前我国学者普遍认同的观点,多元化供给的主要思路是实现政府、市场和社会三大主体的配合。[②] 多元主体与不同种类公共体育服务供给的关系如图3-1所示。

[①] 张利,田雨普. 我国公共体育服务均等化现状及发展对策研究[J]. 西安体育学院学报,2010(2):137-141.

[②] 王小娟,郁俊,罗华敏,等. 新农村多元化公共体育服务形式实证研究[J]. 体育科学,2012(2):69-80.

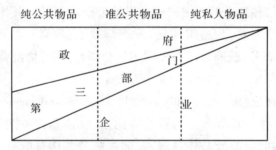

图 3-1 多元主体与公共体育服务供给的关系

资料来源:李萍美,许玲.我国公共体育服务市场化分析及路径选择[J].西安体育学院学报,2008(6):17-22.

(二)公共体育服务多元供给主体之间存在竞争与合作的关系

1. 多元供给主体间的竞争

多元供给主体之间的竞争体现于多个层面,第一个层次是政府部门各单位之间的竞争。这种竞争通常也称为"公公竞争"。从新公共管理理论视角来看,"公公竞争"是政府部门引入私人部门实现"3E"(economy,efficiency,effectiveness,即经济、效率和效益)的管理理念及方法,一是打破公共体育服务供给活动中政府部门垄断性的集中配置、划片服务理念的束缚,从而使得供给同质化公共体育服务的政府部门中的不同单位进行直接竞争。二是对提供公共体育服务的政府部门进行企业化改造,强化政府的内部市场竞争。第二个层次是政府部门与企业之间的竞争。这种竞争通常也称为"公私竞争"。多中心治理理论认为公共服务生产者与供给者可以分离,即公共服务的生产能够与公共服务的供给区别开来。因此政府可以将传统的由政府垄断的公共体育服务推向市场,打破政府垄断的格局,让企业等多种市场主体参与进来,形成多家竞争、择优供给的局面。政府可以通过"特许经营""服务外包"等形式吸引一些优秀的企业参与体育基础设施建设或提供某种特定的公共体育服务。第三个层次是企业间的竞争。这种竞争通常也称为"私私竞争",它是指以政府制定企业生产、供给公共体育服务为参与模式框架和行为规则,同时运用经济、法律及政策等多种手段为企业生产、供给公共体育服务提供依据与保障。例如政府可以公布某类公共体育服务项目的数量和质量标准,然后对外向企业招标承包,中标的公共体育服务承包商按照与政府签订的合同提供公共体育服务。第四个层次是第三部门与政府部门、企业间的竞争。政府和企业在提供公共体育服务时均有难以顾及和不易解决的问题,例如关注弱势群体、自愿捐助和志愿服务等,而第三部门往往有着公益、志愿、专业的特点,也因此成为极具竞争力的公共体育服务提供者。我国第三部门由于现实的力量尚未完全成熟,所以目前第三部门对政府和企业的竞争领域主要在体育咨询中介等方面。第五个层次是社区自治组织与政府单位、企业间的竞争。社区自治组织作为一种群众自己的组织,往往对于群众日常生活方面的公共体育服务有着比政府和企业更强的竞争力,这种竞争体现在局部的、微观的操作层面上。一般而言,公共体育服务供给成本高,一些企业不愿承担,而社区自治组织的志愿、公益和互惠特性使其具备承接政府转移出来的公共体育服务职能的能力和动力,而且相对于政府提供的容易僵化的公共体育服务和企业容易私利化的运作,社区提供的公共体育服务对于老百姓的吸引力更大。

2. 多元主体间的优势互补

(1) 政府和企业间的互补。政府组织在提供非竞争性和非排他性的纯体育公共产品时,有着传统的优势;企业组织在提供私人产品和准公共产品时有着更好的效果。政府组织有权威影响力和执行力;企业组织有激励机制和灵活性。政府权威制度最大的优势是通过公共选择的过程来制定公共政策,提供公共体育产品及服务,最大的劣势是难以实现资源的有效配置;市场交换制度的最大优势则是实现资源的有效配置,最大的劣势是难以消除外部效应和保证社会公平。政府权威制度与市场交换制度的内在结构决定了其各自的功能优势与功能劣势,这是不以人的意志为转移的。然而,政府失灵和市场失灵都常常出现在我们的社会经济生活当中。也就是说,政府和企业任何单独的一方都不足以提供最有效的公共体育服务。作为现时的公共体育服务产品的主要提供者,政府和企业有责任和义务以优势的互补来供给更优质的公共体育服务,这是两者的属性和本质特征所决定的。

(2) 第三部门和政府、企业间的互补。由于市场失灵和政府失灵的存在,第三部门就自然参与到供给公共物品的过程之中了。其原因在于第三部门作为非营利性组织,具有数量众多、形式多样、功能发达且覆盖面广、渗透性强、灵活机动等优点,因而较适于填补这个空白地带。此外,公共体育服务需求信息的沟通传播、小范围公共体育服务的提供、多样化的公共体育服务产品供给都是第三部门的优势所在,并且它在监督政府和企业方面也将发挥重要的作用,是公共体育服务主体的第三支生力军。

(3) 社区自治组织与政府、企业、第三部门组织的互补。政府、企业、第三部门组织往往从宏观或全局的层面上来提供公共体育服务。从新公共服务的视角来看,以往我国体育行政主管部门实际上是一种威权型政府职能部门,往往置非营利性组织及私人部门于公共服务体育供给活动之外,通过行政指令自上而下地对下属部门公共体育服务供给活动实行控制、操作、实施、监督、评估。由于部门本位主义的存在,我国体育行政主管部门在公共体育服务供给活动中难免按主观意志行事,导致忽视公众的公共体育服务利益诉求,更因职权的滥用而难以保障公众的公共体育服务权益。而在微观或局部的层面上,社区作为社会的基本组成单位之一,其提供的公共体育服务对政府、企业、第三部门来说,都是不可企及或难以有效提供的,例如在面向本社区居民的便民利民体育服务、丰富多样的体育文化娱乐活动、美化家园、社区整合活动中,社区自治组织具有明显的供给优势,有效地弥补了政府和其他组织在这些领域提供公共体育服务时的不足。同时,成熟、发达的社区自治组织是政府转变公共服务职能、进行公共服务体制改革的不可或缺的社会基础。然而从目前的情况来看,我国的社区自治组织还不适应发展社会主义市场经济、转变政府公共服务职能的迫切要求。①

五、我国公共体育服务供给机制的理论分析

党的十八大报告指出:"要尊重人民首创精神,保障人民各项权益,不断在实现发展成果由人民共享、促进人的全面发展上取得新成效。"②我国《体育事业发展"十二五"规划》确立的体育事业发展原则之一是:"体育发展为了人民,体育发展依靠人民,体育发展成果由人民共享。"我国政府应以满足人民群众不断增长的体育需求为宗旨,建立和完善符合国情、比较完整、覆盖城乡、可持续的公共体育服务体系,以此彰显体育事业的公共性。公共体育服务的供给方式取决于供应者依据成本效益比较而做出的集体选择,取决于公共体育服务现实状况。根据现实状况,就能分析出我国公共体育服务的供给机制。

(一)政府提供公共体育服务的基本类型

1. 政府提供纯公共体育服务

纯公共体育服务的消费具有非对抗性和非排他性。所谓非对抗性是指一个人对某项公共体育服务的消费并不影响其他人对该服务同时消费。所谓非排他性是指个人行为无法阻止他人免费享用公共体育服务,即不能依据某个人是否付费来决定他的消费资格。对于这类服务,人们既不会因为没有付费而不能享受这种服务,也不会因慷慨付费而多享受这一服务。因此,纯公共体育服

---

① 樊炳有.我国公共体育服务供给制度及实践路径选择探讨[J].体育与科学,2009(4):27-31.
② 戴健.构建公共体育服务体系的着力点[N].中国体育报,2013-02-01(06).

务,消费者越多越好,人均分摊成本降低,效率会更高。这种服务如果一定要生产,不可能通过收费而只能通过税收来解决生产资金。

2. 政府提供准公共体育服务

准公共体育服务是指消费具有对抗性和排他性,但不具备独立性的服务。所谓独立性,是指某人对某种服务的消费不会影响到其他人的福利。而对准公共体育服务的消费则会对别人的福利产生重要影响,因为随着消费者的增加会出现拥挤现象从而降低每个成员的效用。如果其公共性特别强,或者大多数居民能均等受益,则不应收费;如果受益主体范围较小,公共性不太强,则应收取一定费用。准公共体育服务有一定的受益范围限制,在一定范围内不会出现拥挤现象,超过这一范围则会降低成员福利。一般说来,个人对准公共体育服务的享用又取决于其私人利益的满足程度,而不考虑外在影响。如果没有政府的干预,准公共体育服务的提供量将因此而达不到最佳供给状态。解决的办法是政府对准公共体育服务的生产或消费进行资助,对私人有好处的部分由消费者付费,对社会有好处的部分由政府付费。准公共体育服务中对社会有好处的部分由政府付费,从全社会的角度而言是最有效率和最公平的。政府经常免费提供许多"公共性质"特别强的准公共体育服务,如基础教育、公路、消防等,这不完全是由于技术上的局限,更多是出于政策上的考虑。但是政府免费提供或过多补助准公共体育服务,如果不是大多数人均等受益,而是用纳税人的钱支持特定的少数人的消费,那对绝大多数人而言肯定是不公平的。因此,出于公平的考虑,政府直接生产和提供部分人群受益的准公共体育服务时,往往通过收费来让消费者对其享受的服务直接付费。

3. 政府提供具有不可分性的准公共服务

这类具有不可分性的准公共服务中的大部分必须收费,收费不足以弥补成本的部分由财政进行补贴。生产具有不可分性的物品一般规模效益巨大,而且初始阶段投入资本量大,随后所需经营资本相对较少。如公路、电力、通信、桥梁等。依据市场经济的基本原则,只要价格高于边际费用,扩大生产就会增进效益,直到产量达到边际费用等于价格时为止;同时,生产者要盈利,也必须使其产品的平均生产费用小于或等于边际费用。一般来说,许多具有不可分性的物品的生产能力形成后,边际费用在运行期内会迅速下降,平均生产费用往往大于边际费用。如果能够在较低的生产规模和较高的价格水平上使供求达到平衡,那么此时价格等于平均生产费用,高于边际费用,对生产者而言可以获得利润。如果该物品的生产和消费没有达到社会所需要的最优规模,对社会来说则是不经济的,必须继续扩大生产规模使物品的生产和消费规模达到合理水平,使价格等于边际费用。由于此时的价格低于平均生产费用,生产者实际上处于亏损状态。因此必须对生产者为使整个社会收益而牺牲的利益进行补偿。否则,生产者就不会扩大生产规模。

4. 政府提供具有自然垄断性的产品或服务

市场经济中政府的重要职能之一就是反垄断,以保证生产者公平竞争。但是,有些物品或服务特别是公用事业性物品或服务的生产,具有自然垄断的属性。

政府提供的具有自然垄断性物品或服务,在公共体育服务领域最明显的当属大型体育场馆的使用。公共体育场馆作为"国有资产",有社会性、公益性特点。但目前对外免费开放的多是学校体育场馆,而大型体育场馆几乎无一免费对外开放,优质的体育资源未得到充分利用。政府应研究解决这一矛盾,将所有的体育场馆面向大众开放,由部分免费或少收费,逐步过渡到全部免费开放,既发挥体育场馆功能,又凸显公益性和社会效益,给市民带来实惠。因此,对于具有自然垄断属性的公用事业,如果由私人部门经营,政府的作用是进行合理的价格管制,使其价格定在能够弥补平均总费用的水平上,其中包括获得正常的利润,如果由政府直接经营,收费标准也必须定在能够补偿成本的水平上。应由政府牵头,对各类体育场馆进行分门别类,对部分基层体育场馆,采取政府补贴、民营企业参与等多种经营模式,让利于民,让市民消费得起,真正达到全民健身的目的。

(二)政府公共体育服务供给机制

1. 政府垄断供给机制

政府垄断提供公共体育服务的单一模式是指植根于传统的"大政府"职能,即认为市场机制不能够有效解决公共体育服务中的"市场失灵"问题,政府能够负担一切具有公共性的社会供给。这种模式的理论来源是公共利益理论,认为政府是"仁慈"和"全能"的,能够代表公众利益,防止私人竞争带来的价格歧视和供给不足等问题。这种模式下政府严格控制一切公共资源的配置和定价权,限制或禁止社会组织和资金参与公共服务的提供,由于缺乏有效的管理和激励,常常可能导致公共体育服务水平的低下和数量短缺。

2. 政府主导多主体供给机制

政府主导的多主体供提模式是指政府仍然控制大部分公共体育资源的配置和定价权力,但是对于具有竞争性的部分公共体育服务可以利用合同、政府购买或者替代等方式扩大供给范围,也允许部分私人和社会组织参与提供公共体育服务的某些环节。通过政府主导的管制策略来确保公共体育服务能够适当提高效率和降低成本。这种提供模式下政府对于公共体育服务管制仍然比较严格,只是在政府缺乏足够的财政资金和经营机构的前提下才会考虑引入社会资本与力量。因此,政府主导的多元化模式伴随着较为严格的政府管制体系。

3. 市场主导的多主体供给机制

市场主导的多元化模式是指政府通过重新设计权力配置和职能边界,除了承担一部分具有很强公益性和外部性的纯公共体育服务之外,充分利用私营部门的组织体系和管理能力,将以前政府承担的大部分公共体育服务提供外包或者出售给社会组织。公共部门由聚合转向分化,引入绩效管理策略,将政府从烦琐的实际事务中解脱出来,进一步提高政府通过有关管制措施确保市场主导的多元化模式下的公共体育服务的公共性目标和市场化取向之间的平衡,促进社会整体活力和社会公平性的提高。

公共体育服务供给发展逐步实现"政府垄断供给机制"—"政府主导的多主体供给机制"—"市场主导的多主体供给机制"的发展趋势。供给主体将由政府作为唯一主体,逐步转化为政府部门、非政府部门、非营利性部门、私人部门多主体并存。

六、我国公共体育服务供给机制存在的问题

(一)政府与市场边界不明,政府职责"缺位""越位"与"错位"并存

从市场经济下政府与市场的关系入手,重新定位政府公共体育服务职能范围,消除以往一直存在的政府公共体育服务职能"缺位"与"越位"状态,是当前我国政府不断探索和逐步解决的现实问题。所谓政府公共体育服务职能的"缺位"主要是指政府公共体育服务职能没有能够很好地发挥,主要表现在应该由政府提供的公共体育服务却没有到位,政府存在自我中心意识和自我服务意识而无公共服务意识,在管理上一直存在"重管制轻服务"和"重管理轻服务"的现象,等等。政府公共体育服务职能的"越位"是在公共体育服务上政府干了本该由企业和市场干的事,政府不仅是裁判员,也是运动员。表现在各级政府仍然习惯于用行政办法代替市场,政府大量投资于竞技体育项目的金牌战略,这种单一的供给方式致使公众需要的公共体育服务不到位,同时政府还利用行政垄断阻止民间资本的进入。政府公共体育服务职能的"错位"表现在政府和企业、市场分工不清,政府行使了不应该由政府行使的职能。不管是"缺位""越位",还是"错位",其根本原因都在于政府的公共体育服务职能范围没有能够得

到很好的界定和厘清,政府没有处理好政府与社会、政府与市场、政府与企业、政府与个人的关系,从而导致政府公共体育服务职能的"缺位""越位"和"错位"并存的局面。

（二）政府包办,效率低下

政府包办体育就是指国家对社会体育事业的指令性垂直管理。政府包办带来的核心问题是基层公共体育服务所需资金严重不足。资金问题是造成各级政府公共体育服务供给不足的瓶颈,而资金紧张与财政投入体制密切相关。

我国公共体育服务供给的财政投入体制实行的是从中央到省、市、县、乡镇的多级供给体制。由于没有完善的市场供给机制,政府作为单一供给主体很难实现公共体育服务的最优供给,难以满足公众对公共体育服务多元化的需求。

1. 公共体育服务供给效率低下的根本原因在于体制建设不完善

公共体育服务供给不足的根本原因在于体制问题,而非仅仅是供给主体的缺位。具体表现为:一是没有形成公共体育服务领域规范的分工和问责制,在事实上造成了公共体育服务指标的软化;二是没有形成可持续的财政支持制度,我国财政在一定程度上仍然是经济建设型财政;三是体育发展战略指向竞技体育的国际舞台,较少光顾大众体育。从深层次来看,政府实行以竞技体育为中心的金牌战略,忽略了大众体育的发展和百姓的需求,尽管全民健身工程有所成效,但是从全国人均来看与发达国家存在较大差距。我国公共体育服务管理体制和运行机制还不健全,主要表现为各级政府公共体育服务发展的权责划分不够清晰,"政事不分""管办不分"现象普遍存在;公共体育服务改革滞后,公益性体育事业与经营性体育产业界限不清,公共体育服务供给方式单一。其中改革政府科层体系的供给就是健全公共体育服务运行机制的重要内容。

我国公共体育服务的供给长期以来以政府作为其唯一主体。当然,很多时候我们可以看到,由于单位制的存在,政府往往会先将资源分配给其代理组织——单位,然后再由各类单位直接分配到个人。在此分配过程中,不同科层级别的单位享有不同数量和质量的公共体育服务,而个人最终所能够享有的公共体育服务也根据个人在单位中的科层级别来确定。与此同时,少数没有单位的"体制外群体",则通过政府各种形式的福利措施得到最基本的供给量。

这种基于政府科层体系的供给机制被称为"科层式供给",其特征是供给渠道具有垂直性和单向度性。在科层式供给机制下,政府对公共体育服务供给的投入很高。但由于科层体制条块分割管理的惯性,管辖权层级分解,造成公共体育服务的供给过程有许多环节,公共体育服务供给效率低下,而且单位制的封闭性也限制了公共体育服务供给中外部效应的"外溢",这就使公共体育服务供给效率显得更为低下。

在经济体制转变和单位制日益解体的过程中,政府作为单一的公共体育服务供给角色,越来越难以满足社会成员的需要,并日益受到新的挑战。这主要体现在:其一,由于单位制逐渐解体,下岗失业人员增多,越来越多的城市居民从单位转移到社区,这一部分人对公共体育服务的数量要求大大增加。当公共体育服务严重短缺的时候,他们可能越过"单位"这一层级直接与政府谈判。其二,社会的多元化和居民分层使居民对公共体育服务的供给需求日趋多元化,传统的科层式供给在这种多层次的需求面前日益难以招架。其三,公共体育服务供给的低效也使居民对公共体育服务的需求得不到充分满足,并激发了城市居民不同程度的不满。

2. 公共体育服务供给总量不能满足需求总量

公共体育服务的供给与需求的冲突表现在两个方面:一是从量的供给方面来看,公共体育服务供给量始终小于需求量。由于我国政府现行的供给方式是自上而下地决定公共服务的种类和数量,只有那些被纳入政府供给体系的公共体育服务需求,才有可能转化为政府输出的公共体育服务。社会公共体育需求转化为政府公共体育服务,需要经过社会公共体育需求的认定、立法机关讨论与立法、行政机关管辖权确立、公共体育服务提供方式的确立等程序。实际上这也就涉及公共体育政策的制定问题,众所周知,任何一项公共政策都不可能囊括全部的社会公共需求。公共体育政策执行主体缺乏灵活性,势必造成公共体育服务供给主体单一、供给量不足、供给机制严重滞后等问题。

3. 公共体育服务供给质量与期望值差距明显

从质的方面来看,公共体育服务的供给质量与现实社会对公共服务的期望值差距明显。政府公共体育服务供给质量与人民日益增长的公共体育需求的矛盾,是我国公共体育服务改革中需要重点解决的问题。社会发展的不同时期会产生相应的公共体育需求,也就需要提供不同层次、不同类型、不同质量的公共体育服务。

(三)市场力量参与不够,非政府体育组织作用发挥不充分

市场力量的参与主要是指非政府公共部门参与公共体育服务的供给。从目前来看,市场力量参与公共体育服务是远远不够的。造成我国公共体育服务供给领域市场力量参与不足的一个重要原因就是我国公共体育服务的产权不明晰,政府没有为公共体育服务非政府组织和个体提供者提供制度性的、完整的产权保护,在这种体制下,非政府公共部门在公共体育服务供给领域的利益无法得到制度性的保障,这也就阻碍和制约了非政府公共部门及个人参与公共

体育服务的供给。

非政府组织是指那些主动承担社会公共事务和公共福利事业或从事公益活动的组织机构,这类组织机构具有正式性、非营利性、非政府性、志愿性、自治性、非政治性、非宗教性等特征,非政府组织的主要作用在于它能提供政府和市场都无法有效提供的公共服务,可以对多样、快速变化的社会需求做出及时的反应,从而为需求特殊的人群提供公共体育服务,满足人们多样化的公共体育服务需求。但目前我国非政府公共部门发展很不健全,其在公共体育服务供给领域应有的作用没有得到充分发挥。

当前我国对公共体育服务供给的研究尚处于起步阶段。公共体育服务供给研究应当立足于各地区公共体育服务差异的实际,深入研究统筹城乡发展、转变政府职能和推进区域公共体育服务发展的相互关系,探索在当前条件下促进各地区公共体育服务发展应把握的重点、难点和阶段性目标,注重区域性和操作性的研究,探索不同区域的制度与资源约束下的公共体育服务供给路径。

(四) 比例失衡:公共体育服务资源的非均衡供给

公共服务体系改革沿袭了传统的城乡二元化思路,这导致公共体育服务供给呈现非均衡化状态,其中在城乡、区域之间的非均衡化较为明显,农村、基层和中西部地区公共体育服务发展滞后,公共体育服务的公平性问题十分突出。

这种非均衡性主要体现在公共财政对城市体育的支出比重远远大于对农村体育的支出比重,"二元社会结构"致使城乡无论在人均收入还是在人均公共体育服务水平等方面都差距巨大。如2015年我国城乡人均收入差距达2.73倍,如果加上各种福利保障及其他公共服务,实际差距达5倍多。公共体育服务的不均等一方面受城乡二元分割的影响,另一方面又进一步固化了城乡二元分割。①

1. 公共体育服务资源供给的城乡失衡

目前,城乡公共体育服务供给比例严重失衡,农村公共体育服务供给极其薄弱,与城市公共体育服务供给的差距巨大,造成此现象的主要原因在于计划经济体制条件下形成的公共服务供给的"城乡二元体制"。突出地表现在农村人口比重过大,大量的劳动力滞留在劳动生产率相对较低的农村和农业。虽然经过三十多年的改革开放,农村经济得到了较快发展,但城乡二元经济结构仍然没有得到明显的改善。城乡居民收入水平、消费水平、生活质量等方面的差

---

① 孙参.城乡之间、地区之间、人群之间较为普遍地存在基本公共服务差异[EB/OL].[2011-04-07].http://news.163.com/11/0407/04/710RU70I00014AED.html.

距还比较大,城乡之间的发展不平衡现象还很严重。①

随着城市化的推进,形成了新的城市人口集聚机制,越来越多的城市居民移往郊区,城市建设的重心向郊区转移,促进了郊区城市化。但城乡接合部的外来人口多、人口流动性强,大量人口的涌入给原本就已严重不足的郊区体育基础设施带来了压力。②

城市化向郊区的快速拓展使得公共体育服务资源配置在郊区与城区服务之间出现不均衡性问题。虽然新建设城区的土地和建筑使用已经城市化,但社会管理、公共服务设施配套等则远未实现城市化。同时,即便在同一个城市,社会分层等因素也带来了不同社会群体在居住、消费、需求特点和层次等方面的巨大差异。老城区与新城区、市中心区与边远区、高档小区与经济适用房小区等在体育设施建设数量、类型、布局和服务水平等方面存在较大差异。如何解决城市化中的不同区域非均衡发展的问题成为公共体育服务建设需要重点观注的问题。③

城乡公共体育服务供给的比例严重失衡直接影响农村生活水平的提高,这迫切需要政府加大对"三农"的支持力度,进一步拓宽农村公共体育服务供给的融资渠道,全方位多管齐下地缩小城乡公共体育服务之间的差距。

2. 公共体育服务资源供给的地域失衡

改革开放以来,经济发展方面,纵向比较,各个地区都有很大的发展;横向比较,我国东中西部地区经济发展水平渐次降低。其中,西部地区与东部地区差距明显。主要表现在:一是在经济发展水平和总量上的差距。2002年底,西部地区国内生产总值仅占全国的14%~15%,不足中部地区的1/2和东部地区的1/4。④ 二是基础设施方面的差距。还有居民收入和生活消费以及教育、科技、文化等方面都存在较大的差距。

随着经济社会的发展,公共体育服务的基本内容与标准会有相应的变化和提高,而当前非基本公共体育服务就可能成为明天的基本公共体育服务。同时,我们要正视区域发展不平衡的问题,比如长三角等地区,其相关权益指标在"十一五"期间已达到甚至超过《国家基本公共服务体系"十二五"规划》的设定。那么,与此相对应的是,政府就应该根据经济社会发展水平,适时调整公共

---

① 阳斌. 当代中国公共产品供给机制研究[M]. 北京:中央编译出版社,2012:51-52.
② 戚本超,周达. 北京城乡接合部的发展演变及启示[J]. 城市问题,2007(1):63.
③ 陈玉忠. 城市化进程中公共体育服务建设的策略选择[J]. 西安体育学院学报,2012(4):407-408.
④ 阳斌. 当代中国公共产品供给机制研究[M]. 北京:中央编译出版社,2012:53-54.

体育服务的服务对象、保障标准、支出责任和覆盖水平,保证服务和供给能符合广大人民群众日益增长的体育需求。因此,政府在确保底线的同时,还可以做更多发展性的工作,使公共体育服务随着经济社会发展水平的变化而呈现出不断提高的趋势。①

3. 公共体育服务资源供给的项目种类失衡

公共服务均等化应有的内涵是政府在提供大体相同的服务的过程中,尊重社会成员的选择权,让公众自由选择政府提供的公共服务。公共体育服务是一种特殊的公共服务,它在满足社会成员一般性体育需求的同时,还要满足社会成员内部不同个体的不同层次的体育需求。千百年来,由于农村社会是一种自给自足封闭的小农社会,由于新中国成立以来"城乡二元结构"的长期存在,农民在体育活动项目、活动设施、活动时间、体育与生活结合方式上形成了有别于现代社会以及城市的体育文化价值观。农民在向现代转型的过程中,不同的体育文化价值观念将会发生冲突并在现实生活得到体现——在城市社区大受欢迎的足球、篮球、交谊舞等现代体育活动项目,当体育工作者热心地推荐到农村时却可能遭到冷遇而少有人问津,而土生土长的秧歌、跳绳、踢毽子会深受当地农民的喜爱。由此可见,目前在农村公共体育服务均等化中存在需求选择性差异的问题。②

面对新的城市公共产品供给理论,城市管理部门应该构建全新的城市公共体育服务供给政策体系,通过机制设计来最大限度地解决公共体育服务供给面临的公众偏好表露困境和公众偏好集结的难题。同时,构建市民对城市公共体育服务需求的表达与识别机制、民主决策机制、财政支持机制、多元的治理机制和监督反馈机制。通过以上的政策和机制,扩大城市居民在城市公共体育服务供给中的发言权,提高市民在城市公共体育服务供给决策中的参与程度,从而提升城市公共体育服务供给能力和供给效率。③

4. 公共体育服务提供缺乏自下而上的民意表达和利益实现机制

在市场经济下,公共体育服务的本质是向社会公众有效率地提供公共体育服务,而在公共体育服务的有效供应中,最大的难题是如何获取消费者对公共体育服务的真实偏好。实践证明,人类在揭示和协调人们对公共产品消费偏好

---

① 戴健.构建公共体育服务体系的着力点[N].中国体育报,2013-02-01(06).
② 李萍美.新农村体育服务模式建构[J].体育文化导刊,2008(10):17-20.
③ 李萍美.新农村体育服务模式建构[J].体育文化导刊,2008(10):17-20.

的所有制度安排中,民主体制是迄今为止最有效和最重要的制度。① 民主体制一方面可以系统地获取和协调公众的偏好,另一方面能够约束和监督政府对这些偏好及时做出合理反应。在我国公共体育服务的提供和决策机制上,比较多的是自上而下的推动,缺乏自下而上的民意表达和利益实现机制。而产生这种问题的根源在于体育的法治化程度较低,人民并未掌握真正的体育权益。而缺乏民众利益表达机制的公共体育服务决策机制,也就造成了政府的公共体育服务类支出历史欠账较多的现象。

5. 缺乏对政府提供公共体育服务的绩效考核和问责机制

我国现存的政府考核机制存在较大的问题,在客观上对政府行为起到了一定的误导作用。传统对政府的绩效考核标准是"以经济增长论英雄",政绩多少看产值,贡献大小看税利,而人民的实际生活水平如实际收入、就业水平、住房条件等情况却长期得不到应有的重视。因此,要尽快按照公共服务型政府的要求,将可持续发展指标有机地融入现有的指标体系中,建立以公共体育服务为取向的政府体育工作业绩综合评价体系,较全面地反映群众体育整体发展状况。坚持以人为本,将政府职能切实转变到为社会提供体育公共产品和公共服务上来,强化政府的社会服务功能。与此同时,建立科学的行政问责机制,追究政府在履行公共体育服务职能方面失职的责任。因此,必须建立起以科学发展观为指导、以公共体育服务为取向的政府业绩评价体系和科学的行政问责机制,推行绩效管理评估机制,既要明确公共体育服务绩效目标和任务,还要使权责配置和资源运用与公共体育服务发展目标任务相配套,有可衡量的绩效标准,同时由第三方主体来进行评估。

七、我国公共体育服务供给机制多元化模式的构建

(一)政府公共体育服务供给机制转变的现实依据

1. 经济转型带动公共体育服务提供方式转变

今后5~10年,我国将处在以转变发展方式为主线的第二次转型与改革的关键阶段。这一次转型与改革,具有很强的时代性特点,并将对我国后10年、20年、30年的经济社会发展产生重大影响。加快经济发展方式转变,实现可持续发展,既要着眼于扭转当前投资与消费失衡的局面,着力扩大内需;又要结合

---

① 李燕,等. 政府公共服务提供机制构建研究——基于公共财政的研究视角[M]. 北京:中国财政经济出版社,2008:62.

未来我国人口结构变化以及由此引起的要素禀赋变化,及早做出长期安排。具体到发展方式的转型,主要包括:

(1)向资源节约型转变。在社会生产、流通、消费的各个领域,通过采取综合性措施以提高资源利用效率,这就是资源节约型社会。政府必须加强资源综合利用,大力推进能源节约,实施节能工程;全面开展节约用水,创新水资源管理体制和节约用水机制;积极推进原材料节约,推广应用再生材料、替代材料和新型材料;珍惜和合理利用土地资源,提高土地节约集约利用水平;积极开发和全面推广节能降耗新技术;大力发展循环经济,倡导节约资源的生产消费方式;全面推行清洁生产,深入实施循环经济,逐步建立全社会的资源循环利用体系。

(2)向环境友好型转变。环境友好型社会是指社会的生产和生活以对生态环境无害的方式进行。它要求全社会都采取有利于环境保护的生产方式、生活方式和消费方式,建立人与环境良性互动的关系。建设环境友好型社会,就是以人与自然的和谐为指导,以环境承载力为基础,以遵循自然规律为准则,以绿色科技为动力,以环境文化和生态文明为社会氛围,构建经济、社会、环境协调发展的社会体系。为此,政府必须加强生态环境建设,加大环境污染整治力度加强城镇环保基础设施建设,加大环境执法力度,加强生态环境保护。

(3)向创新型转变。当今世界各国的发展模式可以分为资源型、依附型和创新型三种。世界主要发达国家都将促进科技创新作为国家发展的基本战略,这也是我国面向未来的发展战略选择。建设创新型国家,就是要加快实现经济增长方式从要素驱动型向创新驱动型的根本转变,使科技创新成为经济社会发展的内在动力和全社会的普遍行为,最终实现制度创新和科技创新,实现经济社会的协调发展。为此,政府必须加大科技投入,优化创新环境,服务创新活动。

2. 社会转型带动公共体育服务需求增长

社会转型是一个比经济转型更宽泛而系统的概念,当今的中国是一个处在变革与转型中的国家,社会具有多元复合的特点,正从传统型向现代型转变,现代化的进程也在加快。在此过程中,传统因素与现代因素推动了社会的整体性发展。因此,从政府公共服务提供机制的角度思考,这种转型给制度建设与革新提出了明确的要求。

我国的公共需求呈现快速增长的趋势。研究表明,一个国家人均GDP处于从 1000 美元向 3000 美元过渡的时期,是该国公共需求快速扩张的时期。2010

年我国 GDP 达到39.8万亿元,人均2400美元。① 我国正处在从一般温饱社会向全面小康社会加快发展、从传统农业社会向工业社会加速转型的关键时期。在这个发展与转型的特定时期,全社会已开始形成公共需求快速增长的现实基础,其主要特点是:第一,公共需求以超常的速度增长,并将逐步成为经济社会发展的重要动力和市场需求的主流;第二,随着人们收入水平的不断提高,公共需求的结构变化加快,并逐步由支出消费导向向支出发展导向升级;第三,由于收入差距的不断扩大,社会结构公共服务需求的主体进一步分化;第四,随着经济结构和社会结构的快速变化,公共需求供给面临严重不足。

3. 政府转型与职能转变促进公共体育服务提供机制多元化

当前要实现政府角色的转变,解决公共服务社会化中可能存在的或已经存在的问题,最根本的是实现由经济建设型、行政管理型政府向公共服务型政府的转变。所谓公共服务型政府,就是以市场为导向,以企业、社会和公众为主体,以提供公共服务为特征的政府行政模式。专家强调指出,政府只有通过提供充足优质的公共服务,才能证明自己存在的价值与合法性。没有公共服务,就没有现代政府。在一定意义上,中国公共服务型政府的建立不取决于政府提供了什么性质的服务,而取决于这些服务是否真正惠及了服务对象。同样,它也不取决于政府是否在公共服务的所有领域内都是唯一的和直接的供给人,而取决于政府如何规划、组织和引导公共服务的供给,且在公共服务供给的多样性、灵活性以及服务的数量、质量和机会上都能够使服务对象得到相当水准的满足。公共服务社会化的核心是公共服务提供主体的多元化。公共服务提供主体的多元化使公共服务不再由政府独自承担,政府不再是管理公共事务的唯一机构,许多非政府公共组织加入公共服务提供者的队伍中来。这样,政府将原来承担的很大一部分公共管理职能转移出去,从而可以从日常的公共事务中解脱出来,专心致力于政策的制定和执行。

西方各国政府改革的重心主要是逐步实现从"以政府为中心"到开始注重公共服务、"以满足人民的需求为中心"的转变。伴随着政府对公共服务提供的不断完善,政府本身也发生转型,从早期的管治政府理念发展到近代的管理政府理念,再发展到经济建设型政府,最后发展到服务政府范式,体现了政府纵向的发展过程。

---

① 国内生产总值39.8万亿元 年均增长11.2% [EB/OL]. http://news.dichan.sina.com.cn2011/3/59:52:00.

(二)公共体育服务供给机制多元模式的构建

1. 公共体育服务政府与社会分担提供模式

公共体育服务提供的政府与社会分担机制就是指政府充分利用市场和社会的力量来改革公共体育服务,以降低公共体育服务成本,提高公共体育服务的质量和效率。它的实质是试图将政府权威制度与市场交换制度的功能优势复合配置,重塑政府与社会的关系,形成一种供给公共体育服务的新制度安排。充分利用市场、社会的力量来提供公共体育服务已经成为当今世界各国不可逆转的历史潮流,这场变迁有着其深刻的理论背景,也有着深刻的经济、政治、社会等方面的现实原因。对于公共体育服务的提供,政府似乎愿意大包大揽,我们能否实现以一种新的方式(即以高效率地利用社会资源的方式)来向社会公众提供这种服务,取决于是否将政府与社会分担机制作为一种重要的战略选择。

公共体育服务提供的政府与社会分担机制,首先必须对公共体育服务社会的范围予以确定,并不是所有的公共体育服务都是可以用社会分担的方式来提供的,这要由公共体育服务的性质和供给效率来确定。在不同的公共体育服务供给中,政府应发挥不同的作用,相应地,社会化程度也有所不同。对于政府无法承担的大量准公共性质的公共体育服务,市场也无法解决这些问题时,将由非营利性组织来填充补位。以强制力为基础的行政职权不宜交给非营利性组织或市场主体来承担,公共体育产品的提供和公共体育服务的供给,可以交给而且也应该交给非营利性组织。非营利性组织和政府并非彼此替代、互相冲突的关系,而是相互配合、相得益彰的关系(参见表3-1)。

表3-1 我国公共服务提供者的可能组织形式

政府公共部门		非营利性部门	私营部门	
政府行政部门	事业单位	非营利性机构提供	独资或合伙企业	公司

政府监督管理类和纯公共品性质的公共体育服务的提供,主要指一些具有特殊意义的公共体育服务,涉及政府机关的基本职能,国家的行政管理职能等内容,包括维护国家机器的正常运转、行政管理以及涉及全体公民共同利益的公共体育服务。涉及社会公众基本利益的纯公共品性质的公共体育服务,一般不具备有偿经营、自负盈亏、自我发展的特点,应当由各级政府保障提供。

非营利性组织承担公益性和准公共品性质的公共体育服务提供任务。这类公共体育服务主要是针对个体和特色群体所提供的,个人受益大于社会受益。相对于政府和市场在公共体育服务中的供给不足,非营利性组织的延展服务的补充不可或缺。

企业营利主体向社会提供差别化个性公共体育服务。政府强调的是整体服务,而其他主体强调的是个性化服务,这就决定了市场的方法排斥整体性服务的需求,而关注于个人需求的满足。个人需求是有差异的,营利性组织供给公共体育服务则是对消费者需求细分的一种回应,是对个人需求的满足,体现的是公共体育服务的延伸。然而,营利性组织提供公共体育服务的出发点在于从服务中获利。公共体育服务的市场化将有形产品作为服务的载体,使不愿平均无差别享受公共体育服务的部分公众可以在自愿多付费的前提下进行选择,从而享受到更多更优的服务。市场不能解决公共体育服务的提供,但可以解决公共体育服务的生产。营利性组织会以实现社会效率最大化的方式来供给公共体育服务,营利性组织为政府生产公共体育的消费品或服务,再由政府提供给公众,或者直接针对社会成员提供有差别的付费服务。

2. 以效率为向导的公共体育服务提供机制

(1) 政府参股提供机制。在私人投资提供的公共体育服务中,政府以不同的比例参股。政府参股又分为政府控股和政府入股。政府控股主要针对那些具有举足轻重地位的项目,政府入股主要向私人企业提供资本和分散私人投资风险。政府参股的比例不是一成不变的,项目在建初期,政府股份一般较多,一旦项目进入正常经营阶段,能获得稳定收益时,政府便开始出卖自己的股份,抽回资金转向其他项目。

(2) 政府经济资助提供机制。当政府考虑到某些公共体育服务的社会受益与私人提供者私人收益之间的不对称时,会选择性地对提供这些公共体育服务的企业给予经济资助,以确保其提供对全体公民有效的公共体育服务。通过这种模式,政府可以间接地进行收入再分配。这种收入再分配主要用于那些盈利性不高或只有在未来才能盈利、风险较大的公共品。具体资助的方式有补贴、津贴、优惠贷款、无偿赠款、减免税等。

(3) 合约出租提供机制。政府将一部分公共体育服务的生产推向市场,具体做法是政府主管部门与在竞争中获胜的私营企业就某种公共品的生产签订合约,当私营企业完成任务并达到合约规定的标准时,政府支付合约规定的报酬,这种形式主要适用于具有规模经济效应的自然垄断类公共品。通过招标的方式选择,目的是借助投标者之间的竞争将公共品的生产成本压低到边际成本加正常利润,使这些公共品可以以较低的成本实现供给。在西方发达国家,这种办法被广泛应用于公共品的供给中,就连很多国防及军事产品,政府也利用合约交由私人企业来生产。

（4）政府购买提供机制。政府通过合约将公共体育服务的生产委托给一家私人企业，然后购买这些公共品。具体做法可以以政府与企业签订合约为前提，也可以不以这种合约为前提而直接到市场上购买，在实践中我们也称之为政府采购。它是在严格的监督机制下，通过采用竞争性招标的办法引入竞争机制，在保证质量的前提下，降低采购成本，提高财政支出的效率。

（5）特许经营提供机制。特许经营是一种私人团体为提供服务而从政府手中长期租赁资产的行为，私人团体在此期间有责任为特定的公共品投资提供资金，这些新的资产在合同期满时将返还给政府部门。具体操作也是通过招标的方式将特许经营权授予出价最高的企业。

（6）合同外包提供机制。从起源上追溯，公共服务合同外包的理论和实践源于西方，是西方行政改革浪潮中一项重要的制度创新。"美洲大陆就是500多年前西班牙女王伊萨贝拉以合同方式雇佣的私人探险家发现的。"① 公共选择理论、新公共管理理论和治理理论的出现有力地推动了西方各国政府的变革。在这场席卷全球的政府改革浪潮中，公共服务提供机制的市场化改革十分引人注目，而将公共服务项目承包给私人机构，即合同外包，便是其中最为重要的制度安排之一。

政府公共体育服务合同外包是从外部购买服务和产品，而不是在政府机构内部提供这种服务和产品，外包代表了在公共体育服务的管理和供应过程中，特别是当直接民营化（例如所有权的变更）不可能实现的时候，模仿市场的努力，其基本原理是要在服务供应商之间促进竞争。政府公共体育服务合同外包的本质是把竞争和其他私人部门制度安排引入公共体育服务部门。这样一种"进口"市场机制的做法常常被称为公私混合或公私伙伴关系（private and public partnership，简称PPP）②。公共体育服务合同外包的核心是把竞争机制引入体育公共物品和服务的供给过程中，用竞争代替政府的垄断。外包的实施条件包括存在潜在供应商、服务产出和质量能够被界定、政府有能力监督和控制私人供应商的行为，合同外包能够带来资金节省和其他收益，同时不降低服务水平和质量，这也是政府外包得以成功的关键。政府能力包括生产、设计和维护能力，外包是把生产能力转移给私人部门，而政府利用其设计能力决定公共服务的质量和数量，即政府并不把政策制定和管理职能外包给私人部门。

---

① 萨瓦斯.民营化与公私部门的伙伴关系[M].北京：中国人民大学出版社，2002：129.
② 莱斯特·M.萨拉蒙.公共服务中的伙伴——现代福利型国家中政府与非营利组织的关系[M].北京：商务印书馆，2008：92.

3. 在公共体育服务的提供中引入竞争和市场机制

在公共体育服务的提供中引入竞争和市场机制，由公民来选择公共体育服务的提供者，以市场机制的运作为主导，必然会优化公共体育服务提供的质量。以市场为主导来解决公共体育服务提供问题，就是通过公共体育服务的私营化，引入竞争机制，从可供选择的公共体育服务提供者中，选出最合适的公共体育服务的合同承包商，用最低的价格提供最优的质量和最好的技术。市场化改革就是利用竞争机制和市场力量改进公共体育服务的供给。市场化改革的路径，就是政府通过打破部门行政垄断，逐步开放公共体育服务领域，降低准入门槛，将计划经济时期一直由政府部门和国有部门垄断的公共体育服务项目对外开放或委托经营。市场化服务方式不是所有公共体育服务唯一的选择，在有些政府服务领域或许更适合采用其他供给方式。

4. 公共体育服务提供中的"多中心"治理机制

凡是政府必须提供的公共体育服务，政府要尽可能地采用招标、承包、委托等市场化手段，把一部分体育公共事务通过签订行政合同，交给企业、非政府组织、公民个人等来经营，即"官办民营"。要强调政府、非政府组织和公民之间的平等协商与合作。合作是社会发展不可或缺的条件，治理的实质是合作，是建立在市场原则、公共利益和共同认识基础之上的合作，是把各种管理主体（政府、非政府组织、公民个人等）变成一种合作伙伴关系，建立各种各样的协商合作组织。它要求多用协商手段，慎用强制手段。凡是公民个人和非政府组织能够独立自主解决的事项，政府就不要插手；凡是市场可以解决的问题，政府就不要介入。

综上所述，公共体育服务"多中心"提供机制对政府的治理结构产生了重大的影响，这意味着政府的治理模式正在发生变化。即由以政府为核心的单中心治理机制向以政府、私人和第三部门为多中心的治理机制转变，也对政府角色进行了重新界定和调整，即政府应该从体育公共产品和公共服务的直接提供者与生产者转化为体育公共产品和公共服务的购买者与管制者。

传统的政府大包大揽的全能型模式已经不能满足人民群众日益增长的公共体育服务需求，应借鉴国际经验，建立公共体育服务供给的政府、社会和市场三维框架下的多中心治理模式。政府主要承担以强制力为基础的公共体育服务的供给，非营利性组织主要承担公益性公共体育服务提供，市场主要承担差别化公共体育服务提供。在构建政府公共体育服务供给稳定的增长机制并实现公共体育服务均等化供给的同时，大力发展非营利性组织，从资金引导、法律规范、政策扶持、环境营造等方面解决阻碍非营利性组织发展的瓶颈问题，发挥非营利性组织在提供公共体育服务方面的功能优势。强化企业的社会责任,形成政府引导和管理下非营利性组织、企业共同参与公共体育服务提供的合作关系,共同向全社会提供优质高效的公共体育服务。多种公共体育服务的供给方式不但有利于避免政府在处理复杂的、相互交错的社会公共问题上能力不足,而且有利于降低行政成本,提高行政效率,同时解决公共体育服务的数量不足、形式单一、质量和效益不高等关键问题。

（三）实现公共体育服务供给机制多元化的途径

1. 培育公共体育服务提供主体的多元化

公共体育服务方式多样化要求公共体育服务体系是一种开放式的体系,在社会公共体育服务的提供领域,强调打破政府提供公共体育服务的垄断地位。公共体育服务提供主体的多元化使公共体育服务不再由政府独自承担,政府不再是管理公共体育事务的唯一机构,许多非政府组织加入公共体育服务提供者的队伍中来。

政府公共体育服务供给包括是否提供某种公共体育服务、如何提供、谁来供给和供给的数量与质量等一系列规定。公共体育服务的供给方式是指为了实现公共体育服务的供给目的而选择的各种措施、工具及途径的总称。公共体育服务的供给方式是以公共体育服务的市场化、社会化和多中心提供为主要内容,需要明确合理的供给主体、工具和过程,以及提供渠道的变化过程。公共体育服务供给方式的选择以对公共体育服务的性质与政府职能之间关系的认识为理论基础,这是研究公共体育服务提供方式的出发点。

在公共体育服务的提供中,政府必然要发挥主导核心作用,但这并不意味着政府是唯一的提供者,也不意味着所有公共体育服务都要政府来直接提供,而在于政府为确保公共体育服务得到提供,扮演好多重角色。作为决策者,政府的决策应体现社会成员的需求和意愿;作为组织安排者,政府应该对公共体育服务的融资和预算,数量和质量做出安排,并选择最合适的主体和工具来提供服务;作为直接提供者,政府应直接向社会成员提供所负责的公共体育服务;作为管理者,政府制定公共体育服务规则和标准,并实施严格的监管。因此,强化政府公共体育服务的职能,涉及多方面的调整。从公共体育服务的供给主体、工具和过程三个方面进行考察,公共体育服务供给方式的发展变化见图3-2。

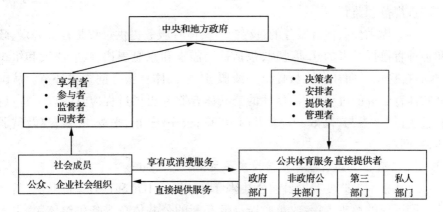

图 3-2　公共体育服务主体、工具及过程

（1）公共体育服务的提供主体。公共体育服务的提供主体是指直接参与公共体育服务提供或生产的实体。按照性质不同,公共体育服务的提供主体可以分为政府部门、非政府公共部门、第三部门、私人部门。政府部门包括直接向社会公众提供服务的各种政府职能机构。非政府公共部门是指我们通常所说的那些非营利性部门。以政府、企业、各类特定人群、会员、一般公众等为服务对象,实际上其在很大程度上承担着公共服务的职能。中国非政府公共部门基本提供无偿服务、有偿服务和补偿服务(补偿经费不足)。① 第三部门包括行业协会、慈善机构、志愿者组织和社区等非营利性民间组织。私人部门包括各种以盈利为目的的私人健身场所和健身俱乐部等。

（2）可供选择的提供工具。提供工具是指政府采取什么手段或方法来提供公共体育服务,如运用财政资金、公共权力、政府信息、特许经营授权等工具来提供服务。西方国家政府常采用的工具有：第一,政府直接提供,即政府通过财政税收和公共支出向社会直接提供公共体育产品和服务,通常是免费的或收取部分成本费用。非政府公共部门通常也被列入政府提供公共体育服务的主体范畴。第二,政府生产,即政府通过所属公共企业来生产和出售体育公共产品或服务,消费者必须付费,谁付费谁使用。第三,政府补贴或购买,即政府通过财政资金来资助或购买私人部门、第三部门的公共体育产品或服务,提供给公众使用,政府本身并不是最终消费者。第四,政府管制,即政府运用法律手段或行政强制手段禁止、限制或者准许某些公共体育服务行为,以对公共体育服

---

① 丁元竹.非政府公共部门与公共服务——中国非政府公共部门服务状况研究[M].北京:中国经济出版社,2005:2-3.

务进行规范和监管。①

（3）提供公共体育服务的过程。公共体育服务提供过程是社会公众、政府和各种直接提供者的互动过程，包括社会需求和意愿表达、政府决策和组织安排、直接提供者向社会成员提供一线服务、公共体育服务问责等环节。从国外公共体育服务的过程来看，良性的公共体育服务提供过程应具备以下特点：公开透明；社会参与；高效、方便、及时、可得；公平、公正、平等、礼貌；惠及贫弱群体；可问责。②

2. 培育公共体育服务供给模式多元化

要从根本上改变我国目前公共体育服务供给不足和低效率的状况，就必须从问题形成的源头入手，改革政府高度垄断的公共体育服务供给体制，引入其他能有效提供公共体育服务的市场主体。当然，我国公共体育服务供给体制不能脱离特定的国情和具体的体育环境。我国市场经济还不够成熟，市场机制和规则还不够完善，第三部门的力量还比较弱小，发展不够成熟。所以，我国的公共体育服务体制不能照搬西方市场经济成熟的国家以全面市场化，而应该循序渐进，在一定范围内允许和鼓励私营部门进入公共体育服务的领域并提供服务，逐步建立起以政府为主，其他供给主体共同参与的新型公共体育服务供给体制。

（1）公共体育产品供给主体的多元化。国外相关理论研究和实践操作经验已经证明公共体育服务供给市场化的现实，而公共体育服务供给的市场化首先是供给主体的多元化。公共体育产品服务的供给主体是指公共体育产品服务的提供者，主体无论是过去、现在，还是将来，政府的主体地位是无可替代的。政府供给公共体育服务是"天然"的，具有不可替代的责任和不可推卸的义务。从今后发展趋势来看，公共体育服务的供给主体包括政府主体、私人主体、非政府组织主体，这些主体之间可以形成组合，使得公共体育产品主体多元化结构更加丰富。

随着制度条件和经济水平的变化，公共体育服务完全可以按照"谁投资，谁受益"的原则进行私人供给，这类主体便是私人主体。非政府组织主体充分发挥了桥梁和纽带作用，提供了大量的市场信息、制度规范等非实物公共体育服务，促进了专业化合作和规范化经营。政府、非政府组织和私人混合主体共同承担公共体育服务的供给，不仅可以缓解政府提供公共体育服务的财政压力，

---

① 孙晓莉. 中外公共服务体制比较[M]. 北京：国家行政学院出版社，2008：279-281.
② 沈荣华. 公共服务制度安排：增加投入、扩大参与和改善过程[C]//中国（海南）改革发展研究院. 聚焦中国公共服务体制[M]. 北京：中国经济出版社，2006：289-291.

而且还可以有效地引入市场竞争机制,提高公共体育服务的供给效率,实现经济效益与社会效益的均衡。公共体育服务的供给主体多元化,是建立公共体育服务供给模式创新的重要取向。

(2) 公共体育服务供给渠道的多元化。公共体育服务供给渠道的多元化主要是指公共体育服务资金来源渠道的多元化。公共体育服务供给主体的多元化,一方面拓宽了供给渠道多元化,另一方面对供给渠道多元化也提出了更高的要求。当前我国公共体育服务供给资金渠道主要有政府出资、服务收费及非政府公共部门参与,而今,越来越多的部门以慈善、福利方式参与公共体育服务,这些都是新的融资方式。

(3) 公共体育服务供给方式多元化。公共体育服务供给方式是指供给主体如何组织公共体育服务供给的过程。公共体育服务需求的多元化以及供给主体和供给渠道的多元化,必然要求公共体育产品供给方式的多元化。

政府作为公共体育服务的供给主体之一,可以直接提供属于本级职责范围的公共体育服务。社区自治组织作为供给主体之一,可以直接提供属于本社区范围的公共体育服务。政府委托私人的供给方式,即政府可以将公共体育服务委托给私人来提供,主要指收费部分公共体育服务采用的供给方式;政府通过承包、租赁、托管等方式在正和私人企业间签订合同,私人或企业按照政府意图或合同来提供公共体育服务。政府补贴私人或企业的提供方式主要是政府为了提高效率或弥补财力不足,可以通过直接补贴或间接补贴的方式,来鼓励和帮助私人或企业提供公共体育服务。其他供给方式范围比较广,比如送文化进社区、体育三下乡活动等。

3. 推行公共体育服务机制多样化的配套改革

推行公共体育服务机制多样化,政府就要进行配套的行政管理方式变革。主要涉及以下两个方面:

(1) 进行行政组织架构的调整。政府将成为网络组织体系的协调者和组织者,成为社会合作力量的发动者和促进者。

(2) 规则的制定。在我国,社会中介组织的法制建设相当落后,"社会中介组织法""执业条例"等都还是空白。只有建立完善的法律法规体系,才能使得政府和非政府组织之间的合作有法律保障,从而推动政府和社会之间的合作。这就要求政府努力在市场和社会之间找到最佳的结合点,建立一种合作关系,推动公共体育服务机制多样化的进展。

4. 转变政府和非政府组织之间的关系

各类非政府组织进入公共体育服务领域,与政府分担责任,可以使政府从具体的公共事务中解脱出来,从而以一种监察者和指导者的身份审视公共体育服务的质量和效益。非政府组织可以利用自身多样性的服务和供给优势,与政府形成互补关系。政府可以把许多不宜直接插手干预或者干预成本过高的公共体育事务,交给非政府组织来完成。政府成为社会合作力量的发动者和促进者,通过一些合理的机制"激活"社会力量,实现公共体育服务的有效输出。

(1)政府引导式合作:授权委托模式。从本质上讲,授权委托可以理解为政府将社会服务与管理的权限通过民主的方式下放给非政府组织,让其自我管理、自我服务,激发其创新精神。授权委托模式对于实现政府职能的转变具有重大的制度创新意义。授权委托模式已经成为政府职能转变的主要实现方式之一,在实践中的作用日益显著,比如国内很多赛事都是主办单位委托承办单位而进行,其实是授权委托模式的一种实践方式。政府为了实现对非政府组织的授权委托,必须妥善处理职能委托的方式、手段与途径等问题,即通过何种方式实现某种委托过程。就政府—社会这一自上而下主动式转移路径来看,包括以下三种委托方式:①授权合作式委托。在政府垄断的社会发展领域中,政府可以主动提出与非政府组织合作从事一些社会发展项目,主要表现为由政府授权或出资,非政府组织提供人力、技术、管理和服务,从而建立一种授权委托的服务关系模式。政府要允许甚至主动推动行业协会和其他中介组织的发展,通过逐步委托赋予它们充分的自主权和在其自身行业领域的公共管理职能。比较典型的如一些群众性赛事由体育行业协会主办或是地方体育协会承办等,已经取得良好的成效。②项目合同合同式委托。项目合同式委托主要是指通过专业团体、协会签订合同协议等方式实现职能的委托,也可以理解为政府(主要是公共福利部门)就一些社会服务项目外包给特定的社会服务机构来完成的委托形式。① 通过政府职能下放及职能转移实现政府职能的社会化、民营化,打破国家垄断。项目合同式委托与授权合作式委托的最大区别在于前者具有合同这一规范的授权形式,内容侧重于专业性公共服务的共给;而后者专注于公共管理的社会化,实现形式也较为灵活多样。③其他委托方式。除了上述两种主要的委托类型外,政府作为组织协调和管理者而非包揽一切的角色,还可以通过制定税收政策、政府补贴、特许经营等多元化方式,与非政府组织建立合作联系,为公众提供便捷的服务。

(2)自发导向式合作:有限替代模式。有限替代模式是非政府组织履行公共服务职能的另一种主要模式。它主要是指非政府部门的一些社会自治团体

---

① 复旦大学发展与政策研究中心.公共服务与中国发展[M].上海:上海人民出版社,2008:187.

或机构通过独立自主、积极主动地开展活动,从而在事实上起到了替代政府部分公共服务职能的效果。授权委托模式往往表现为合作、合同承包和资金投入等形式,侧重于一项项具体的任务、项目、过程与服务;而有限替代模式无须政府特定的授权及参与,而是非政府组织自主自觉地开展公益性活动。有限替代模式改变以政府提供公共服务、公共产品的单向途径为非政府组织主动参与公共管理的双向互动。这类活动主要局限于社会领域,具有非营利性。非政治性是其基本特征,政府只需给予一些政策上的认可和支持。

(3)"多中心治理":合作竞争模式。在非政府组织接受政府的授权委托或以有限替代的形式参与公共服务的过程中必然存在着竞争。美国学者文森特·奥斯特罗姆提出的"多中心理论"为在政府与非政府组织之间引入竞争机制提供了理论支持。这种权力分散、管辖交叠的"多中心"秩序包括公共体育服务的多中心。① 非政府组织与政府组织共同承担着为社会公众提供服务的责任,彼此有很多种合作方式,必然存在竞争。政府与非政府组织之间的竞争主要表现在对公共事务管理权力的竞争和资源的竞争。非政府组织参与公共体育服务无疑使政府的服务职能受到了一定的制约,双方适当重叠的服务职能使得双方在公共体育服务上的竞争更加明显。其次是对资源的竞争。依靠政府财政支持的非政府组织与政府形成直接的竞争关系;不依靠政府财政支持的非政府组织与政府之间形成间接的竞争关系。这是因为双方的财政资源既有来自公众的税收,还有来源于公众的主动捐赠。因此,当政府提供的公共体育服务因质量不高、缺乏效率而招致公众不满时,公众就会把期待转向更有效率的非政府公共组织。② 因此,在政府与非政府体育组织建立互动合作关系的过程中,引入竞争机制,能有效促进公共体育资源的优化配置,提高公共体育服务的质量和效率。

---

① 迈克尔·麦金尼斯.多中心体制与地方公共经济[M].毛寿龙,译.上海:上海三联书店,2000:76.
② 郭小聪,文明超.合作中的竞争:非营利组织与政府的新型关系[J].公共管理学报,2004(1):57-62.

第四章 公共体育服务的组织保障体系

随着我国改革开放步伐的加快,国民经济持续发展,城乡居民人均可支配收入持续增长,群众生活水平显著提高。随着生活水平的不断提高,人民群众对精神方面的追求要高于对物质方面的追求,因此对生活质量有了更新、更高的追求。体育运动由于其具有健身、娱乐、教育等多项功能,能满足人们提高生活质量的要求,越来越受到人们的关注与推崇。但我国体育体制的局限性使得我国公共体育服务体系还不完善,人民群众日益增长的体育需求与社会提供体育资源不足的矛盾依然突出。因此,如何优化我国公共体育服务体系已成为备受关注的问题。

2002年,《中共中央国务院关于进一步加强和改进新时期体育工作的意见》明确提出"大力推进全民健身计划,构建群众性多元化体育服务体系",体现了党和政府对公共体育服务的高度重视。2008年,国家体育总局强调进一步强化政府在发展体育事业、提供基本公共体育服务中的责任,更好地满足人民群众多层次、多方面、多元化的体育需求。2012年11月,国家体育总局在以"学习贯彻党的十八大精神,加强公共体育服务体系建设"为主题的会议中,强调建立健全的基本公共体育服务体系是关系体育工作谋民生之利、解民生之忧的重大举措,是深入贯彻落实科学发展观的具体体现。由此可见,我国在长期的发展过程中,一直坚持着公共体育服务体系的建构与完善。

公共体育服务是在社会经济总体水平发展到一定阶段后出现的,它建立在一定的社会共识基础之上,是保护个人最基本的生存权和发展权,满足基本尊严、基本能力和基本健康的需求,实现人的全面发展所需要的基本社会条件。综观世界各国公共体育服务体系的类型,主要有两种:"公平—效率型"和"公平导向型"。"公平—效率型"的主要特点是在政府调节分配的前提下,构建以个人自助为主,财政补助、商业保险为辅的公共体育服务体系,以美国、德国、日本为代表。而"公平导向型"则是突出公平的价值理念,遵循"政府主导、全民普惠、公平公正"的原则的公共体育服务体系,以英国、法国、北欧为代表。我国采

第四章　公共体育服务的组织保障体系

取的公共体育服务类型为福利型,政府是公共体育服务的核心部分,对公共体育服务有绝对的管理和控制权,在"大政府"的管理控制下,公共体育服务真正服务到人民群众的非常有限。因此,为实现我国公共体育服务体系的健康发展,我国政府必须在转变职能的同时,积极帮助我国非政府组织成长,二者统筹协调起来,协同合作,保障公共体育服务事业为民众服务。

按照公共体育服务的形成、运行和反馈的逻辑演进次序,可将公共体育服务体系分为理论基础、需求体系、供给体系、保障体系和评价体系五个部分。我国学者通过多年的研究,对这五大体系有了较为详细的分析与了解,但对保障体系中的组织保障体系的研究还未明确说明,因此本章从管理学、领导学等角度对保障体系中的组织保障体系做进一步的分析研究,即采用学科交叉的方法对公共体育服务体系中政府和非政府组织领导体系进行研究,以及对这两者组织体系的协同作用进行研究。

公共体育服务是事关民心工程的社会大事,对提升国家综合竞争力、文化软实力以及建设幸福中国、体育强国有巨大的推进作用。公共体育服务不但能够增进群众健康,还能推动体育产业发展,成为我国新的经济增长点。公共体育服务的组织保障体系能够引导、扶持、保障社会资源投入全民健身事业,有助于解决社会预期不明、措施乏力以及管理非不为、实不能的主要问题,并且组织保障体系是为了实现社会管理的目标。另外,研究能够丰富群众体育理论体系,研究得出的观点有助于我国经济社会发展,促进公共体育事业的发展,同时给政府决策提供咨询报告。

一、政府体育组织保障

(一) 政府体育组织的组织结构及其职能

政府体育组织中,管理国家公共体育服务的行政部门有:国家体育总局、省体育局、市体育局,见图4-1。

1. 国家体育总局的组织结构及其职能

(1) 制定公共体育服务发展规划并组织实施。根据社会经济发展规划,制定公共体育服务发展规划并组织实施,是政府的一项重要职责。政府部门应该根据不同时期经济和社会发展计划,修订公共体育服务发展规划,保障和推动公共体育服务事业发展。结合访谈、调查、文献研究,"十二五"公共体育服务发展规划的总体目标是:建立起适应社会经济发展要求、适合生产力发展水平的比较完善的公共体育服务保障制度,使广大市民享受较为充分、良好的公共体育服务。

（2）调整公共财政支出结构，增加公共体育服务的资金投入。公共财政是公共体育服务建设的核心，增加对公共体育服务的资金投入是市场经济条件下建立公共财政的重要内容，是大力发展"民生工程"的重要标志，也是政府职能转变的重要方式。政府实现职能转变，要真正转变观念，不仅要"经济好"，更要"健康"，不能仅仅凭眼前的经济效益来决定发展思路，而是要实现"人的全面发展"，统筹考虑公共财政中的体育资金投入。进行年度财政预算时，宜根据公共体育服务的合理需求，把当年的公共体育服务资金投入、投足，并与地方财政收入增长挂钩，列入地方社会经济发展计划，以确保公共体育服务的资金投入。

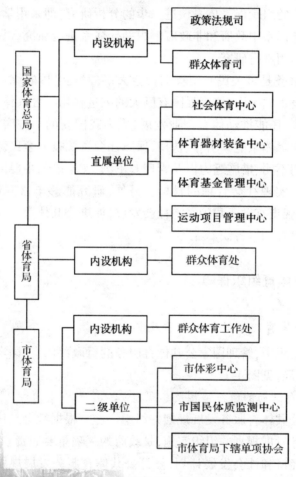

图 4-1

（3）监督检查体育法律、法规和政策的贯彻落实。公共体育服务可适当实施政事分开的管理体制，政府负责制定法律、条例，具体事务由社会机构承办。

第四章 公共体育服务的组织保障体系

基于这种模式,政府履行公共体育服务保障职能的重要方面,就是要监督检查《中华人民共和国体育法》《全民健身条例》《体育事业发展"十二五"规划》的落实情况。政府依据有关法律、制度和条例,监督有关单位依法履行义务,委托、授权并监督公共体育服务承办机构认真履行职责,确保公众享受良好的公共体育服务。

另外,国家体育总局作为制定体育发展战略、编制体育事业中长期发展规划的国家机关,在公共体育服务目标制定与普遍推广中具有不可代替的作用。其制定相关政策法规推行公共体育服务,同时还积极指导和开展群众体育活动,加快公共体育服务在我国的普及速度,满足人们日益增长的体育需求。

国家体育总局的组织部门中,与公共体育服务工作相关联的部门主要为:内设部门——政治法规司、群众体育司;直属部门——社会体育中心(社会体育指导中心)、体育器材装备中心、体育基金管理中心、运动项目管理中心。

国家体育总局政策法规司,其主要职能是研究拟定体育工作方针、政策、法规,并对体育工作和体制改革中的重大问题进行调查研究并提出解决方案。在公共体育服务过程中政策法规司的主要职责为:根据我国公共体育服务的实际情况,提出公共体育服务工作的总目标,并制定相关政策、法规以保证总目标的具体落实与实施。通过群众体育司的反馈机制,将总目标与具体开展情况进行比较,并做出及时的应对,保证公共体育服务目标的顺利达成。

国家体育总局群众体育司,其主要职责为拟定群众体育工作的发展规划;推行全民健身计划,监督国家体育锻炼标准的实施,开展国民体质检测;指导和推动学校体育、农村体育、城市体育及其他公共体育的发展。因此群众体育司有拟定公共体育服务发展规划的职责,与各省、市、县群众体育处相联系,逐级推广公共体育服务,并对公共体育服务真实开展状况及实施效果予以合理监督与评估。

国家体育总局的直属单位中,社会体育中心是根据国家体育总局对公共体育服务的总策划、领导、组织、实施全民健身计划的群众体育组织,其主要职能在公共体育服务中体现为健全社区体育组织的有关规章制度,制订社区体育发展规划,科学地组织社区体育活动,组织培养社会体育指导员,开展社区服务,促进社区体育建设。其部门的管理重点主要为构建社区公共体育服务,培养合格体育指导员,服务于公共体育事业,并制定相关法律法规,从人员、制度等方面全面保障社区公共体育服务的顺利开展。体育器材装备中心与体育基金管理中心相互配合,保障我国公共体育服务所必要的供给,例如投资一些大型运动场地的建设并支付一定的维护费用、提供公共体育服务基础设施等。体育基金管理中心还要管理好资金的计划、运行工作,因为体育基金不仅要用于基础设施的建设,还要为公共体育活动的开展做资金保障。因此体育基金管理中心是我国公共体育服务的财政保障单位。运动项目管理中心是针对提高竞技项目而设的主要部门,似乎与我国公共体育服务关联不大,公共体育服务是"大众公益性活动",竞技体育是"小众竞争性活动",但体育作为一项具有强烈观赏性的运动,观众会被竞技体育的精神所感染,激发其对体育运动的热爱,提高群众体育参与的积极性。

2. 省体育局组织结构及其职能

省体育局隶属于国家体育总局,省体育局接受其思想指导,听从其任务安排,国家体育总局领导着省体育局的部分工作。并且省体育局的机构成员组成大部分需要接受国家体育总局的安排,因此从人员配备上不难理解省体育局与国家体育总局对目标任务理解的共通性。此外,省体育局根据本省的发展特点,发挥主观能动性,开展相应的、有特色的体育活动。公共体育服务作为国家体育总局在群众服务中开展的重要服务性工作,各省体育局都要主动配合,积极发展。

省体育局内设机构——群众体育处,其作为推行公共体育服务工作,监督体育服务效果的主要职能部门,对公共体育服务真正得以贯彻实施起重要组织保障作用,并且群众体育处与国家体育总局群众体育司有紧密的联系,根据群众体育司制定的有关公共体育服务发展的总任务、总目标,省群众体育处确定符合本省公共体育发展的分级任务要求,结合实际情况,创造条件,努力完成其分级任务,达成其分级目标。因此省体育局群众体育处受国家体育总局群众体育司的领导,接受群众体育司对目标管理的分解方式,在本省范围内开展有关公共体育服务的活动,保证公共体育服务工作落实到省,并发挥其监督职能,及时反馈。

3. 市体育局组织结构及其职能

市体育局是省体育局领导下的又一级别的体育管理部门,在省体育局的领导下,贯彻公共体育服务总目标,完成其分配的体育任务,具体完成情况结合实际。市体育局的群众体育工作处与本市开展公共体育服务有密切的联系,它是公共体育服务推广、实行、监督工作在市一级的具体操作部门。

市体育局的二级单位有市体彩中心、市国民体质监测中心、市体育局下辖单项协会。市体彩中心是募集体育活动基金的重要部门,体彩是除国家体育拨款外的保证公共体育服务工作顺利开展的又一财政保障。市国民体质监测中心是反映我国公共体育服务效果的一面镜子,其体质监测结果不仅对市群众体

第四章 公共体育服务的组织保障体系

育工作处体育服务工作具有评判作用,也可以作为反映我国公共体育服务发展情况的有效数据,更是国家体育总局制定公共体育服务发展规划的主要依据。市体育局下辖单项协会,是具体开展公共体育服务活动的部门。其直接面向广大人民群众,进行运动组织与指导。

4. 政府体育组织运行中的问题及解决措施

我国政府体育组织的组织结构类型采用直线职能制。以国家体育总局、省体育局、市体育局直线体育管理部门为基础,在各级公共体育服务管理上直线设置相应的职能部门(群众体育司—群众体育处—群众体育工作处),分别从事各级公共体育服务工作,这个结构的优点在于:国家体育总局作为政策制定者,实行主管统一指挥,各级职能部门参谋、指导相结合,具体贯彻实施公共体育服务战略。但笔者通过对国家政府体育组织结构分析后认为,国家政府体育组织结构中仍然存在不足之处。作为服务型政府体育组织,在其组织结构中并未体现"管办分离"制度的职能划分,即国家政府体育组织作为公共体育服务的决策者,不仅掌握着公共体育服务的决策权,还掌握着公共体育服务的执行权。例如,在国家体育总局的组织结构中,群众体育司不仅要拟定群众体育工作的发展规划,还要指导和推行学校体育、农村体育、城市体育及其他社会体育的发展。各级政府体育组织部门的职能实行决策与执行相结合,并不能真正发挥政府体育组织部门在公共体育服务中的作用,反而会因为"管办不分"的职能分工,导致在出现政府体育组织部门冗员现象的同时,其服务工作也未能深入开展并惠及每位群众。因此公共体育服务的执行职能应从政府组织部门剥离出来,那样政府体育组织部门的职能就可以调整为:在做好公共体育服务发展规划的同时,注重对各级公共体育服务工作的监督,而非实施具体服务工作。

政府体育组织部门作为具有严格"等级制度"的组织结构基础,实行"管办分离"的管理制度。那么国家体育总局在加强宏观调控职能的同时,也要将"职权下放",让省、市体育局能更加自主地结合本省、市特色,开展体育服务工作。而政府组织部门也要将更多的执行职能"下放"到更小的体育事业单位即实际操作单位,而不是让其依附于政府组织部门,以免束缚其开展公共体育活动的能力。而政府体育组织部门的管理方式则可借鉴有关企业目标管理的理论。国家体育总局根据公共体育服务开展的实际情况,制定出一定时期内其所要实现的公共体育服务总目标,然后由省体育局群众体育处、市体育局群众体育工作处层层贯彻各级公共体育服务目标,而省、市体育局群众体育工作处又将公共体育服务目标分割成更小的目标,由其下属部门及工作人员根据上级制定的各层次、各等级的公共体育服务目标具体落实和实施,这样一来形成完善的公共体育服务目标体系的同时,具体的任务分布也落到了实处,而各级公共体育服务目标的完成情况也可作为考察部门工作的重要依据,完善监督、反馈系统。

(二)政府非体育组织保障

1. 政府非体育组织结构及职能

我国公共体育服务的政府非体育组织部门主要有市体育局下辖体育协会、市教育局、团市委、市妇联、市总工会等,这些组织部门共同协作以提供和管理公共体育服务。其下属部门有区(县)体育局、街道文化站、居(村)委会等,这些组织部门的工作也分别由相对应的部门或机构去落实;在其各自的职权范围内管理好体育工作,积极开展公共体育服务活动,全面做好公共体育服务工作的实施。由于它们都是政府非体育组织部门,各有其职责,因此基本上它们都是在其内部设置一到两个主抓公共体育服务工作的组织部门,组织并落实公共体育服务的具体工作。这些组织部门是公共体育服务的具体执行单位,直接面对大众,召集体育指导员,指导群众体育活动,是落实我国公共体育服务不可缺少的组织部门(如图4-2)。

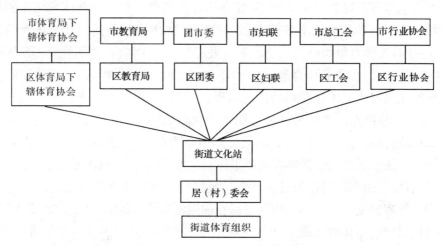

图4-2 我国政府非体育组织部门结构示意图

2. 政府非体育组织运行机制中的问题及解决措施

通过组织结构图可以得知,市体育局下辖体育协会、市教育局、团市委、市妇联、市总工会、市行业协会等在公共体育服务过程中都是相对独立、平行的小组织结构。在实施公共体育服务时,要根据其特点,保证公共体育服务的质量,相互协作,节约资源,并在组织活动中对体育活动的具体操作进行适当控制,以达到活动预期效果。因此它们可以根据将要开展的某一活动而机动组织联系起来,共同完成开展体育活动的目标,或将具体活动分派到更小的实施部门,例如街道文化站、居(村)委会、街道体育组织。在实现公共体育活动的这个过程中,由于受到各种各样自然因素、人为因素的影响,活动的原定目标与实际情况往往发生偏离,因此作为活动的管理者,必须随时随地地关注体育活动的运行情况,动态地保持管理控制的完整性、有效性,保证活动的顺利开展。根据控制过程的不同环节,我们主要采用观察控制法,并将政府非体育部门对活动的控制分为现场控制、前馈控制、反馈控制。现场控制是在活动开展过程中进行的,活动主管人员深入现场,亲自监督检查、指导和协调下属的活动。前馈控制是根据以往活动开展的经验以及未来信息,对即将开展的互动进行认真的预测,一旦发现可能影响活动的因素,采取适当的处理措施预防问题的发生。这是各组织部门在活动前就应该采取的有效控制手段。反馈控制,是在工作结束后进行的控制,它把注意力集中在工作结果上,通过工作结果进行评估,采取措施,从而矫正今后的活动。这种反馈控制不仅可以运用在具体实施部门开展活动的过程后,还可以作为政府体育组织对政府非体育组织进行评价、监督的手段。政府体育组织通过对反馈信息进行评估,评定政府非体育组织的工作成效,并予以一定的奖惩,激发其工作积极性。各类反馈信息的逐级汇总,将会成为我国政府体育组织制订发展目标的重要参考指标。因此反馈系统在政府非体育组织中的建设还有待加强,这是公共体育服务系统成立的有效保证。

二、非政府体育组织保障

体育俱乐部、体育协会都属于非政府体育组织,但由于体育俱乐部属于营利性组织,而体育协会属于非营利性的公益组织,因此二者的组织结构不同(参见图4-3、图4-4所示)。

(一) 体育协会组织保障

1. 体育协会组织结构及职能

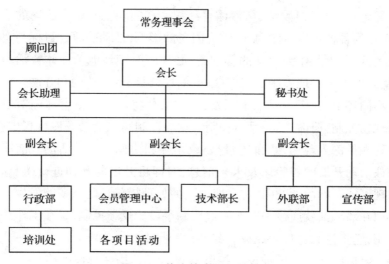

图 4-3 体育协会组织结构图

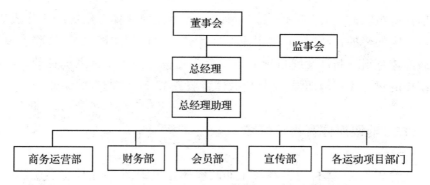

图 4-4 体育俱乐部组织结构图

体育协会是公民和法人以从事和发展体育事业为目的,自愿结成的群众性体育组织。其主要职责是:宣传和组织群众参加体育运动,团结和动员社会力量参加体育运动,推动体育事业的发展。

常务理事会具有代表协会签署重要文件,召开、主持协会部门大会,检查理事会决议的落实情况,行使人事任免权等职权。会长是协会一般事务的决策和管理者,向管理委员会汇报工作。秘书处职能是管理协会的人事档案和活动档案;联系成员举办会议,并做好会议记录;活动期间人员协调调用;将协会的最新信息传递给会员;将会员的意见和建议及时反馈至常务理事会;全权处理社团财务管理工作。副会长协助会长监管全面工作,监督协会财务,会长不在职位时,代理会长行使职能,向会长和管理委员会汇报工作。各副会长分管其下属部门,具体操作实施。培训处制订切实可行的培训计划,对体育指导人员进行培训,提高其业务能力。会员管理中心对协会会员进行统一登记、管理。技术部负责技术创新与开发。宣传部的职责为宣传本体育协会的宗旨、计划,负责活动的宣传,为活动开展创造良好的氛围,并设计海报、宣传画、横幅,从而建立良好的群众基础。外联部则负责与商家联系,为协会开展各种活动争取资金等方面的支持,此外还负责与其他协会联系,以促进良好的社团关系,提升协会知名度,负责与其他协会、单位的合作事宜。

2. 体育协会组织运行机制中的问题及解决措施

体育协会的组织结构图展示了体育协会运行的主要部门,着重展示体育协会自身的完善程度,但不能反映体育协会实体化进程。首先,由于政府对同类体育协会的登记、成立有明显的限制,因此体育协会之间缺少竞争机制,体育协会自我完善积极性低。并且我国政府对体育协会实行双重管理体制,我国非政府组织要接受登记管理机关和业务主管单位的双重管理与监督。民政部门侧重于对体育协会的登记管理,业务主管单位侧重于对体育协会的业务活动和人事管理进行指导。民政部门与业务主管单位是相互独立的两个部门,同时对非政府组织进行管理,不可避免地存在利益的冲突和观念的差异,从而造成责任不清、权力不明、互相推诿、难免矛盾的状况,阻碍体育社团的发展。其次,一部分体育社团是通过获取自上而下的资源建立和发展起来的,一个机构两个牌子,它们或者由各级体育行政机构直接创办,或者本身就从体育行政机构转变过来,或者由原体育行政官员及与体育行政关系密切的知名人士所创办,因此这些体育协会对政府的依赖性强,形成难以割舍的裙带关系和依存关系,导致体育协会应对市场化挑战能力弱,面临着政策、管理、财政等挑战。再次,社会团体发展的优惠政策和培育发展等方面缺乏相关法律法规,这使得体育行政部门过于强调监督管理,忽视体育协会的培育、资金扶持和实施优惠政策,这更不利于独立性本来就不强的体育协会的发展,阻碍协会实体化进程。

为了使体育协会健康发展,首先,应规范社团组织的运作,加强社团组织的建设:完善理事会、委员会和会员代表大会制度,加强社团工作人员的业务培训,提高其业务素质,拓展资金来源,加强自身的宣传力度。其次,要明确政府在公共体育服务中的职能、理顺政府与体育协会之间的关系,采取购买或授权方式,在实现体育行政组织简政放权的同时促进体育协会的发展。最后,创造有利于体育社团发展的外部法律法规环境,明确各类体育社团组织的法律地位,完善体育社团登记注册等制度。

(二)体育俱乐部组织保障

体育俱乐部是经政府部门核准登记,由社会自发兴办的开展体育活动、实行独立核算、自负盈亏的一种体育经营实体或体育组织。

1. 体育俱乐部的组织结构及职能

体育俱乐部主要由董事会、总经理、商务运营部、财务部、会员部、宣传部、各运动项目部等人员或部门组成。董事会拥有以下职能：①出台俱乐部的战略规划、经营目标、重大方针和管理原则；②挑选、聘任和监督经理人员，并确定给经理人员的报酬与奖惩；③协调公司与股东、管理部门与股东之间的关系；④提出利润分配方案供股东大会审议。总经理为俱乐部最高行政管理领导人，对俱乐部全局业务全面负责，主持俱乐部的日常经营、行政和业务活动，努力营造良好的发展运营环境。总经理助理则协助总经理处理俱乐部的内部事务。商务运营部根据市场发展趋势，提供体育服务，推动俱乐部的市场化运营。财务部负责收取会费，做好预算与结算工作，对各项经费进行登记和管理，保证俱乐部财政方面正常运转。会员部负责会员档案的登记、管理等。宣传部负责本俱乐部的形象宣传工作，吸引更多会员。各运动项目部门负责俱乐部项目的开发，以会员需求为主，科学安排体育锻炼活动。

2. 体育俱乐部组织运行机制中的问题及解决措施。

公共体育服务分为三类，其中准公共体育服务主要是针对社会个体和特殊群体提供，个人受益大于公众受益。因为个人的消费具有竞争性，那么体育俱乐部应该是提供这类体育服务的主要部分。但体育俱乐部这种新的社会化组织形式的发展现状令人担忧。首先，管理者缺乏先进的管理理念，一味地模仿国外的管理模式，缺乏自己的经营管理理念。因此管理者应不断提高管理及业务能力，做好市场定位，增加市场竞争优势，不能总是提供同质化的体育活动，而是要以会员的需求为本，结合本俱乐部的特色，开展满足会员需求的体育服务。其次，不能只注重会员管理部门的登记职责，还要加强其部门对会员建议的收集工作，将这些信息统计起来，传递到管理部门，建立人性化的会员管理系统，满足会员要求，提高会员的忠诚度。再次，体育俱乐部要严格接受业务主管机关和登记管理部门的监督、检查，这无形中限制了体育俱乐部的开展，因此政府部门在加强宏观调控的同时，还要给体育俱乐部自由的发展空间。最后，大多数体育俱乐部最终由于资金链的断裂而不得不宣布破产，因此在体育俱乐部引进市场竞争机制的同时，政府部门也应该予以一定的支持，例如减少税收，或在场地设施和人才培养等方面采取积极的扶持政策，以推动俱乐部尽快走上轨道。

（1）多元化的组织形式。笔者在调研中了解到，由于群众日常体育活动存在自由性、分散性，很难规定固定的时间和地点进行常规活动，政府组织管理的难度也较大，因而，社区一些活动站点很少设专职管理人员。不可否认，由于公共体育服务表现出明显的群众性、广泛性,其组织形式也应当突出多元化、灵活性的特点。构建社会化、网络化的组织框架,是公共体育服务发展的组织保障。具体实施中以政府组织引导、社区站点基础、社会体育指导员为抓手,并且加强纵横联系。

首先,政府组织主要发挥引导、监督、保障的作用,提供基础设施、活动场所,在一些重要的群体性活动中起主要作用。其他更多的事务性工作交由社会组织操办,政府组织不能过多干涉社会组织的活动,必须保持社会组织在公共体育活动中的相对独立性。

其次,社区体育站点是深入群众的网络组织的基础,和群众贴得最近,交流更多。市区内的相关部门、单位、企业可在政府统筹规划的前提下,对这些社区组织从人力、财力、物力等各方面积极引导,扶持一些以街道、居委会为单位的小型的社区体育组织。由于这些组织具有规模小、独立性强、便于运作的特点,可将有限的资金有针对性地投入,从而使更多的群众参与公共体育活动,更好地促进公共体育事业发展。另外,大力推行协会实体化改革,健全以现存的各种体育俱乐部为基础的项目协会、人群协会、行业协会的社会化的组织体系,也是完善网络化、社会化组织的有效方式。由于不同人群、不同行业具有广泛、多样的社会关系,这些联合组织更有利于加强纵向与横向的联系。

再次,社会体育指导员是发展公共体育服务的重要抓手。我国于1993年开始实行社会体育指导员技术等级制度,截至目前,平均每1.5万人拥有一名体育指导员。目前,广州市社会体育指导员平均数量在全国处于前列,1万人拥有一名体育指导员,这与广州市体育部门长期关注群众体育密不可分。但是,就目前这个数据,还是很难满足人民群众对体育健身的需求,一定程度上制约了人民群众进行体育锻炼的积极性。而且随着体育人口的增加,这一矛盾将加剧。因此,进一步加强社会体育指导员的队伍建设和管理,努力实现培训、管理、服务一条龙的战略格局,使其在群众性体育活动中更好地发挥积极作用,是一项重要的工作。① 笔者在访谈中了解到,大部分社会体育指导员来自不同领域,有教师、学生、自由职业者、退休人员、体育爱好者,他们利用业余时间,义务指导群众公共体育活动,他们易于和群众交流、沟通,是公共体育活动领域的骨干。社会体育指导员常年活跃在社区,担负起组织群众进行健身活动、传授体育健身知识和方法的责任与义务,成为公共体育服务体系不可或缺的重要环节。社会体育指导员在服务活动中,既增长了能力和水平,也增强了社会公共

---

① 肖国良.21世纪初我国群众体育的发展趋势及对策[J].广州体育学院学报,2001(1):10-13.

意识,有利于"幸福中国"建设。① 日后,应当进一步发挥社会体育指导员协会的职能,培训"一专多能"的社会体育指导员,让他们担负更多、更大的社会责任。

(2)多元化的投资方式。区分公益性与经营性公共体育服务,采取多元化的投资方式,促进公共体育服务建设。访谈中,部分省市体育局的官员指出,面对群众多元化的公共体育服务需求,政府感觉到力不从心。本课题组在广州市绿道、全民健身中心、健身路径、公园、文化广场进行多次实地调查,从中发现政府在公共体育服务方面做了大量工作。然而,笔者在采访锻炼群众时,他们对公共体育设施的种类、布置、数量、质量、开放程度等方面还是颇有微词。显然,面对多元化的体育服务需求,政府不能也无法包办一切,政府也没有这大的财力、人力和智力去满足多元化的体育服务需求。相对于政府财政投入不足,社会上存在大量资金寻找投资出路,如何引导和扶持社会资金投入公共体育服务是一项意义重大的课题。研究认为,发展公共体育服务的根本之计还在于充分发挥市场配置资源的优势,广泛动员各方力量。当然,市场介入的领域和范围应当视不同性质的体育服务而区别对待。访谈中,有专家指出,公益性体育服务应当以政府为主,经营性体育服务应当以市场为主。其中,部分经营所得上缴,纳入公共体育服务专项资金系统,做到专款专用。

对于公益性体育服务,政府应当进一步加大财政投入,可以安排部分体育彩票公益金作为引导资金,吸引社会资金,建设更多的公共体育服务设施和场地。对非经营性体育事业单位要积极引入竞争机制,面向社会提供服务。

对于经营性体育服务,应当加大市场作用的广度和深度,积极探索公共体育设施与场地建设的多种方式,支持企事业单位和个人兴办公共体育服务经营实体。这方面可以借鉴西方的委托和购买方式。首先,政府可以委托社会组织从事一定的公共体育设施建设,并给予相应的资助或补偿。政府还可以将其投资的公共体育服务设施通过竞标方式,转让给企业或个人来提高服务质量和节约资金。另外,政府可以通过购买的形式把某个公共事业服务项目交由社会组织委托办理。政府对承担建设的社会组织进行资助,资助方式主要通过服务委托和服务购买的形式进行。其次,新建场馆还可引入业主负责制,即由企业或社会组织以资本投入方式参与公共体育设施建设和赛后利用,可准予若干年的特许经营服务权,从而改变政府"包建""包养""包运营"的传统做法。还可以采取合同出租的方法,吸纳社会力量参与公共体育服务。② 当然,对新建场馆、

---

① 栾开封.《全民健身条例》试解读[J].体育文化导刊,2011(1):6-8.
② 周丽珍,刘国荣.上海市群众体育管理体制改革的创新[J].体育科研,2009(2):9-15.

第四章 公共体育服务的组织保障体系

设施、场地的建设与维护是一方面,但是,一些公共场馆还应提高开放率。笔者在调查中了解到,很多学校、企业的场馆、设施只对本单位成员开放,有些大型的体育场馆经常处于封闭状态。其实,这些场馆完全可以适度市场化运作,既能提高场馆利用率,也能增加社会效益。另外,充分利用自然环境,开发体育资源,也是弥补公共体育活动场地不足的有效途径。

(3) 多元化的活动内容。公共体育服务的目的就是提升国民身体素质水平,健康群众体魄。因此,开展多种多样的体育活动是公共体育服务的生命线,以活动激发参与者的兴趣,以活动发展特色,以活动培育品牌。开展群众性体育活动要坚持大型与小型结合,以小型为主;集中与分散结合,以分散为主;临时性与经常性结合,以经常性为主。另外,开展群众性体育活动既要重在参与,更要贵在坚持;既要形成传统,又要具有特色。① 访谈中,专家提出,群众体育活动主要包括三类:经常性体育健身活动、特色体育活动和品牌体育活动(如表4-1所示)。其中,经常性体育活动是基础,特色体育活动是传承,品牌体育活动是精神。

表4-1 多元化的活动内容

序号	类型与形式
1	经常性体育活动(如社区站点体育活动、广场体育活动、公园体育活动等)
2	特色体育活动(如民间舞龙、舞狮、龙舟等)
3	品牌体育活动(如全市体育周、社区体育月等)

经常性体育活动。经常性体育活动以社区体育站点、广场、公园为主要场所进行,本课题组成员实地考察了广州市越秀、天河、草暖等8个公园以及6个文化广场,调查结果显示,其公共体育活动以跑步、散步、踢毽子、打拳、扭秧歌、扇子舞为主,活动参与者以中老年人为主。大部分受访的锻炼者认为,公园环境相对安静,空气较好,大家愿意来公园锻炼。这种锻炼形式具有简单、灵活的特点,政府应当予以重视。

特色体育活动。特色体育活动是经过民间较长时期的发展积淀而成的,与群众生活联系紧密,易于被群众理解和发扬光大。群众喜闻乐见的、健康文明的特色体育活动不但有利于增强市民的体魄,而且有利于建立健康、科学的生活方式,有利于提高人民的生活质量。粤狮、舞龙、武术以及踢毽子等项目是广州的特色体育活动,每年的活动吸引了广大市民参与。再者,民间传统体育活动还可以进一步挖掘、创新,扩大其在国际上的影响力,可以推动旅游业的发

---

① 张发强. 贯彻"三个代表"、抓好"三个环节"、借助"三会两湖"、努力开创新世纪、新阶段群众体育工作的新局面[J]. 中国体育科技,2003(6):1-6.

展，为地方经济发展做出更大贡献。

品牌体育活动。通过打造精品体育活动，扩大社会影响，提升市民的健身意识，吸引更多的群众参与公共体育活动。例如，可以推行全市体育周、社区体育月等活动形式。体育品牌形成后，能够提升城市知名度和影响力。另外，部分城市应当致力于打造国际体育都市，品牌一旦形成，将给城市配上一张国际健康名片，给城市发展带来更多良好的机遇。

4. 案例分析——广东省公共体育服务组织管理体系研究

（1）广东省公共体育服务组织管理体系分析。根据专家访谈和问卷调查，广东省公共体育服务组织管理体系主要包括管理、供给、生产、保障四大职能（如图4-5所示）。

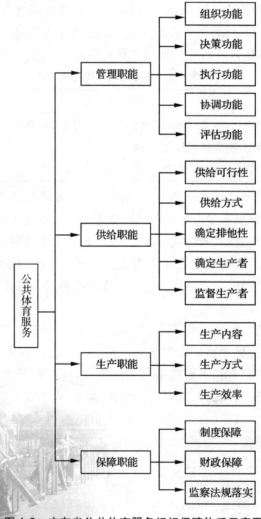

图4-5 广东省公共体育服务组织保障体系示意图

第四章　公共体育服务的组织保障体系

管理职能。管理职能反映了组织在国家和社会生活中所承担的职责与功能。通过专家访谈、问卷调查、课题组多次讨论，本课题组认为公共体育服务管理职能主要包括组织、决策、执行、协调以及评估五项职能。划分为五个相对独立的职能系统，但并不是说这五个系统彼此之间是封闭、没有联系的，而是为了从理论上描述清楚管理活动的大致过程，有助于管理工作的程序化和专业化，从而提高实际工作效率。公共体育服务的组织职能主要由两个主体去实现，这两个主体分别是社会自主管理主体和政府管理主体，前者和后者互相制衡，并形成一定的活动余地和范围，两者在运行中进行必要的补充和协调。可以预见，首先，随着服务型政府建设逐步深入，公共体育服务组织职能在很大程度上将受到社会组织的成熟程度及其对政府组织的制约程度的影响。而决策职能则要注重建立多方参与、民主科学、程序规范以及事后追责的决策机制。决策产生后，要依法执行，按章执行，组织间相互配合，建立高效低耗的执行机制。其次，对于服务权限、服务范围、服务内容的制度空白地带，部门之间、组织之间要积极协商，提出最佳方案。再次，绩效评估中，要综合考虑社会效益、发展方式、效果等综合因素，构建科学发展、社会和谐、人民受惠三方面有机结合的评估目标体系。

供给职能。公共体育服务的供给职能表现为公共体育服务相关主体进行的集体选择，它包括是否供给、供给方式、供给的优先顺序，以及确定服务生产者并对之进行监督。具体包括如下内容：①决定某项公共体育服务项目是否可行。提供某项公共体育服务前，政府和社会组织可以通过多种方式（如走访、调研、论证会、投票）了解哪些公共体育服务是大多数群众急需的，只有公众共同偏好的公共体育服务才可能进入组织的决策议程。②确定以什么样的方式供给公共体育服务。对于一定的公共体育服务项目，政府要充分听取民众意见，了解民众愿意为某公共体育服务支付费用的意向，从而决定是公共财政支付，还是社区自理，或是受惠者支付一定的比例。③确定消费排他性。不同的公共体育服务会产生相应的消费边界，一部分人群可以享受某公共体育服务，而另一些人会被排除在外。④确定公共体育服务的生产者。在确定公共体育服务的合适生产者时，政府应当坚持效率原则，从成本和效益的角度选择生产者。而且对一些具体的公共体育服务项目，可采取公开招标的方式或由专门的评估机构进行成本效益评估。⑤对公共体育服务内容的生产过程、生产结果进行监督和评估。如果生产商未能按要求履行其职责，政府可根据约定，终止委托协议，并依章追究生产者相应的责任，对厂商提供的公共体育公共产品的质量，政府应当进行评估，以保证生产者提供的服务与产品能满足公民的需求。⑥以制度约束个人的消费行为,确保公共体育设施合理、有效使用。公共体育服务与产品存在一定的消费期限,如果使用不当或者管理不力,会大大加快服务产品的损耗率,影响使用寿命。因此,需要政府制定强制性规则,限制不当的消费行为并对造成的损失追究相关责任。

生产职能。公共体育服务的生产职能,本质上是政策许可、制度优惠等无形资源选择资金、设备等有形资源,并在与之有机结合的基础上生产公共体育产品的技术过程。在传统"大政府模式"下,公共服务的生产职能和供给职能一般由政府垄断。在这种生产方式中,政府既管又办,管办一体,"越位""缺位""错位"三态并存。这种多重身份产生的弊端就是政府机构和规模日益膨胀,并且导致公共服务的高成本和低效率。西方公共体育服务发展经验表明,公共体育服务的生产者不只是政府,其他非营利性组织、社区、私营企业和个人在相应的制度安排下,也可以成为公共体育服务的生产者。问卷调查结果显示,生产职能主要包含生产内容、生产方式、生产效率三方面内容。生产内容主要包括场地、设施、健身器材等服务产品。另外,大量事实证实,部分公共体育服务如晨练站点运行、体育设施(设备)维护等服务由非政府组织承担,比由政府部门承担更有效率。访谈中,较多的专家认为,公共体育服务的提供可选择多种方式。比如:①合资生产;②协议生产;③特许经营;④消费代用券;⑤社区自治;⑥PFI(private finance initiative)模式。其中,PFI模式是西方公共服务产品生产的新模式,主要是指需要通过税收来建设、维护的社会资本,公共部门仅限于制定政策、制订计划,而在融资、建设、运营管理方面,尽量委托给民间的一种制度创新。这种模式与协议模式相比较,更进一步将公共体育服务的生产任务转移给了私人部门。

保障职能。公共体育服务保障职能主要包括四个方面的内容:①制定公共体育服务发展规划,并组织实施、检查落实。政府和社会应该根据不同时期经济和社会发展计划,修订公共体育服务发展规划,保障和推动公共体育服务事业发展。②调整公共财政支出结构和形式,提供公共体育服务发展的物质保障。公共财政是公共体育服务建设的核心,调整公共财政支出结构、增加对公共体育服务的资金投入,既是体育强国建设的重要内容,也是大力发展民生事业的重要标志。在公共体育服务发展初期,还需要政府公共财政承担更多的责任,政府可以通过补税、贴息、奖励等多种方式给予支持。③监督检查体育法律、法规和政策的贯彻落实。公共体育服务保障职能的重要方面,就是要监督检查《中华人民共和国体育法》《全民健身条例》《体育事业发展"十二五"规划》的落实情况。

第四章 公共体育服务的组织保障体系

(2) 广东省公共体育服务现状分析。广东省是我国改革开放的先行地区，是我国重要的经济中心区域，在全国经济社会发展和改革开放大局中具有突出的带动作用与举足轻重的战略地位。经过多年以效率为导向的改革与开放，广东省经济社会发展迅猛。然而，较高的经济增长率并未带来相应的国民福利的普遍提高，广东省各地区居民公共需求全面、快速增长，同公共产品短缺、基本公共服务不到位成为日益突出的阶段性矛盾，同时形成了基本公共服务均等化的巨大现实压力。广东省城乡之间、地区之间、不同社会群体之间的基本公共服务不平衡，加大了各类社会问题的复杂性。① 广东全省按地理位置划分为四个区域，分别为珠三角、东翼、西翼和粤北山区，与珠三角发达的经济相比，东翼、西翼和粤北等山区统称为欠发达地区。珠三角地区发展迅猛，财力充沛，而东西两翼与粤北山区部分县域财力基础薄弱，以致有些重要工作也难以推进实施。数据显示，2008年广东地区发展差异系数为0.746，高于全国0.58的平均水平。"最富的地方在广州，最穷的地方也在广州。"2009年，广东东西两翼与粤北山区人均GDP及人均一般预算收入仅为珠三角地区的1/4和1/6，基本公共服务人均支出不到珠三角地区的一半，与《广东省基本公共服务均等化规划纲要》提出的"到2020年实现区域间人均基本公共服务支出差距控制在20%以内"的目标有较大差距；城乡之间的基本公共服务水平差距明显，公共服务资源配置在城乡之间存在较大差距；不同群体享受的基本公共服务不均衡，外来务工人员难以充分享受基本公共服务。珠三角各市县的体育场地设施明显优于经济欠发达地区。② 笔者在调查中了解到，广东省城区居民获得公共体育服务的途径和方式明显多于乡村居民，参加公共体育活动和竞赛次数也明显多于乡村居民。近十年来，广东省也加大了公共体育服务投入和建设力度，开展的活动也越来越多。以2011年为例，广东省成功举办第十二届"体育节"系列活动，精心组织2011年广东省、广州市全民健身日启动仪式、广东省首届百街千镇乒乓球赛、广东省"体育进社区"优秀体育健身项目展演活动。据不完全统计，全省各地举办的各类活动达2300多项/次以上，参加群众达4000万人次。还成功举办广东省第二届农民运动会和第八届大学生运动会，圆满完成第九届全国民运会、第八届全国残疾人运动会和第二届全国智力运动会的组团参赛工作。积极配合绿道建设，配置体育设施器材，大力开展广东省全民健身绿道行系列活动，认真研究和探索休闲体育、旅游体育等新的健身运动模式。在群众体育

---

① 周良君.广东省体育公共服务均等化现状与路径选择[J].上海体育学院学报,2011(3):33-37.
② 林锋."幸福广东"视域下公共体育服务均等化现状与对策[J].体育成人教育学刊,2011(5):56-57.

工作中逐步完善全民健身组织网络。2011年,广东省以开展全省第四批体育先进社区(街道)评选活动工作为抓手,推动全省社区体育组织的建设。全省共有162个居委会通过验收,获得广东省第四批"体育先进社区(居委会)"的荣誉称号。协同广东省文化厅,重点加强乡镇(街)体育组织建设。吸收2个行业体育协会进入省行业体育组织,使全省行业体育组织达到23个。并且不断提高全民健身服务水平,积极组织社会体育指导员培训、健身技能展示及全民健身志愿服务等活动。广东全省社会体育指导员总人数已达到112980人。根据调研结果,本课题组的研究将从体育组织、场地设施、组织活动以及现存问题等几方面分析广东省公共体育服务现状。

体育组织。由于我国多元化的公共体育服务供给模式尚未形成,大量的公共体育事务还是由各类公共体育组织(主要是政府和各类事业单位)负责,这在体育发展相对落后的农村地区尤为突出。目前广东省县(市)一级体育行政组织可分为四类:一是设置专门的体育行政管理机构——体育局,主管体育工作;二是设置文体局,也称"文化和体育局""文化体育局"等,主管文化与体育工作;三是设置文体教局,主管文化、体育和教育工作;四是设置文化体育旅游局,主管文化、体育和旅游工作。[①] 单独设置体育行政部门的县(市)群众体育开展较好。而多机构合并的组织部门由于其人力、财力的分流,削弱了对群众体育的投入和管理力度。调查发现,许多文化、体育和教育行政部门合并的县(市)三年内未开展过县级群众体育活动。机构设置的不均衡,人为地造成了公共体育服务的较大差别。同时,调研中发现一个可喜的现象,即体育协会在公共体育服务中承担着越来越重要的任务。目前,广东经济发达地区的社会体育组织相对较多,如珠三角地区的大部分城市有较多的体育协会,在体育活动组织、推进方面发挥着重要作用。2012年对广东省62个农村县(市)体育情况调查发现,广东省8.06%的乡镇配有专职体育干事,12.91%的乡镇配有兼职体育干事,大多数乡镇不设体育专门管理人员。公共体育组织的欠缺,成为影响广东省公共体育服务工作推进的重要因素。

场地设施。广东省第五次体育场地普查数据公报:广东省人均体育场地面积1.91平方米,平均每万人拥有体育场地9.75个。改革开放以来,广东省公共体育场馆开始进入快速发展时期。和第四次全国体育场地普查数据相比,人均标准体育场地面积增加了1.12平方米,年平均增长率为12%。人均投入体育场地建设资金增加了200元,每万人拥有的标准体育场地增加了1.1个,增

---

① 周良君.广东省体育公共服务均等化现状与路径选择[J].上海体育学院学报,2011(3):33-37.

长17%。从横向比较来说,我国每万人拥有的场地数量,特别是人均占有面积,大大低于发达国家水平。体育场馆设施的不足直接导致出现向社会提供公共体育产品的供给能力较低的现实问题。近年来,在各级政府和体育主管部门的统一规划与努力下,城乡体育场地建设方面取得了较大的发展,特别是"体育三下乡"活动、"固本强基"工程和新农村建设的工程,使得农村体育场地建设方面得到了很大的改善。目前,有超过50%的行政村都至少拥有一个篮球场之类的永久或临时体育活动场所。① 但较之占60%人口的广大农村的需求而言,体育场地建设方面显得明显不足,与城市相比较仍然存在较大的差距。调查显示,在选择体育健身活动场所时,88.9%的城市居民选择公共体育场所和收费的会所及俱乐部,而农村居民只有11.2%会这样做。另外,城乡居民对公共体育设施供给满意度方面,有58%的城市居民表示满意或基本满意,而农村居民只有15.7%。从访谈调查中还发现,83.6%的专家、学者及管理者认为,公共体育设施供给不足是影响公共体育服务发展的重要原因之一。以广州市为例,目前,广州市共有体育场地设施1.8万余处,其中,健身路径2134条、篮球场2421片,及一批小型多样的健身广场、健身苑。海珠区、黄埔区、花都区、从化市、南沙区建成区域性的全民健身中心,越秀区在二沙岛建成全民健身体育公园,各区、县级市借亚运东风,大力推进全民健身设施建设,全民健身活动场地面积大幅增加,全民健身设施明显改善。但是广州市人口1308.05万人(2014年年底统计数据),人均计算体育场地设施仍有不足,且多数亚运场馆运营费用较高,无法直接提公共体育服务。虽然政府提出全市符合开放条件的学校体育场所要保持95%以上向社会开放,但是笔者在调查中发现,有些学校对外开放意识不强、观念淡薄,有些学校担心开放后存在安全隐患,学校体育场馆开放力度不够。虽然有部分学校场馆已对群众开放,但是其开放流程模糊不清,管理方式存在漏洞。此外,在调查中很多居民反映社区设施年久失修。面对居民日益多元化的公共体育服务需求,政府尽管加大了对场地设施的建设力度,但仍存在人均体育场地设施不足、场地设施维护力度不够、公共体育场馆开放率不高等问题。体育活动的空间大小决定了社区居民就近锻炼和经常锻炼的频率,也决定了他们对体育活动内容的取向。良好的公共体育场地设施是保障公民参与公共体育服务的重要条件。

"十二五"以来,广东省进一步加大公共体育服务投入和组织管理力度。2012年8月30日,广东省实施乡镇农民体育健身工程现场会在惠州市博罗县

---

① 肖建忠,郭裔.广东农村体育开展现状与发展对策[J].上海体育学院学报,2008(4):60-64.

召开。来自广州全省各地市体育局群体部门的领导和人员参加了会议。会议上,广东省体育局曾晓红副局长指出,截至2015年年底,全省1148个乡镇都将建有3000平方米以上的公共体育场地设施。同时也强调,当前农村体育仍然是薄弱环节和工作难点,特别是在经济欠发达的地区,农村公共体育场地设施建设比较滞后,农民日益增长的体育健身需求同农村公共体育场地设施严重不足的矛盾制约着农村体育事业的发展。随着广东省社会经济的全面发展,农村体育工作重点已从县(市)逐步延伸到乡镇。各级体育行政部门要高度重视,各部门要通力合作,精心组织实施,确保工程质量,同时要加强活动宣传、广泛服务群众,积极面对存在的问题、加大实施乡镇农民体育健身工程的力度,把体育场地建到农民的身边,使广大农民能够享受到基本的体育服务,完成建设体育强省、实现构建幸福广东的目标和任务。

据了解,2011年年初广东启动了《2011年广东省实施乡镇农民体育健身工程方案》,2011年省、市、县、镇四级共投入2.565742亿元,社会赞助7757.84万元,共计投入3.341526亿元,建设了150个工程,为实施乡镇农民体育健身工程打下良好的基础。2012年广东制订实施《2012年广东省乡镇农民体育健身工程实施方案》,全省规划建设乡镇农民体育健身工程315个,省级体育彩票公益金将安排5900万元扶持其中的295个工程。到2015年,全省100%的乡镇将建有3000平方米以上的公共体育场地设施,并形成一定规模的乡镇体育组织网络和体育骨干队伍。① 此外,在继续完善行政村农民体育健身工程的基础上,启动了乡镇农民体育健身工程建设,该工程还被成为省政府2011年"十件民生实事"之一。顺利完成150个工程的建设任务,其中100个项目获得省级体彩公益金2000万元的资助。投入5084万元扶持全省各地尤其是欠发达地区用于建设和维修全民健身广场(园)、体育馆、全民健身中心、综合训练馆、田径场、游泳池等公共体育场馆设施及采购全民健身器材。

组织活动。组织活动是推进公共体育服务的重要抓手,但是城乡居民参与体育活动的积极性和主动性存在很大差距。有研究指出,城区69%的居民每年最少参加一次公共体育活动,而农村只有13.8%的居民参与体育活动,这部分居民中绝大多数是经济较为发达的农村地区居民,如广州、惠州、珠海等。② 在访谈调查中笔者发现96个行政村中只有12个行政村每年有组织体育活动且都集中在珠三角地区,而粤东、粤西、粤北的农村,一年中几乎没有举行集体体

---

① 彭博.粤所有乡镇将建公共体育设施[N].南方日报,2012-08-31(A26).
② 蓝国彬.广东城乡公共体育服务现状调查及对策研究[J].湖北体育科技,2010(4):378-380.

育活动。城乡之间体育活动的组织和居民的参与意识出现如此大的差距,究其原因,与城乡间的环境、经济、文化、场地设施及资金状况等关系密切。政府应该在保持公共体育服务供给均衡的同时,注意农村体育环境、组织的培育与指导,大力提升农村经济与文化水平。

本课题组在广州市的调研中发现,广州市群众体育组织发展迅速。据统计,目前全市各类体育社团组织已超过1万个,其中市、区(县级市)体育总会13个,市属单项体育协会15个,职工、地区体育协会7000多个,街道、事业单位体育组织2000多个,其他社团组织400多个,但是大多数的社团组织都是挂靠在政府事业单位门下。在这个渐进式的改革中,社团、协会等非营利性组织的工作有名无实,其提供公共体育服务的作用不能充分发挥。虽然有一些民间组织与企业开始深入社区和乡村工作,但是在现有的体制和制度的约束下,多数都难以承担公共体育服务提供者的任务。另外,广州市社会体育指导员数量大幅提高。社会体育指导员是指导居民公共体育服务的基本保障,近几年,广州市政府从增加社会体育指导员培训、优化社会体育指导员结构两方面入手积极扩大社会体育指导元队伍。目前广州市共有社会体育指导员17064名,其人员结构主要有:群众体育工作者、体育教师、学生以及体育爱好者。尽管社会体育指导员数量有了大幅提高,但是面对广州1300多万的人口,人均社会体育指导员的数量尚不足百分之一。同时在调查中,课题组成员发现:第一,有部分社会体育指导员是在创建全国文明城市的时候临时注册,并没有真正起到指导居民锻炼的作用;第二,大部分社会体育指导员是兼职,由于工作、学习等的影响,其服务时间有限;第三,由于向居民提供指导服务具有义务性,部分社会体育指导员积极性不高。

调研中笔者了解到,广东省全民健身活动内容不断丰富。随着经济不断发展,居民对生活质量的要求不断提高,居民健身活动的内容也越来越丰富多彩。调查发现,居民进行锻炼的场地主要有:公园、社区文化站、健身训练馆、健身路径等;锻炼的形式主要有:自己锻炼、与家人一起锻炼、与朋友或同事一起锻炼、与球友一起锻炼等;锻炼的内容主要有:健身、健美、健心;锻炼的项目主要有:跑步、球类运动(以打羽毛球、乒乓球为主,踢毽子也较多)、太极拳、游泳等。同时,各种民族传统体育项目也日益成为居民追捧的锻炼方式,特别是具有广东特色的舞龙、舞狮、划龙舟等活动都越来越得到居民的喜爱。

第五章 公共体育服务的政策法规保障体系

公共体育服务源自人的公共体育需要，以满足人的公共需求为出发点和落脚点。该领域受一定的社会、经济条件制约和影响，需要政府和市场的协同与互补，尤其是需要从法律和制度层面做好顶层设计，运用政策和法律手段合理配置资源、规范社会关系。

公共体育服务体系研究作为一个崭新的课题，其理论背景可追溯到20世纪80年代兴起的"新公共管理""政府再造"以及后来由反思"新公共管理"之不足而兴起的"新公共服务"运动。实践中，公共体育服务在我国由来已久，新中国成立后党和政府一直重视公共体育服务的组织供给。从新中国成立以来的实践看，公共体育服务管理方式演变大体可以分为以下三个阶段：一是计划经济体制时期的公共体育服务。主要采取由政府全包、福利分配的供给方式，并在全国范围内局部领域初步实现了公共体育服务的低水平高度覆盖。但与此同时，由于内在激励机制缺失，其效率非常低下。二是改革开放至21世纪初的公共体育服务。一方面，随着经济水平的快速发展，公共体育服务质量有了较大提高，基本公共体育服务体系初步形成；另一方面，在供给模式上，由传统的比较单一的政府供给模式逐步走向政府主导，社会化、市场化多元化发展道路。这一时期的公共体育服务暴露出运行体制机制及区域不平衡、城乡发展不平衡等一些问题。三是进入21世纪后，特别是党的"十六大"以来，现代公共服务的理念受到了各级政府的广泛重视。各级政府开始着力探索更好地履行政府公共体育服务职能、更加有效地配置公共体育资源。尤其是在党的"十八大"后，随着党和国家治国理政方略的调整，我们更要从政府职能转变的角度，讨论

第五章 公共体育服务的政策法规保障体系

未来我国政府与公共体育服务体系之间的关系,研究政府在我国体育发展方面的公共责任,从政策和法律上体现出公共体育服务均等化、社会化的迫切要求。

一、国内外研究现状

虽然我国从清末开始就有体育法规颁行,但是我国对体育法规和政策进行系统研究的工作还是在20世纪80年代以后的事情。1995年,《中华人民共和国体育法》颁布实施,中国体育的发展有了系统的法律规范和指导,体育政策的方向性更加明确,全民健身与奥运争光的双轨并行方针得到政策法律的支持。本研究在中国期刊网分别输入"体育政策""体育法规""公共体育服务保障"等关键词,检索获得了相关文献400余篇。同时,也初步查阅了公开出版的相关图书和法律文件,现对相关研究成果综述如下:

(一)体育政策和体育法规的定义

关于体育政策,有的学者认为体育政策是党和国家在一定的历史时期内为保证体育事业按一定路线发展而制定的行为准则。① 或者是体育发展的行为准则,它规定与指导着体育的发展方向。② 也有的学者认为体育政策是党和国家在体育方面的策略、措施和办法,决定在体育领域做什么或不做什么,是解决问题、发展体育的对策。③ 还有的学者认为体育政策可以被理解为公共体育资源在社会不同群体之间的分配和公众健康利益的实现过程。④ 我们认为体育政策是党和国家配置体育资源、指导体育发展的总体策略和思路。

关于体育法规,学者通常认为体育法规是指专门调整各种体育社会关系的法规,是反映统治阶级在体育领域的意志,由国家制定并实施的调整各类主体在体育工作和活动中所形成的权利义务关系的法律规范的总称。⑤ 国内最新的研究认为体育法是专门调整体育活动中形成的体育关系,以增强人的体质、提高运动水平,最终实现人与社会的进步与发展的法律规范的总称。⑥ 需要注意的是,随着软法理念的兴起和推广,近年来关于体育政策与体育法律的关系产生了新的认识和实践。尤其是欧盟的实践具有参考性。鉴于欧盟长期以来缺

---

① 马宣建.从奥运战略到协调发展战略[J].哈尔滨体育学院学报,1990(3):5-9.
② 李益群,李静.政府与体育的公共政策研究[J].北京体育大学学报,2003(2):151-153.
③ 马宣建.北京奥运周期的中国体育政策分析[J].成都体育学院学报,2004(6):1-6.
④ 冯国有.利益博弈与公共体育政策[J].体育文化导刊,2007(7):62-64.
⑤ 国家体育总局普法办公室.体育法规知识读本[M].北京:中国法制出版社,2003:19.
⑥ 肖永平,钱静.体育法法律地位的重新审视[J].学习与实践,2014(3):93.

乏对发展体育的明确授权，只得另辟蹊径。欧盟通过开放协调方式(open method of cooperation,简称 OMC)作为沟通政府与体育行业代表之间的平台，不断发布白皮书、通讯、声明、政治方针、咨询文件、研究报告等形式的体育政策性文件，逐步影响欧盟成员国的体育法治及创新。例如，欧盟《体育白皮书》中设立的"皮埃尔·德·顾拜旦行动计划"的执行就是通过欧盟成员国之间的合作确保正常进行的。具有软法性质的体育政策为调整体育领域的法治提供了一种弹性、开放的机制。从内容上看，这种"准法律"一般不规定罚则，更多是依靠自律和鼓励对话、合作的形式。①

（二）体育决策与政策执行研究

已有研究表明，影响体育决策的主要因素是政策环境和决策组织。具体而言，影响体育决策的因素包括体育发展因素(即体育发展的现状、规律和国内外体育发展的形势等)、社会因素(即经济、政治等与体育有关的各种因素)、科学技术因素(主要指体育及体育政策本身的科学文化程度、技术水平等)。② 这里的体育发展因素和社会因素属于政策环境，科学技术因素则与决策人物和决策组织相关。

关于体育决策的步骤。学者基本上都认为体育政策的决策包括五个步骤：调研确认政策问题、确定政策目标、设计政策方案、论证政策方案、采纳和制定政策。③ 公共体育政策的决策过程是不同利益群体利益博弈与利益实现的过程。公共体育政策制定中不同利益群体博弈的失衡导致现行公共体育政策中不同程度存在着公共利益被部门利益替代、大众体育利益缺失、弱势群体利益严重受损的利益选择偏向。回归体育公共利益是完善公共体育政策的根本途径。④ 体育政策的决策过程实际上是体育政策的利益相关者通过各种手段为追求自己最大利益的实现而进行的利益博弈过程。⑤

关于体育政策执行的研究，学界给予了较多关注，主要聚焦于政策执行过程中存在着执行不畅、执行偏差、政策失真、政策规避等政策执行阻滞现象以及导致这些现象的原因。有学者选择了五项有代表性的体育政策法规进行了全国范围内的调查研究。研究结论表明，我国体育政策法规的制定与实施之间存

---

① 罗思婧.体育法的特殊——以体育法的最新发展趋势为视角[J].北京化工大学学报(社会科学版),2014(1):15-20.
② 钱景.试论体育政策的科学性[J].四川体育科学学报,1987(4):9-13.
③ 钱景.试论体育政策的科学性[J].四川体育科学学报,1987(4):9-13.
④ 冯国有.公共体育政策的利益分析与选择[J].体育学刊,2007(7):15-19.
⑤ 冯国有.公共体育政策的利益分析与选择[J].体育学刊,2007(7):15-19.

第五章 公共体育服务的政策法规保障体系

在着显著差异,上级部门制定的体育政策法规中26%没有得到执行,有53.6%的体育政策法规因各种因素而没有被完全执行,没有得到执行和没有被完全执行的体育政策法规竟占体育政策法规总量的79.6%。导致这种状况产生的主要原因是政策执行者认识不到位,重视程度不够;对上级体育政策法规理解上存在偏差;体育政策法规的执行缺乏有效的监督和约束。当然政策法规本身也存在问题,如政策法规的制定与现实状况相脱节。①

还有学者通过深入调查沈阳市的社会体育政策执行过程,指出沈阳市社会体育政策执行过程中存在着一定程度的执行不畅、效果不佳的现象,并认为导致这些状况产生的主要原因在于政策的明晰性不够、缺乏可操作性;另一方面,资金投入的不足也是影响社会体育政策执行的一个重要因素。② 相关学者对山东省和广东省社会体育政策进行比较研究后也得出了相同的结论,认为一些政策文件"原则多,可操作性少""抽象多,具体规定少",这些是导致社会体育政策执行不力的主要原因。③ 研究结果显示,目前学校体育政策在高职院校执行情况基本良好,但在政策实施过程中,仍存在高职体育没能按应有的速度均衡发展,政策贯彻不到位等问题。执行者的政策水平不足、政策本身的弹性有余刚性不足、其他政策主体的参与不够等是导致政策执行缺损的主要原因。④

(三) 我国公共体育服务政策法规保障的研究

服务型政府强调以社会公众为服务对象,以多元参与为服务形式,以合作协调为服务基础,以满足公共需求为服务导向。2011年,国家体育总局提出,要"以构建公共体育服务体系为核心,以推动政府履行公共体育服务职能为抓手,大力发展公共体育事业,不断推动群众体育事业取得新突破"。体育领域在国家公共服务体系建设背景下,逐步推进公共体育服务体系建设。近年来关于公共体育服务的政策法规保障的文章并不多,但是仍有部分涉及。

马宏俊指出,目前,我国公共体育服务体系的法律法规几乎没有,既没有法律层面的相关条款,也没有单行的法律规定,现有的法律中能找到关于政府应当提供公共体育服务的法律依据是《宪法》第21条的规定,即"国家发展体育事业,开展群众性的体育活动,增强人民体质"。而体育领域的基本法——《中华

---

① 杜宇峰.我国体育政策的制定与实施机制的研究[J].西安体育学院学报,2003(5):14-15.
② 冯火红.改革开放以来我国地方政府社会体育政策执行研究——以沈阳市为例[J].体育文化导刊,2006(11):14-17.
③ 宋杰,李丰祥.山东省社区体育政策法规及管理现状研究[J].中国体育科技,2004(5):50-52;蒙雪.全民健身十年广东省群众体育政策、法规建设情况分析[J].吉林体育学院学报,2006(3):109-110.
④ 谭震皖.高职院校学校体育政策执行情况分析[J].江苏广播电视大学学报,2007(3):82-84.

人民共和国体育法》中却没有关于体育公共服务的规定。目前,正式文件中提到体育公共服务体系建设的只有国家体育总局的《体育事业发展"十二五"规划》,其中多处对公共体育服务进行了阐述。① 虽然该观点有失偏颇,但是也反映了我国公共体育服务的政策法规保障基本情况和认识。除此之外,马宏俊还提出制约我国公共体育服务发展的障碍还有体育领域传统行政管理体制所带来的弊端,以及在公共体育服务存在着城乡差异、区域差异的背景下,政府未能贯彻基本公共服务水平均等、公平的理念。

于善旭认为,在我国公共体育服务日益得到重视和积极推进的过程中,不断加快的法治政府建设与其形成了紧密的呼应,我们有必要对通过加强法治政府建设来促进和保障公共体育服务发展的问题进行探讨。要充分认识法治政府作为公共体育服务制度安排的重大意义,进一步从满足公共体育需求和保障公共体育权利、划定政府权限和规约行政行为、协调矛盾和保证社会公平等方面,推进法治政府建设对公共体育服务的积极作为。并建议从提高法治意识和能力、融入《中华人民共和国体育法》修改内容、完善相关配套立法、建立重大事项依法决策机制、加强执法制度建设和队伍建设、实施执法监督和责任追究、扩大法律服务和权利救济、开展法治宣传与理论研究等方面提升法治政府建设中的公共体育服务质量。②

易剑东认为从宪政、法律和机构职能的层面上,提供公共体育服务是我国体育行政主管部门不容回避的职能与使命,并建议要以宪法为依据建立权威性和规范性的法规体系,特别在《中华人民共和国体育法》的修订过程中,要明确各级各类组织的公共体育服务职能和界限,并通过强有力的规范和约束手段确保公共体育服务职能的落实。要整合现有法规,提升法规层次,厘清公共体育服务中各级政府部门的法律责任,加快重大项目立法进程,把公共体育服务均等化原则和公共财政公平性原则落实在各类组织的工作体制中。③

赵芳在分析体育产业的法律规制时,分析了政府部门对体育产业的管理,同时也涉及大众体育和公共体育服务的法律保障问题。赵芳认为体育产业的治理主要通过法治实现。政府不该管的要放权,让体育市场各要素自主调节,尽可能发挥主管部门的宏观调控职能。另一方面,要通过法制形式明确体育产业主管部门的管理方式与方法,把制订计划方法、出台财政货币政策以及运用

---

① 马宏俊.政府体育公共服务体系法律规制研究[J].体育科学,2013(1):3-7.
② 于善旭.公共体育服务对法治政府建设的必然诉求[J].北京体育大学学报,2012(1):10-12.
③ 易剑东.中国体育公共服务研究[J].体育学刊,2012(2):1-10.

第五章　公共体育服务的政策法规保障体系

各种经济杠杆等管理方法全部纳入法制轨道。①

上述研究表明,自1994年我国体育领域引入市场机制后,与国家体制改革相适应,在政府职能转变的大形势下,公共体育服务的管理工作也相应改革,体育部门由"办"体育向"管"体育方向发展,我国体育界与法学界也对相关问题进行了初步的和广泛的探讨。但是明显存在深度不够,某些观点值得商榷,相关分析观点分散,缺少有力度的专项研究等问题。一些学者提出了好的设想,但未能深入研究或提供理论依据。这些问题的存在,是本课题研究的主要背景。

二、我国公共体育服务政策法规保障的现状与困境

（一）我国公共体育服务政策法规的基本现状

关于我国公共体育服务的政策法规依据和保障,无论是实务界还是理论界一直缺乏清晰、准确的统计,有学者将20世纪90年代以来我国实施的与公共体育服务相关的体育法规进行了列表分析。根据该统计,相关的法律、法规和部门规章近30个,可以说初步构成了我国公共体育服务的法律框架。

表5-1　1990年至今我国颁布的与体育公共服务相关的法律与政策②

名称	年份	颁布机构
《中华人民共和国体育法》	1995	全国人大常委会
《国家体育锻炼标准施行办法》	1990	国家体委
《学校体育工作条例》	1990	国家教委
《全民健身计划纲要》	1995	国务院
《关于深化改革加快发展县级体育事业的意见》	1996	国家体委
《关于进一步加强和改进新时期体育工作的意见》	2002	中共中央、国务院
《公共文化体育设施条例》	2003	国务院
《关于进一步加强残疾人体育工作的意见》	2007	国务院办公厅
《关于加强青少年体育增强青少年体质的意见》	2007	中共中央、国务院

---

① 赵芳.对我国体育产业立法的研究[D].北京体育大学博士研究生学位论文,2002.
② 姜熙,孙国保.全面建成小康社会视角下完善我国体育公共服务法律体系的思考[J].体育科研,2013(1):23-26.

续表

名　称	年　份	颁布机构
《全民健身条例》	2009	国务院
《关于加强城市社区体育工作的意见》	1997	国家体委、国家教委、民政部、建设部、文化部
《少年儿童体育学校管理办法》	1999	体育总局、教育部
《关于加强社区残疾人工作的意见》	2000	民政部、教育部、公安部、司法部、劳动和社会保障部、建设部、文化部、卫生部、国家体育总局、文明办、中华全国总工会、团中央、全国妇联、中残联
《中国体育彩票全民健身工程管理暂行规定》	2000	国家体育总局
《国民体质监测工作规定》	2001	国家体育总局、中华全国总工会、国家计委、教育部、科技部、国家民委、民政部、财政部、农业部、卫生部、统计局
《农村体育工作暂行规定》	2002	国家体育总局、农业部
《关于加强体育彩票公益金援建项目监督管理的意见》	2002	国家体育总局
《普通人群体育锻炼标准施行办法（试行）》	2003	国家体育总局、国家民委、财政部、农业部、卫生部、全国总工会、团中央、全国妇联
《国民体质测定标准施行办法》	2003	国家体育总局、教育部、国家民委、民政部、劳动保障部、农业部、卫生部、国家工商总局、全国总工会、团中央、全国妇联
《"雪炭工程"实施办法》	2003	国家体育总局
《关于进一步加强用于全国健身的体育彩票公益金使用管理的通知》	2004	国家体育总局
《关于进一步加强社会体育指导员工作的意见》	2005	国家体育总局
《健身气功管理办法》	2006	国家体育总局
《关于进一步加强学校体育工作切实提高学生健康素质的意见》	2006	教育部、国家体育总局
《国家学生体质健康标准》	2007	教育部、国家体育总局
《国家体育总局关于加强青少年体育增强青少年体质的实施意见》	2009	国家体育总局
《关于进一步加强职工体育工作的意见》	2010	国家体育总局、中华全国总工会
《关于发挥乡镇综合文化站的功能进一步加强农村体育工作的意见》	2010	国家体育总局、文化部、农业部

从该表中我们可以看到，与公共体育服务相关的政策要比法律法规多，部委政策比中央政策要多，体育某个领域的政策比整体发展政策多。当然，该统计仍有不完整之处，尤其是最近几年国家关于公共体育服务的政策文件相继出台，需要及时予以关注。我们将在政策法规解读部分详细介绍我国公共体育服务的相关政策法规。

（二）我国公共体育服务政策法规保障的困境

虽然我国已经初步构建了公共体育服务的法规保障体系，但是仍然很不成熟，这一体系的完整性、科学性、规范性等仍需要不断改进，尤其对一些突出的瓶颈性问题需要重点关注。比如体育领域的基本法《中华人民共和国体育法》滞后，对公共体育服务缺乏全面系统的规范调整，缺乏对公共体育服务实践的回应。体育领域关于公共体育服务的立法层次较低，与公共体育服务相关的规章和制度大多是国务院、国家体育总局或联合其他部委发布的政策文件，对义务履行不当的责任主体缺乏有效的处罚措施，缺乏刚性约束，对公共体育服务的责任主体缺乏监督。各层次的法律和政策缺乏明确的配套措施和实施计划。即使出台相关体育发展计划也缺乏长效机制。目前，除了《全民健身计划》做了更新设计，其他体育政策规划仍缺乏系统性和延续性。

我国公共体育服务体系的政策法规保障的困境，既有体制机制的原因，也有社会因素。纵观阻碍我国公共体育服务体系的政策法规保障的因素，主要集中在三个方面，即公共体育服务的理念、公共体育服务的管理体制和公共体育服务的法律体系欠缺。我国公共体育服务政策法规保障是一个系统工程，需要建立和完善相关立法，认真调查研究，科学制定，明确职责，形成联动机制；需要转换各级人民政府体育行政管理部门的角色，树立服务型政府和法治政府的理念，科学定位，正确引导，形成全社会办体育的局面；在行政执法上，加强政府各部门的配合，准确定位，严格执法，使得守法者得到保护，违法者得到处罚，创建和谐的体育环境，满足人民群众日益提高的体育需求；加强监督，公开透明，建设阳光政府，体现公平正义，无论是竞技体育还是社会体育，作为公共体育服务的一部分，都需要一个良好的社会环境，需要全社会和整个政府的共同努力。

（三）我国公共体育服务政策法规解读

1. 我国公共体育服务法律法规依据解读

我国公共体育服务的法律法规按照法律位阶来看可以从宪法、法律、行政法规和地方性法规、部门规章等方面逐级审视，以下结合相关法律法规择要做解读分析。

（1）我国公共体育服务的宪法依据和保障。我国现行《宪法》即1982年宪法在总纲和国家机构章节都列出了体育条款，规定了国家发展体育、提供公共体育服务的责任，确立了中央政府、地方政府以及民族区域自治地方自治机关管理体育事务的职责。1982年《宪法》第一章总纲第21条第2款规定：国家发展体育事业，开展群众性的体育活动，增强人民体质。第三章国家机构第三节国务院第89条规定："国务院行使下列职权：（七）领导和管理教育、科技、文化、卫生、体育和计划生育工作。"第五节地方各级人民代表大会和地方各级人民政府第107条规定："县级以上地方各级人民政府依照法律规定的权限，管理本行政区域内的经济、教育、科学、文化、卫生、体育事业、城乡建设事业和财政、民政、公安、民族事务、司法行政、监察、计划生育等行政工作，发布决定和命令，任免、培训、考核和奖惩行政工作人员。"第六节民族自治地方的自治机关第119条规定："民族自治地方的自治机关自主地管理本地方的教育、科学、文化、卫生、体育事业，保护和整理民族的文化遗产，发展和繁荣民族文化。"在1988年、1993年、1999年和2004年对宪法的四次修改中，均不涉及体育条款的改动。

从现行宪法有关体育的四个条文来看，总纲第21条关于国家发展体育事业，开展群众性体育活动，增强人民体质的规定，均为国家提供公共体育服务的责任，纳入国家各项社会事业统筹。为此，宪法规定中央政府和地方政府包括民族区域自治机关在内，均有管理体育的职责。宪法关于政府发展体育事业的明确规定，及政府机构管理体育事务的权限确定是政府提供公共体育服务的根本依据。

同时，我们有必要注意到，不同层级的国家机构在体育事务上，具有不同的职权，这也是民主集中制原则在管理体育工作中的体现。以下对这些区别略做分析。

第一，中央政府负责领导和管理全国的体育工作。这包含两层意思：首先，中央政府领导地方政府的体育工作，地方政府应服从中央政府在体育事务上的决策。其次，中央政府管理全国的体育工作。从条文意义上看，并没有限制中央政府只能管理全国性的体育工作，说明中央政府既有权管理全国性的体育工作，也有权管理地方性的体育工作，是否必要和可能视乎中央政府的决定。这与西方联邦制国家不同。联邦制国家关于中央政府与地方政府管理体育的职权，一般有较明确的划分。通常地方政府管理体育事务的权限要大于中央或联邦。当然也有例外，比如俄罗斯宪法规定，联邦与地方共同管理体育事务。

第二，地方政府管理本行政区域内的体育工作。这说明，跨区域的体育工作只能由中央政府管理，且不得授权。这是因为，宪法赋予的职权既是权力也

第五章 公共体育服务的政策法规保障体系

是义务,法定部门没有合法依据不得拒绝或推诿履行职权。至于跨区域体育工作的协调是否可以由地方政府或其体育部门之间相互联系,从宪法的角度说,在未经中央政府许可的情况下,这种协调不具备合法性依据。因为,宪法并未规定各地方政府在跨行政区域事务上得相互配合。

第三,民族自治地方的自治机关自主地管理本地方的体育事业。这里首先要注意,根据我国宪法的规定,我国实行的是民族区域自治,是区域自治,而不是民族自治。因此,民族自治地方的自治机关仅在本地方有权自主地管理体育事业,超出区域自治范围的管理行为无效,自主性也不复存在。特别需要注意的是,在民族区域自治管辖的范围内,不属于区域自治的地方,仍不享有自主管理体育事务的权力。而在一般性的行政管辖区域内,存在民族区域自治地方的,其下辖的区域自治地方,享有自主管理体育事务的权力。

另外,我国1982年《宪法》第46条第2款规定:中华人民共和国公民有受教育的权利和义务。国家培养青年、少年、儿童在品德、智力、体质等方面全面发展。显然,与其他四个体育条款相比,第46条第2款将增强体质作为公民的受教育权利之一,这使得体质工作成为教育和体育的交叉领域。从我国长期以来对体质工作的管理部门来看,教育部门主抓学生体质,体育部门主抓社会一般成员的体质。但是,随着2007年《中共中央国务院关于加强青少年体育增强青少年体质的意见》(中发〔2007〕7号)的发布落实,2009年,国家体育总局设立了青少年体育司,"统筹规划青少年体育发展,指导和推进青少年体育工作"。加强学生的体质工作也成为体育部门的重要职责。

(2)我国公共体育服务的基本法律依据。1995年颁布实施的《中华人民共和国体育法》是我国体育领域的基本法律。虽然《中华人民共和国体育法》没有明确提及公共体育服务概念,但相关的条文内容和制度设计与公共体育服务存在较大的关联性,在此,择部分条文做简要分析。

第二条规定:国家发展体育事业,开展群众性的体育活动,提高全民族身体素质。体育工作坚持以开展全民健身活动为基础,实行普及与提高相结合,促进各类体育协调发展。该条确立了国家发展体育事业的责任,是对《宪法》第21条第2款的原则延伸。公共体育服务是体育事业的主要内涵,开展群众性的体育活动是公共体育服务操作性的指导,提高全民族身体素质是公共体育服务目标性的确定。促进各类体育协调发展,为公共体育服务的均衡、协调发展提供了依据。

第三条规定:国家坚持体育为经济建设、国防建设和社会发展服务。体育事业应当纳入国民经济和社会发展计划。将体育事业纳入国民经济和社会发展计划,提升了体育在国计民生中的重要地位,也使公共体育服务得到经费保障。

第四条规定:国务院体育行政部门主管全国体育工作。国务院其他有关部门在各自的职权范围内管理体育工作。县级以上地方各级人民政府体育行政部门或者本级人民政府授权的机构主管本行政区域内的体育工作。这是落实《宪法》国家机构章节中关于国家和地方机构发展体育的规定,是政府提供公共体育服务的职能依据。

第五条规定:国家对青年、少年、儿童的体育活动给予特别保障,增进青年、少年、儿童的身心健康。这是法律对特殊人群参加体育活动的特别规定和保障。重视青年、少女、儿童的身体发育,开展青年、少年、儿童的体育活动,促进其身体素质的提高,一直是国家发展体育运动的基本内容。这一规定,赋予政府向特殊群体有倾向性地提供公共体育服务以法律依据,也符合对弱者加强保护的原则。类似的规定还有,第六条规定:国家扶持少数民族地区发展体育事业,培养少数民族体育人才。我国实行的是少数民族区域自治,这是针对少数民族群众在其聚居地区提供公共体育服务的法律依据。

第十一条规定:国家推行全民健身计划,实施体育锻炼标准,进行体质监测。国家实行社会体育指导员技术等级制度。社会体育指导员对社会体育活动进行指导。《全民健身计划》《国民体育锻炼标准测试》《国民体质监测》三项规定中,只有《全民健身计划》得到了较好的持续落实,有力地巩固了群众体育在整个公共体育服务中的基础地位。其他计划和活动在实践中并不理想,亟须通过立法和制度配套方式,使得相关活动能够长效、持续开展。社会体育指导员是公共体育服务的参与者和奉献者,也是政府提升公共体育服务水平的重要抓手和突破口,在法律上完善社会体育指导员的制度建设,将有助于公共体育服务的健康发展。

第十二条规定:地方各级人民政府应当为公民参加社会体育活动创造必要的条件,支持、扶助群众性体育活动的开展。城市应当发挥居民委员会等社区基层组织的作用,组织居民开展体育活动。农村应当发挥村民委员会、基层文化体育组织的作用,开展适合农村特点的体育活动。这是关于地方各级人民政府对开展体育活动的职责、城市体育活动和农村体育活动的规定。这就要求政府提供公共体育服务时,在场地设施建设、资金投入、科学指导、骨干培养、制度建设、宣传引导等方面提供必要的保障。

第十三条规定:国家机关、企业事业组织应当开展多种形式的体育活动,举办群众性体育竞赛。该规定明确了所有的国家机关和企业事业组织开展职工

第五章 公共体育服务的政策法规保障体系

体育活动和举办群众性体育竞赛的法定责任,是公共体育服务在特殊行业的制度供给。

第四十四条规定:县级以上各级人民政府体育行政部门对以健身、竞技等体育活动为内容的经营活动,应当按照国家有关规定加强管理和监督。体育领域既有健身活动也有经营活动,经营活动是体育发展的重要组成部分,也是公共体育服务的对象之一。公共体育服务不仅要把健身活动开展好,还要把体育经营活动促进好、规范好。

第四十五条规定:县级以上地方各级人民政府应当按照国家对城市公共体育设施用地定额指标的规定,将城市公共体育设施建设纳入城市建设规划和土地利用总体规划,合理布局,统一安排。城市在规划企业、学校、街道和居住区时,应当将体育设施纳入建设规划。乡、民族乡、镇应当随着经济发展,逐步建设和完善体育设施。这条规定为公共体育服务的场地设施的供给提供了法律依据。

第四十六条规定:公共体育设施应当向社会开放,方便群众开展体育活动,对学生、老年人、残疾人实行优惠办法,提高体育设施的利用率。任何组织和个人不得侵占、破坏公共体育设施。因特殊情况需要临时占用体育设施的,必须经体育行政部门和建设规划部门批准,并及时归还;按照城市规划改变体育场地用途的,当按照国家有关规定,先行择地新建偿还。这是关于公共体育场地开放、利用和保护的法律规定。我国人口众多,体育场地供给严重不足,公共体育设施的开放率却并不高,这与场地设施的维护成本高、安全隐患多等原因有关,也与场地设施开放的利益平衡机制有关。公共体育服务需要场地设施供给,建了场地、配了设施却不开放,建好的场地被挤占甚至被拆迁,都是对公共体育服务的伤害。这条规定禁止这类行为的发生,表明了法律立场,但是相应的惩罚措施仍然不够严厉,难以确保其贯彻实施。

(3) 我国公共体育服务的行政法规依据。在国务院行政法规中,与公共体育服务相关联的法规主要包括《全民健身条例》《反兴奋剂条例》《公共文化体育设施条例》《学校体育工作条例》《彩票管理条例》《奥林匹克标志保护条例》等。本研究仅简要介绍《全民健身条例》和《公共文化体育设施条例》中与公共体育服务相关的规定。

《全民健身条例》是国家首次对全民健身工作进行的专门规定,表现出国家在推进公共体育服务制度建设方面所取得的重大进展。《全民健身条例》是国家在推进公共体育服务中根据发展诉求做出的重要制度安排,《全民健身条例》

有关公共体育服务的各方面制度设计有力地推进了公共体育服务。①

为提高公民健身意识,使公民能从日常工作中抽出时间参加全民健身活动,《全民健身条例》主要做了以下规定:一是规定国务院制订全民健身计划,明确全民健身工作的目标、任务、措施、保障等内容;县级以上地方政府根据本地区的实际情况制订本行政区域的全民健身实施计划。国家定期开展公民体质监测和全民健身活动状况调查,并将监测结果和调查结果作为修订全民健身计划的依据。县级以上政府体育主管部门应当在本级政府任期届满时会同有关部门对全民健身计划的实施情况进行评估,并将评估结果向本级政府报告。二是要求县级以上政府及其有关部门在全民健身日加强全民健身宣传,国家机关、企业事业单位和其他组织在全民健身日组织开展全民健身活动,县级以上政府体育主管部门在全民健身日提供免费健身指导服务,公共体育设施在全民健身日向公众免费开放。三是要求国务院有关部门和地方政府定期举办群众体育比赛活动,县级政府体育主管部门在传统节日和农闲季节组织开展与农村生产劳动及文化生活相适应的全民健身活动。四是要求国家机关、企业事业单位和其他组织在本单位组织开展工间、工前操与业余健身活动;有条件的,可以举办运动会,开展体育锻炼测验与体质测定等活动。

为解决资金投入不足、健身设施缺乏等问题,保障全民健身事业的发展,《全民健身条例》主要做了以下规定:一是要求县级以上地方政府将全民健身事业纳入本级国民经济和社会发展规划,并加大对农村地区和城市社区等基层公共体育设施建设事业的投入。县级以上政府应当将全民健身工作所需经费列入本级财政预算,并随着国民经济的发展逐步增加对全民健身事业的投入;由体育主管部门分配使用的彩票公益金应当根据国家有关规定用于全民健身事业。二是要求学校在课余时间和节假日向学生开放体育设施;公办学校应当积极创造条件向公众开放体育设施,鼓励民办学校向公众开放体育设施;政府对此应当给予支持,并为向公众开放体育设施的学校办理有关责任保险。三是规定公园、绿地、广场等公共场所和居民住宅区的管理单位,应当对该公共场所和居民住宅区配置的全民健身器材明确管理和维护责任人。

具有代表性的条文比如《全民健身条例》第二十九条规定:公园、绿地等公共场所的管理单位,应当根据自身条件安排全民健身活动场地。县级以上地方人民政府体育主管部门根据实际情况免费提供健身器材。居民住宅区的设计

---

① 于善旭.论《全民健身条例》对公共体育服务的制度推进[J].天津体育学院学报,2010(4):277-281.

第五章 公共体育服务的政策法规保障体系

应当安排健身活动场地。虽然没有明确使用公共体育服务概念,但是实际上明确要求政府提供包括免费运动器材在内的公共体育服务。

《公共文化体育设施条例》是为了促进公共文化体育设施的建设,加强对公共文化体育设施的管理和保护,充分发挥公共文化体育设施的功能,繁荣文化体育事业,满足人民群众开展文化体育活动的基本需求而制定的。《公共文化体育设施条例》在物质保障和硬件设施上为公共体育服务的供给,提供了法律依据。第四条规定:国家有计划地建设公共文化体育设施。对少数民族地区、边远贫困地区和农村地区的公共文化体育设施的建设予以扶持。第五条规定:各级人民政府举办的公共文化体育设施的建设、维修、管理资金,应当列入本级人民政府基本建设投资计划和财政预算。根据该条例,公共体育场地设施的建设有了政策依据和资金来源。第十条规定:公共文化体育设施的数量、种类、规模以及布局,应当根据国民经济和社会发展水平、人口结构、环境条件以及文化体育事业发展的需要,统筹兼顾,优化配置,并符合国家关于城乡公共文化体育设施用地定额指标的规定。这为公共体育场地设施的合理布局、科学发展提供了依据。

根据《公共文化体育设施条例》,公共文化体育设施必须向公众开放,如果它们不向公众开放,没有得到使用,它们就没有存在的价值,各级人民政府或社会力量花大力气去建设它们也失去了意义。《公共文化体育设施条例》规定:"公共文化体育设施应当根据其功能、特点向公众开放,开放时间应当与当地公众的工作时间、学习时间适当错开。""公共文化体育设施的开放时间,不得少于省、自治区、直辖市规定的最低时限。国家法定节假日和学校寒暑假期间,应当适当延长开放时间。""公共文化体育设施管理单位应当向公众公示其服务内容和开放时间。公共文化体育设施因维修等原因需要暂时停止开放的,应当提前7日向公众公示。"

另外,关于公共体育服务相关的部门规章和地方性法规与规章,本研究将在后续研究中补充相关资料,以做进一步深入研究。

2. 我国公共体育服务相关政策解读

(1)中央政策与公共体育服务。近年来,中共中央和国务院在体育领域发布了一系列重要的政策规范文件,对发展公共体育服务体系具有较强的指导意义,有力地推动了公共体育服务体系的构建。

中发〔2002〕8号《中共中央国务院关于进一步加强和改进新时期体育工作的意见》是在2001年北京申奥成功以后,党和国家充分认识到体育在经济社会发展中的重要地位和作用,并鉴于新时期体育发展所面临的问题而及时出台的重要政策,为21世纪我国公共体育服务的发展注入了新的动力。该意见提出继续实施《全民健身计划纲要》。开展全民健身活动,增强人民体质,是体育工作的根本任务,是利国利民、功在当代、利在千秋的事业。体育工作一定要把提高全民族的身体素质摆在突出位置。并且创造性地提出要构建群众性的多元化体育服务体系。同时指出,构建群众性体育服务体系应该着重抓好三个环节:一是建设好群众健身场地,方便群众就地就近参加体育活动;二是健全群众体育活动组织,建立社会体育指导工作队伍和社会化的群众体育网络,完善国民体质监测系统;三是举办经常性群众体育活动,丰富群众文化生活。群众体育工作应努力做到亲民、便民、利民,并且要抓住四个重点:青少年体育以学校为重点,农村体育以乡镇为重点,城市体育以社区为重点,军队体育以连队为重点。各地区、各有关部门应各司其职,采取切实有效的措施,充分发挥学校、社区、乡镇和连队的聚集效应、辐射功能和带动作用,增加体育锻炼的吸引力和凝聚力,推动全民健身活动的普遍开展。积极探索符合时代要求的基层体育发展模式,坚持政府支持与社会兴办相结合。政府重点支持公益性体育设施建设,群众性体育组织和体育活动以社会兴办为主,鼓励、支持企事业单位或个人兴办面向大众的体育服务经营实体,积极引导群众的体育消费,大力培育体育市场,加强规范管理,逐步形成有利于体育产业发展的社会氛围。

中发〔2007〕7号《中共中央国务院关于加强青少年体育增强青少年体质的意见》号召以迎接2008年北京奥运会为契机,进一步加强青少年体育、增强青少年体质,提升青少年公共体育服务水平。该意见指出,要高度重视青少年体育工作;认真落实加强青少年体育、增强青少年体质的各项措施;加强领导,齐抓共管,形成全社会支持青少年体育工作的合力。该意见整合了政府、社会团体和企事业单位,教育、体育等部门,学校、社会、家庭的各种资源,以阳光体育运动和每天锻炼一小时为抓手,号召广泛开展群众性青少年体育活动和竞赛。

国办发〔2010〕22号《国务院办公厅关于加快发展体育产业的指导意见》是国家层面首次出台的专门指导体育产业的政策性文件,标志着我国体育产业从自然增长阶段发展到政府指导发展。该意见提出,坚持体育事业与体育产业协调发展,在加强体育公共服务、不断提高公共体育服务能力和水平的同时,不断增加体育市场供给,努力向人民群众提供健康丰富的体育产品。在具体措施上,该意见要求:①加大投融资支持力度,拓宽体育产业发展资金来源和渠道,政府可以通过安排补助资金等方式促进体育产业发展,加强对彩票公益金使用的监管,提高使用效益。②完善税费优惠政策,符合条件的体育类非营利性组织的收入,可按税法有关规定,享受企业所得税相关优惠政策。鼓励社会捐赠

第五章 公共体育服务的政策法规保障体系

体育事业,对企业、个人和其他社会力量向公益性体育事业的捐赠,符合税法有关规定的部分,可在计算企业所得税应纳税所得额时扣除。③加强公共体育设施建设和管理。各级政府要立足国情、面向社会、服务群众,合理规划和布局公共体育设施,切实加强城乡公共体育设施的建设和管理,提高设施综合利用率和运营能力,充分发挥公共体育设施在提供社会体育服务、满足群众体育需求方面的作用。认真做好政府投资建设的公共体育场馆及其配套设施的监管工作,防止闲置浪费或挪作他用。公共体育设施应当根据其功能、特点向公众开放,并在一定时间和范围内,对学生、老年人和残疾人优惠或者免费开放。对露天体育场,要创造条件免费开放;已经免费开放的,不得改为收费经营。有条件的学校体育场馆应当向社会开放,鼓励机关、企事业单位的体育设施创造条件向社会开放,实现体育资源社会共享。完善政策,健全机制,探索运营管理的新模式。多渠道投资兴建体育设施,加强中小型体育场馆和体育服务设施建设,特别要大力加强农村基础体育设施建设。大幅度增加群众性体育场所的数量,改善体育设施与服务的供给结构、质量和效率,满足群众性体育运动和健身需求。政府对用于群众健身的体育设施日常运行和维护给予经费补助,并根据其向群众开放的程度,在用水、用气、用电、用热等方面给予政策优惠。④支持和规范职业体育发展。完善职业体育的政策、制度和管理体系,严格职业体育俱乐部准入和运行监管,扶持职业体育俱乐部建设,健全职业联赛赛制,促进规范健康发展,不断提高职业体育水平。⑤加强对体育无形资产的开发与保护。加强对体育组织、体育赛事和活动名称、标志等无形资产的开发,依法保护知识产权。完善中国奥委会、中华全国体育总会、全国性单项体育协会等群众性体育组织的市场开发模式,理顺和明确各相关主体在市场开发活动中的身份及其相互关系。⑥加快体育市场法制化、规范化建设。建立、健全相关法规,完善监督管理机制,明确监管主体及其管理职能和各类市场主体的权利义务,规范体育市场主体行为,维护市场秩序,促进体育市场规范发展。加强体育经营活动的安全监管。推行体育服务质量认证制度,建立和完善体育服务规范,提高体育服务水平。开展体育行业特有的职业技能鉴定工作,提高体育服务从业人员的服务意识和专业水平。

国办发〔2012〕53号《关于进一步加强学校体育工作的若干意见》的出台,从体育课程实施、体育师资队伍建设、体育设施建设、健全学校体育风险管理体系四个方面,全面提出了落实和加强学校体育的四大重点任务。为此,国家将完善学生体质健康测试和评价制度,实施学校体育工作评估制度,实行学校体育报告公示制度。根据该意见要求,各地要把学校体育和学生体质健康水平纳入工作考核指标体系,作为教育等有关部门和学校领导干部业绩考核的重要依据,加强学校体育工作绩效评估和行政问责。对学校体育工作成绩突出的地方、部门、学校和个人进行表彰奖励。对学生体质健康水平持续三年下降的地区和学校,在教育工作评估和评优评先中实行"一票否决"。

国发〔2014〕46号《国务院关于加快发展体育产业促进体育消费的若干意见》标志着我国体育发展方式将迎来重大转变,即从行政主导向行政服务和市场推动相结合转变,从政府办体育向扶持引导社会办体育转变,从体育部门主管向多部门联动转变。这将有力地繁荣体育消费,促进体育产业,全面推动体育强国建设,带动经济社会发展。该意见开篇就提到:"发展体育事业和产业是提高中华民族身体素质和健康水平的必然要求。"明确提出"将全民健身上升为国家战略",体现国家对民生的关怀。该意见的政策"含金量高、可操作性强",提出要完善税费价格政策,对涉及体育产业的企业、组织的税收进行优惠,在若干情况下减免税、折扣税;在体育产业若干个领域的收费政策也规定了新的标准,体现了国家让利、市场得力的理念。在取消体育行政审批和政社分开、政企分开、管办分离等方面都做出了明确规定,令人眼前一亮。尤其以赛事审批为突破口。根据该意见,商业性和群众性体育赛事的活动审批将被取消,相关政策正在研究和落实过程中。在完善规划布局和土地政策方面,各地要将体育设施用地纳入城乡规划、土地利用总体规划和年度用地计划,合理安排用地需求。新建居住区和社区要按相关标准规范配套群众健身相关设施,按室内人均建筑面积不低于0.1平方米或室外人均用地不低于0.3平方米的标准执行,并与住宅区主体工程同步设计、同步施工、同步投入使用。凡老城区与已建成居住区无群众健身设施的,或现有设施没有达到规划建设指标要求的,要通过改造等多种方式予以完善。充分利用郊野公园、城市公园、公共绿地及城市空置场所等建设群众体育设施,鼓励基层社区文化体育设施共建共享。在老城区和已建成居住区中支持企业、单位利用原划拨方式取得的存量房产和建设用地兴办体育设施,符合划拨用地目录的非营利性体育设施项目可继续以划拨方式使用土地;不符合划拨用地目录的经营性体育设施项目,连续经营一年以上的可采取协议出让方式办理用地手续。各级政府要结合城镇化发展统筹规划体育设施建设,合理布点布局,重点建设一批便民利民的中小型体育场馆、公众健身活动中心、户外多功能球场、健身步道等场地设施。盘活存量资源,改造旧厂房、仓库、老旧商业设施等用于体育健身。鼓励社会力量建设小型化、多样化的活动场馆和健身设施,政府以购买服务等方式予以支持。在城市各社区建设15分钟健身圈,新建社区的体育设施覆盖率达到100%。推进实施农民体育健身工

第五章 公共体育服务的政策法规保障体系

程,在乡镇、行政村实现公共体育健身设施100%全覆盖。

(2)体育总局系统的部门政策解读。体育总局系统的部门政策既有单独发文在本系统贯彻实施的,也有与其他部委联合或共同发文,面向社会全面实施的,以下仅以较有代表性的两个政策文件做一简析。

体经字〔2013〕381号《关于加强大型体育场馆运营管理改革创新提高公共服务水平的意见》是国家体育总局联合八部委共同发布的政策文件。该意见指出,大型体育场馆是开展公共体育服务、发展体育事业的重要物质基础,对于完善城市功能、推动全民健身、服务和改善民生具有重要作用。随着我国经济社会和体育事业的不断发展,各地相继建设了一批包括大型体育场馆在内的体育设施,较好地缓解了体育需求快速增长与公共体育资源相对不足的矛盾。但大型体育场馆在赛后运营方面,仍面临各种问题,亟须采取措施予以解决。该意见就加强大型体育场馆运营管理改革创新、提高公共服务水平提出了各种思路和方案。比如创新体制机制,优化运营模式,提高运营能力,强化公共服务,突出体育功能,拓宽服务领域,完善使用功能,统筹规划布局,严格论证审批,完善功能设计,完善财政政策、税费政策、投融资政策。加强组织领导,形成工作合力,各级体育、发展改革、公安、财政、国土资源、住房和城乡建设、税务、工商、价格等部门要各司其职,密切配合,及时协商解决大型体育场馆建设与运营管理中的困难和问题,充分利用体育资源、努力提供公共体育产品和服务,有效破解大型体育场馆运营管理难题。各级体育主管部门切实加强组织领导,各地区、各有关部门要从实际出发,尽快研究制定促进大型体育场馆运营管理改革创新的具体实施方案和配套政策措施。该意见在强化公共服务方面要求认真贯彻落实国家有关体育场馆开放、服务、保障和安全监管等规定,进一步完善大型体育场馆基础安全设施建设,加强大型群众性活动安保服务管理,积极推进安保工作社会化进程,为社会提供安全优质的公共体育服务。鼓励大型体育场馆创新惠民举措,拓展服务项目,扩大公共服务范围,分时段免费或低收费向公众开放,提高使用率。

国家体育总局《体育事业"十二五"规划》指出,政府提供的公共体育服务不足,特别是在群众体育领域,体育场地设施建设、组织体系建立、科学健身指导等方面与广大人民群众的需求存在较大差距,已经成为我国在建设体育强国过程中的基础性薄弱环节。提出国家"十二五"期间更加重视社会事业发展、完善公共服务体系的战略部署,为体育事业发展提供了重要机遇和广阔空间。以建立完善符合国情、比较完整、覆盖城乡、可持续的公共体育服务体系为重点,加快完善公共体育服务体系,提高公共体育服务水平,切实提高全民族的身体素质和健康水平,促进我国群众体育发展迈上新台阶。"十二五"时期群众体育的发展目标是:全面贯彻《全民健身条例》,实施《全民健身计划(2011—2015年)》,强化公共体育服务职能,建立完善以全民健身设施建设、组织建设、活动开展、健身指导、科学评估等为主要内容的全民健身公共服务体系,切实保障广大人民群众参加体育活动的权利。加强公共体育设施规划制定与实施管理。推动制定公共体育设施建设规划,促进建设以区县为中心、街道乡镇为基础、方便社区居民日常体育锻炼的公共体育设施网络。将公共体育设施建设纳入城市建设规划和土地利用规划,落实国家对公共体育设施规划、建设用地指标的有关规定。保证公共体育设施建设经费,加大对农村以及欠发达地区的资金扶持力度。认真研究、总结推广各地体育场馆管理运营的经验,不断改革和创新模式,盘活现有资源,提高体育设施综合利用率和运营能力,充分发挥体育设施提供公共体育服务、满足群众健身需求的作用。体育行政部门切实转变职能,把工作重心放在制定发展规划、加强宏观调控、完善规章制度、提供公共服务、维护行业秩序上来。突出重点,着力解决依法治体的关键问题,抓紧制定促进公共体育服务、引导规范职业体育发展、推动体育社会组织建设、规范体育市场、体育行业作风建设等方面的法规、规章和规范性文件。认真研究基本公共体育服务内容和范围,明确政府及体育主管部门的责任,扩大公共体育服务的覆盖面,提升公共体育服务质量,推进城乡公共体育服务均等化。创新体育体制,增强体育发展的生机与活力。在强化政府公共体育服务职能的基础上,促进建立与完善政府统筹、社会协同、市场支持和群众广泛参与的体育发展格局。推进体育事业单位分类改革,鼓励社会组织参与体育社会管理和服务,实现公共体育服务提供主体和提供方式的多元化,推进非基本公共体育服务市场化。

三、我国公共体育服务政策法规保障的例证

(一) 江苏省公共体育服务体系示范区建设

为切实转变体育发展方式,努力改善体育惠民工作,不断提高公共体育服务能力和水平,进一步增强人民健康素质、增进人民福祉,国家体育总局和江苏省人民政府经协商达成了《国家体育总局江苏省人民政府建设公共体育服务体系示范区合作协议》。

根据该协议的约定,国家体育总局加大对江苏公共体育设施建设、活动开展、组织构建的指导和扶持力度,指导江苏认真实施《全民健身计划(2011—2015年)》和《江苏省全民健身实施计划(2011—2015年)》,帮助江苏制定基本

第五章 公共体育服务的政策法规保障体系

公共体育服务体系建设规划、服务标准,开展绩效评估,共同破解制约群众体育发展的难题,协同探索、科学谋划、统筹推进基本公共服务体系的新路,让体育发展成果更多、更公平地惠及全体人民。支持江苏推进大型体育场馆运营管理体制机制改革,探索政府购买公共体育服务渠道,在政策研究、模式运行、服务创新、团队打造、合作交流等方面给予业务指导。对江苏组织开展的参与面广、示范性强的群众体育活动加强政策指导。支持江苏积极探索,发展壮大社会体育指导员队伍,完善农村和社区社会体育指导员培养机制,通过政府或单位购买服务,聘用社会体育指导员承担全民健身指导服务工作,并提供政策咨询和业务指导。江苏省人民政府进一步加强基本公共体育服务体系的规划设计、标准制定、政府投入、绩效评估,加快构建特色鲜明、功能完善、城乡发展一体化的基本公共体育服务体系,推进基本公共体育服务均等化。国家体育总局支持江苏省积极拓展公共体育服务内涵,充分发挥政府、市场和社会的作用,构建多元化公共体育服务供给模式。江苏省人民政府按照国家发改委《关于印发苏南现代化建设示范区规划的通知》(发改地区〔2013〕814号)要求,将公共体育服务和体育产业发展列入苏南现代化示范区建设范畴,将完善基本公共体育服务、创建县域国家体育产业基地纳入推进计划,将人均公共体育场地面积、国民体质监测指标纳入苏南现代化示范区监测评价指标体系。制定区域体育现代化指标监测体系,在省级层面启动苏南体育现代化示范区建设,选择有条件的市、县(市、区)先行试点,努力打造体育现代化新亮点。

(二) 苏南地区公共体育服务的政策法规保障例证

苏南地区公共体育基础设施建设,善于借助各种大型体育赛事东风,做政策文章。如利用2010年第十七届江苏省运动会、第十届全国运动会召开之机,在场馆建设上有了很大改善。由于苏南地区民众普遍生活水平较高,生活方式逐渐现代化,加之,所处长江三角洲和环太湖地区,气候宜人,民间民族体育和全民健身活动开展广泛,公共体育服务的需求很大,促使政府从政策上关注公共体育服务发展。

1. 苏南地区公共体育服务政策法规保障的基本经验

第一,整合公共服务资源,发展公共体育服务。比如无锡市试行"管办分离"改革,体育、教育、文化、卫生、园林等五家单位率先进行"管办分离"试点,体育局和社会体育中心、竞技体育中心并存,体育行政部门的管理职能得到进一步优化。通过"政府主导、部门联动、社会支持、全民参与"的指导政策推动体育发展。体育、教育和财政部门联动,推动学校体育场馆设施向社会开放;体育和农业部门联动,在新农村建设和幸福村庄建设中,实行体育设施一票否决制度;

可以说在基础设施建设和活动策划供给上,交出了一份满意答卷。

第二,推动公共体育服务均等化和多元化,实现体育设施城乡一体化。比如苏州市进一步调整体育设施和场地布局,开发"体育数字地图",完善体育公园、全民健身景观带、健康步道的公共体育服务供给能力,实现城区"5分钟健身圈",提升公共体育服务提供水平。在政策和制度创新上,推出"阳光健身卡",将医保卡和健身卡相贯通,使得医保卡直接在健身房刷卡,激活了医保卡上的健康功能。

第三,完善公共体育服务体系,实现公共体育服务具体化。比如常州市在具体工作层面通过启动和落实多项"工程"全面提升公共体育服务。首先,实施体育组织网络化工程,设立体育社团引导资金。其次,实施健身活动生活化工程,采用健身活动主题日等形式。再次,实施人才培养优质化工程,比如利用大学生村干部培训,培养农村体育社会指导员。最后,落实健身指导科学化工作,建立全民健身网和全民健身电子地图,并进行国民体质测试,设立科学健身示范区等。

2. 苏南地区公共体育服务政策法规保障的启示

第一,体制机制创新少,工作方式方法变通较多。苏南地区虽然在体育现代化、公共体育服务构建等领域表现优异,但是,现有城市的政治地位和权力配置,无法启动更多的体制机制创新,只能从创新工作的方式方法上入手。

第二,重供给、轻需求,政府自上而下地推进公共体育服务供给。该地区民众较富裕,政府税收充裕,体育行政拨款充足。随着粗放式体育的发展,公共体育服务提供者已经感受到建场地、上设施的初期方式已经越来越不受欢迎,如何从公民体育需求出发提升公共体育服务这一问题已经摆上桌面。民主政治助力公共体育服务地位提升。

第三,政府主导、部门联动得到加强。这既得益于该地区的政府改革试点,也与该地区频繁的干部交流政策密切相关。以往从事体育的干部交流到其他部门,将体育的思维带到了其他部门;而其他部门的干部来到体育部门,带来了丰富的阅历和广泛的人脉,部门与部门之间的联系愈益加强,部门联动增多。

第四,体育彩票公益金的支持力度大。体育彩票的销售十分红火,体育彩票公益金的提取又反哺了该地区体育的发展。取之于民、用之于民的情形在苏南地区的公共体育服务实践中是再平常不过的。

第五,管办分离后,政府指导体育工作能力增强,宏观管理和政策立法活动增多。民间体育活动丰富多彩,体育志愿者队伍在萌芽中逐渐壮大发展。体育管理者逐渐向公共体育服务供给者转变。

第六章　公共体育服务信息保障体系

世界信息化的浪潮带动着我国公共服务的前进步伐。本章从政府层面全面了解公共体育信息服务的开展情况，从公众层面对公共体育服务信息需求程度和信息服务满意度进行调查，以期对公共体育服务信息保障体系的整体情况有较为全面的认识和把握，并在此基础上对公共体育服务信息保障体系建设进行研究，期望为获取前瞻性、时效性、创造性的研究资料提供参考和借鉴。

一、公共体育信息服务开展现状及存在问题

公共体育服务是公共服务在体育领域内的拓展，它与社会的发展和社会大众的生活紧密相连。信息资源是社会发展的产物，经过人类加工、筛选、组织和存取以后的信息集中在一起，可以满足社会大众的各种信息需求。政府通过公共体育信息服务向社会提供公共体育信息，以满足公众的体育信息需求。把握公共体育信息服务的主要特征，全面了解公共体育信息服务的开展现状并揭示其存在问题，对于公共体育服务信息保障体系建设具有重要的理论意义和实践价值。

我们在对国家体育总局、江苏省体育局、苏州市体育局、无锡市体育局、常州市体育局、张家港市体育局等部门进行走访调查的基础上，对部分地区体育行政部门公共体育信息服务的开展现状有了一定的把握和认识。我们从公共体育信息服务的主要特征、开展现状和存在问题三个方面出发，对体育行政部门在公共体育信息服务方面的供给现状进行阐述、分析和总结，通过政府的视角来看公共体育信息服务，期望对公共体育信息服务有直观、具体和全面的认识。

（一）公共体育信息服务现状

在我国政治、经济体制改革和政府职能转变的背景下，体育逐步走向了公共服务的领域，并在一系列与体育有关的宏观政策、发展战略背景下产生和

发展。

近年来,我国的公共体育取得了重要进步,围绕建设群众身边体育场地、健全群众身边体育组织、开展群众身边体育活动的"三边"工程实施成效显著,全民健身体系已经初步形成并发展。体育是社会事业的重要组成部分,是社会建设、文化建设的重要任务。为群众提供良好的公共体育服务是各级人民政府的重要职能。随着社会的发展进步,政府提供公共体育服务的职能只能加强,这既是由体育事业的公益性质决定的,也是由政府的职责和任务决定的。① 我国体育行政部门也根据国家经济社会发展规划,积极投入公共体育服务的建设。《2001—2010年体育改革与发展纲要》提出,将体育行政部门的工作重心转移到贯彻国家体育方针,研究体育事业发展规划,制定体育行业政策,加强管理和提供服务上来,并决定构建起面向大众的多元的体育服务系统。《体育事业"十一五"规划》中提出:"明确政府在发展体育事业中的基本责任,强化政府的政策规划和公共服务职能,充分调动社会各界兴办体育事业的积极性。"从这一阶段的方针政策可以看出,我国公共体育服务已经逐渐由理论研究阶段进入了实践探索阶段,但是由于认识和能力有限、经验不足等客观原因,我国公共体育服务的发展速度仍然比较缓慢,有待进一步改进并提高。

网络技术、影像传媒等信息技术的高速发展,使得社会大众对公共体育信息服务的期望值较以往有了较大的提升。互联网的普及,社交媒体的繁荣,公共体育服务体系的建立和不断完善,使得人们对公共体育服务的信息需求量与日俱增。优质高效的信息服务是建设我国公共体育服务信息保障体系的有效手段,也是整合公共体育服务信息资源、满足社会大众的公共体育服务信息需求的最佳方法和途径。近年来,党和政府高度重视我国公共体育服务信息保障体系建设。国家体育总局统一指挥,各地区体育行政部门团结协作,坚持以科学发展观为统领,深入推进公共体育服务信息保障体系建设,积极开展公共体育信息服务,从多个方面进行了尝试和努力,积累了经验的同时也取得了一定的成效。从整体的开展现状来看,我国的公共体育信息服务的开展主要包括体育信息公开、健身电子地图建设、网络信息平台搭建等方面。

2008年5月1日,《中华人民共和国政府信息公开条例》正式实施,我国政府信息公开制度初步建立起来。国家体育总局贯彻《中华人民共和国政府信息公开条例》,为了保障公民、法人和其他组织能够依法获取政府体育信息,充分发挥政府体育信息对人民群众生产、生活和经济社会活动的公共服务作用,我

---

① 樊炳有,高军.体育公共服务——内涵、目标及运行机制[M].北京:人民体育出版社,2010:39-40.

第六章 公共体育服务信息保障体系

国开始推行国家体育总局信息公开服务,向全社会公开总局体育信息。

1. 信息公开方式

信息公开方式主要分为两种,一种为国家体育局主动公开,一种为依申请公开。信息主动公开是指信息通过国家体育总局政府网、中华全国体育总会网、中国奥委会网、信息公开查阅点等公开。公民、法人和其他组织可以在国家体育总局政府网上查阅相关信息,也可以到国家体育总局政府信息公开工作办公地点查阅。依申请公开是指公民、法人或者其他组织可通过填写"政府信息公开申请表",向国家体育总局申请获取相关政府信息,"政府信息公开申请表"可以通过在线、邮寄、当面的方式递交,也可以通过受理申请机构联系电话咨询相关申请手续,受理机构为国家体育总局政府信息公开工作领导小组办公室。

2. 信息公开的范围和分类

国家体育总局向社会主动公开的信息范围主要包括机构设置、基本职能、办公地址、联系方式,体育法律、法规、规章及规范性文件,体育工作动态,信息查询,网上办公,等等。

国家体育总局信息公开主要有四种分类方法:按照信息公开机构不同可以将信息公开分为总局信息公开和直属机关信息公开;按照信息公开的主题不同可以将信息公开分为组织机构、综合政务、政策法规、全民健身、竞技体育、体育发展、体育产业、人事管理等;按照信息公开的体裁不同可以将信息公开分为决定、公告、通知、通告、通报、议案、报告、批复等;按照信息公开的组配不同可以将信息公开分为规章与文件、发展规划、资金信息、工作动态、行政许可等。

3. 信息公开的时限

国家体育总局主动公开范围的政府信息,由主办单位自该政府信息形成或者变更之日起20个工作日内予以公开。法律、行政法规对公开期限另有规定的,从其规定。

国家体育总局公开办收到的政府信息公开申请,不能当场答复的,应当自收到申请之日起15个工作日内予以答复;如需延长答复,延长答复期限不得超过15个工作日(见表6-1)

表 6-1　2010—2012 年国家体育局信息公开情况

年份	公开信息	总局政务	政策法规	全民健身	竞技体育	体育产业	体育发展	子站信息	公众咨询回复	依申请公开信息
2010	9938	1214	251	520	1289	25	142	2802	205	70
2011	14466	2665	19	253	3767	64	363	3700	180	108
2012	13274	1369	4	1420	4698	321	376	3668	—	354

＊信息数量单位均为"条"。

从 2010—2012 年国家体育局信息公开情况表可以发现，信息内容主要涉及总局政务、政策法规、全民健身、竞技体育、体育产业、体育发展等方面，子站发布信息主要来自政府机关、直属单位和省、区、市体育局。受理并答复的依申请公开信息内容主要涉及国家体育总局颁布的法规、条例，竞技体育、群众体育、体育产业，运动员、教练员、科研人员、管理人员等方面。

从整体来看，竞技体育类信息和总局政务类信息在信息公开中所占的比例相对较高，全民健身类信息等发布的数量相对较少。2010 年政府主动公开的信息量最少，2011 年政府主动公开的信息数量最多，2012 年数量略有下降。从依申请公开信息的情况来看，三年内信息数量呈现明显的上升趋势，2012 年达到最高，为 354 条，可见公众对于政府体育信息公开的需求量在不断地提升。从 2010 年到 2012 年，依申请公开的信息数量在信息公开总数中分别占 0.70%、0.74%、2.60%，所占比例呈上升趋势。这在一定程度上说明我国国家体育总局公开的信息不能满足我国国民的总体信息需求。

（二）信息公开存在的主要问题及解决措施

分析国家体育总局 2010—2012 年的信息公开年度总结报告，总结并归纳其内容，我们认为国家体育总局在信息公开方面的主要问题有以下几点：①政府信息公开的内容不够全面和及时，信息公开形式不够丰富。②部分部门和人员的政府信息主动公开的意识不强，认识上缺乏积极性，公开的信息质量不高。③政府信息公开制度建设滞后，缺乏门户网站内容保障机制、监督检查机制、奖惩机制等。

解决措施主要有：①加强国家体育总局网站的建设和管理工作。提高网站在线服务功能，加大信息发布力度，规范信息制作流程；加强网站内容保障，及时更新网站内容；以群众的信息需求为导向，提供个性化信息服务；监督与反馈相结合，建立绩效评估机制。②加强信息报送和信息员培训工作。切实发挥信息员的作用，按季通报各单位信息报送和采用情况，安排专人授课，推广先进经验，并有针对性地进行信息人员培训和考核工作，表彰先进，树立典型。③健全

第六章 公共体育服务信息保障体系

政府信息公开工作机制和制度规范。严格审查程序,完善依申请公开工作规范,确保信息公开及时、准确。加快建立政府信息公开的考核制度、社会评议制度和责任追究制度等。

1. 公共体育服务平台建设情况

公共体育服务信息平台建设以政府为依托,通过公共体育服务的纵向协作网以及各体育局的横向协作网构成纵横交错的多层次网络,实现我国公共体育服务信息资源的供给,满足全社会对公共体育服务信息的需求。从公共体育服务信息平台的整体建设来看,我国已经具备了相对完善的信息基础设施、庞大的信息网络、一定规模的信息服务市场以及独立自主的信息环境,而公共体育服务自身的信息建设方面仍然存在问题。为全面了解我国公共体育服务信息保障体系建设情况,我们以构建公共体育服务信息保障体系平台为依据,对国家体育总局、北京市体育局、上海市体育局、江苏省体育局以及部分市体育局的17个部门的公共体育服务信息平台的基本情况进行了调查研究,将信息平台建设情况进行整合,在此基础之上进行分析。

结果显示,在公共体育服务信息保障体系的平台建设方面,国家体育总局、北京市体育局、上海市体育局、江苏省体育局以及各个市体育局等17个部门在信息发布方面,均提供了信息通知或公告的平台;在信息获取方面,有15个部门提供了信息查询与检索平台,占总数的88%,其中无锡、常州、泰州、宿迁、镇江5个地级市体育局提供的检索服务更加完善,不仅有根据内容或关键字建立的一般检索平台,而且有主要根据时间、信息类型、信息范围、信息来源、作者、阅读人气等建立的高级检索平台。

在信息互动交流建设方面,有14个部门的体育局建立了以咨询访谈、建言献策、热点评议、投诉解答等为主要内容的信息互动交流平台,提供便捷的交流渠道,方便广大群众交流与沟通。在信息监督与反馈平台建设方面,大部分体育局都开通了电子信箱,特别是局长信箱服务,保证了大众反馈意见与最高管理者的无缝对接,确保社会的诉求能够更加准确、及时地反馈给领导,并且及时得到领导的直接解答。

在公共体育服务平台建设方面,仅有国家体育总局、北京市体育局、江苏省体育局、南京市体育局、连云港市体育局5个部门明确建立了以体育为中心的公共服务平台,主要包括健身资讯、全民健身、竞技体育、体育产业、体育赛事、电子地图、健身指南、体育场馆设施、体育课堂、体育用品、体育名人榜、体彩天地、健身知识、健身教练等版块。常州市体育局建立了以体育为中心的服务中心和健身爱好者平台,服务中心包括下载中心、体彩信息、便民服务,健身爱好者平台主要包括健身瑜伽、体育标准、体育场馆、体育装备、常州名人体育榜等。其余的11个部门,仅有3个部门开设了便民服务平台,提供一些体育教练、裁判、社会指导员、比赛的查询服务。

微博,即微型博客(MicroBlog)的简称,是一个用户信息分享、传播以及获取平台,用户可以通过WEB、WAP等各种客户端组建个人社区,以140字左右的文字更新信息,并实现即时分享。① 2012年9月,互联网监测研究平台DCCI互联网数据中心发布的《2012中国微博蓝皮书》显示,经过5年的培育,19岁及以上的微博用户占比达到了88.81%,微博用户总量约为3.27亿。② 调查显示,北京市体育局、上海市体育局、南京市体育局、常州市体育局还开通自己的微博,为大众提供了一个非常广阔的公共体育服务信息分享与交流平台。此外,镇江市体育局还开设了镇江论坛。论坛全称为电子公告板或者公告板服务,是互联网上的一种电子信息服务系统。它提供一块公共电子白板,每个用户都可以在上面书写,可发布信息或提出看法。③ 这种交互性极强,内容丰富而及时的互联网电子信息服务系统,可以供广大用户获得各种公共体育信息,发布公共体育服务信息,讨论和聊天等。此外,有10个部门开设了网上调查的互动平台,进行民意投票,在线征集大众的意见和建议。

调查结果发现,包括国家体育总局在内的17个部门围绕公共体育服务对公共体育服务信息平台进行了建设,传播、发布、共享、反馈公共体育服务信息,围绕体育向社会大众提供有针对性的公共服务,取得了一定的进展。但是公共体育服务平台的建设仍然没有得到足够的重视,没有达成共识并形成相对独立、完整和统一的信息平台建设模式。

2. 江苏省"10分钟体育健身圈"电子地图建设情况

2011年,江苏省政府发布了健身全民实施计划(2011—2015年)的通知,对未来五年江苏省全民健身发展提出目标任务并制定了工作保障措施。实施计划的指导思想是,深入贯彻落实科学发展观,把发展全民健身事业作为改善民生、促进社会和谐的重要内容,加快构建亲民、便民、利民的全民健身公共服务体系,切实保障公民参加体育健身活动的合法权益,不断丰富人民群众精神文化生活,努力提高人民群众身体素质、健康水平和生活质量,为建设体育强省、促进"两个率先"做出积极贡献。根据实施计划,江苏省到2015年将建成特色鲜明、覆盖城乡、功能完善、可持续发展的全民健身公共服务体系;城乡居民体

---

① Baidu 百科[EB/OL]. http://baike.baidu.com/view/1567099.htm.
② DCCI 互联网数据中心. 中国微博蓝皮书(简版)[EB/OL]. http://weibo.com/dcci,201209(4).
③ Baidu 百科[EB/OL]. http://baike.baidu.com/.

育健身意识明显增强,人民群众健康素质位居全国前列;全民健身活动、场地设施建设、群众组织网络、科学健身指导进一步加强,全民健身公共服务均等化程度显著提高。

2011年江苏省在全国率先启动了惠民体育健身工程,从全民健身的角度出发,提出建设城市社区"10分钟健身圈"。"10分钟健身圈"指在市、县(市)主城区,居民以正常速度步行10分钟左右(直线距离800米~1000米)范围内,建设便民利民的公共体育设施,同时引导城市居民参加健身组织,开展丰富多彩的群众体育活动,为广大群众提供科学健身服务。电子地图是"10分钟健身圈"便民服务的一项重要内容,它整合了"10分钟体育健身圈"范围内健身设施、健身场所、健身组织等的地址、开放时间、负责人、联系方式等信息,为市民提供在线导航。市民只需网上登录,即能查询到其周边800米~1000米范围内的健身场所、健身设施等有关信息,不出家门,便能第一时间获知在哪里有自己感兴趣的健身项目。2013年,江苏省提出完成70%城市社区"10分钟体育健身圈"建设任务,其中,全省13个省辖市已经建成网站电子地图查询系统,为百姓查询健身站点信息提供便利。

目前,江苏省13个地级市的体育设施共分为9类,分别为体育健身中心、体育场馆、学校开放场地、城市街道室内健身设施、城市街道室外健身设施、社区居委会室内健身设施、社区居委会室外健身设施、县区体质监测站点、行政村农民工程,总计32253个。具体分布如图6-1所示。其中南通市体育设施数量最多,共计3910个;镇江市体育设施数量最少,为999个。其他城市体育设施数量分布如图6-2所示。

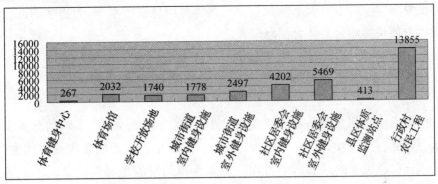

图6-1 江苏省体育设施数量统计情况

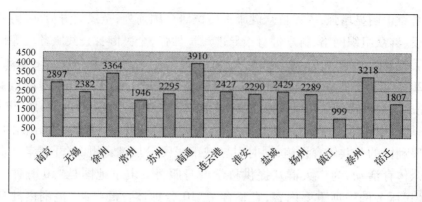

图 6-2　江苏城市体育设施数量分布情况

从江苏省各城市"10分钟体育健身圈"电子地图建设情况来看，各个城市的电子地图可检索内容有所不同，电子地图可检索健身圈范围直线距离分为100米、300米、500米、800米、1000米，检索类型为体育职能部门、综合性体育中心及场馆、街道文体中心活动室、全民健身路径、晨晚练健身点、社区（村）活动室、文体活动中心、体育健身俱乐部、体育特色团队、体育社团、国民体质监测室、学校体育场地设施等。按照《推进体育基本现代化试点工作的指导意见》和江苏省政府"到2015年建成体育强省，苏南地区积极推进体育基本现代化建设"的要求，对苏州、无锡、江阴、张家港、昆山5个首批体育基本现代化试点城市的工作进行验收。结果表明，苏州、无锡基本建成城市社区"10分钟体育健身圈"，张家港初步实现"城区5分钟、乡镇10分钟体育健身圈"。今后，江苏省各城市将继续提升城市社区"10分钟体育健身圈"的覆盖比例，完善"10分钟体育健身圈"电子地图建设，加快提升公共体育信息服务水平，为更多的社会大众提供方便快捷的公共体育信息服务。

二、公共体育信息服务信息需求分析和满意度调查

信息需求是机体的一种客观需要，明确公众的信息需求，了解信息需求的现状，掌握信息需求的规律，可以为公共体育服务信息资源的采集提供动力，为公共体育信息服务的开展指引方向。信息保障的目的是确保信息需求能够得到最大限度的满足，公共体育服务信息需求为其信息保障体系的建立提供了依据并起到了风向标的作用。

我们从公共体育信息需求和信息服务满意度两个层面对公众进行调查与研究，在信息需求层面主要对不同年龄、职业、学历人群按公共体育信息服务接

收动机、信息传播渠道需求、信息平台功能需求等的不同进行调查；在信息服务满意度方面，主要从信息表述准确性、信息内容可靠性、信息发布及时性、信息公开透明性、信息获取方式便捷性、信息反馈渠道通畅性、信息监督方式有效性和整体满意度方面对公共体育信息服务进行评测，并尝试从公众层面建立信息服务满意度评价模型，通过对公众主观感受情况的归类与分析，对目前公共体育信息服务的信息需求情况和服务效果有较为直观的认识，为公共体育服务信息保障体系建设提供参考和依据。

（一）公共体育信息服务信息需求分析

1. 公共体育信息服务接收动机分析

公众对公共体育信息服务的接收动机按照所占比例从高到低依次排列的顺序为：学习健身知识（65.8%）、了解体育资讯（49.8%）、好奇和好玩或消遣娱乐（34.9%）、查询健身路径（27.1%）、掌握场地器材情况（14.9%）、其他（3.1%）、专业研究需要（1.7%）（如图6-3所示）。其中超过半数人选择了学习健身知识，近一半人选择了解体育资讯，可见学习健身知识和了解体育资讯是社会大众接收公共体育信息服务的最主要的动机，此外，有近1/3的人出于好奇和好玩或消遣娱乐的目的接收公共体育信息服务，还有不到1/3的人为了查询健身路径。

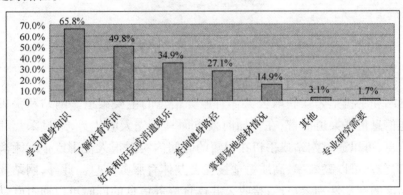

图6-3　公众接收公共体育服务的动机统计情况

2. 公共体育信息服务传播渠道需求分析

目前，公共体育信息服务的传播渠道主要有网站、手机、电视、电台、宣传栏、报刊、宣传手册等。从公共信息服务传播渠道选择情况来看，34.02%的人选择了网站信息服务，33.51%的人选择了手机信息服务，18.38%的人选择了电视、电台信息服务，9.62%的人选择了报纸、杂志、宣传册等信息服务，只有4.47%的人选择宣传栏信息服务（如图6-4所示）。可以看出，公众接收公共体育信息服务最需要的信息传播渠道为网站和手机,两者所占比例之和为 67.53%。网站信息传播和更新速度快、传播形式多样,手机获取信息既方便又快捷,可以随时随地掌握信息动态,二者在公共体育信息传播渠道中发挥着非常重要的作用。电视、电台以其简单的信息传递方式、廉价的信息服务费用,也得到了近 1/5 公众的认可。而对于报纸、杂志、宣传册、宣传栏等信息传播渠道,公众的需求态度不是很强烈。这个结果和全国市民公共体育服务信息渠道需求的调查结果有所不同。对 1995—2007 年间全国市民信息渠道的需求选择情况调查表明,同事、朋友、家庭、亲戚等个人信息渠道的优势地位被网络所取代,网络和传统大众媒介几乎处于同等重要的信息地位。①

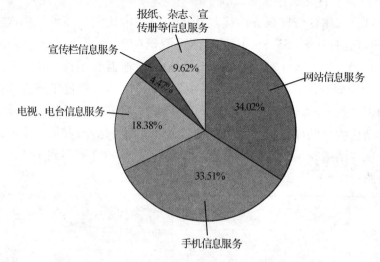

图 6-4 公共体育服务信息传播渠道选择情况

网站和手机是公众获取公共体育服务信息的主要渠道。网站和手机相对于其他信息传播渠道而言,在传播时效方面具有先天的优势,经过采集和处理后的信息,可以通过网站或手机在很短的时间内实现很大范围或很远距离的传播,使得公众可以高效率、高质量地接受公共体育服务信息。此外,网站和手机具有高度的互动性和参与性,接收公共体育服务信息的同时可以通过互动交流平台,积极参与交流和评论体育信息。通过查询检索功能,可以使得公众随时随地获取所需的公共体育服务信息,既方便又快捷。

第一,青年人倾向于通过手机、网站获取公共体育服务信息,老年人则习惯于通过传统的信息传播渠道获取公共体育服务信息。从不同年龄层次人群对信息传播渠道的选择情况来看,青年人对于电视、电台信息服务的需求比例仅为

---

① 李桂华.我国市民信息需求十三年变迁[J].情报资料工作,2008(4):102-104.

15.0%,明显低于其他三种年龄层次的人群选择比例,从老年人的选择情况来看,选择手机信息服务的比例仅为11.1%,相比其他人群选择比例最低;选择报纸、杂志、宣传册等信息服务的比例为27.8%,比选择其他三类传播渠道的总和还要多(如表6-2所示)。

青年人对于电视、电台这种信息传播渠道的需求选择比例明显低于其他三类人群。这可能是由于青年人群在学业、工作、家庭等方面所承担的压力较大,闲暇时间较少,电视、电台服务不能够使得他们在时间或空间上方便快捷地接收公共体育服务信息,所以更多的青年人选择如网站、手机等方便快捷的信息传播渠道来获取公共体育服务信息。老年人对手机信息服务的需求选择比例明显低于其他三类人群,这可能是由于老年人的手机使用率较低,或者由于其对手机部分功能的使用不是很了解,不方便通过手机获取公共体育服务信息,而通过报纸、杂志、宣传册等他们可以更加简单、方便地获取公共体育服务信息。

表6-2 不同年龄人群最需要信息渠道选择情况

年龄	最需要信息渠道选择比例				
	网站信息服务	手机信息服务	电视、电台信息服务	宣传栏信息服务	报纸、杂志、宣传册等信息服务
未满18岁	34.9%	25.6%	30.2%	2.3%	7.0%
18—44岁	34.9%	36.2%	15.0%	4.9%	8.9%
45—59岁	28.4%	27.0%	29.7%	4.1%	10.8%
60岁以上	33.3%	11.1%	27.8%	0.0%	27.8%

* $x^2 = 26.642, P = 0.009 < 0.05$,差异显著。

第二,本科生和研究生更倾向于通过网站来获取公共体育服务信息。不同学历人群对公共体育服务信息传播渠道的需求有所不同(如表6-3所示),专科、高中、初中及以下学历的人群公共体育服务信息传播渠道选择比例最高的均为手机信息服务,可见,手机是他们最需要的获取公共体育服务信息的渠道。而本科和研究生学历的人群则更倾向于通过网站信息服务来获取公共体育服务信息(研究生更高,为66.7%),高中、初中及以下学历人群更倾向于通过电视、电台服务来获取公共体育信息,选择比例分别为28.2%和26.8%。

公众受教育程度不同,对公共体育服务信息传播渠道的需求有所不同。受教育程度相对较高的人群,如研究生、本科生更倾向于通过网站获取公共体育服务信息。受教育程度相对低的人群,如高中、初中及以下学历人群更倾向于通过电视电台获取公共体育服务信息;受教育程度高的人群对公共体育服信息接受能力较高,对公共体育的认知程度较高,不仅希望通过信息传播渠道获取所需的公共体育服务信息,而且希望通过信息互动平台进行信息交流沟通,表达自己的意见和观点。在通过网站获取公共体育服务信息的同时,还可以通过互动平台进行信息沟通与交流,这在很大程度上满足了他们的信息需求和沟通需求。而高中、初中及以下学历人群,对公共体育服务的认识和信息接受能力相对而言较低,通过电视、电台的单向信息传递可以在一定程度上满足他们的信息需求。

表6-3 不同学历人群最需要信息渠道选择情况

学历	最需要信息渠道选择比例				
	网站信息服务	手机信息服务	电视、电台信息服务	宣传栏信息服务	报纸、杂志、宣传册等信息服务
初中及以下	26.8%	33.0%	26.8%	4.1%	9.3%
高中	20.4%	36.6%	28.2%	4.9%	9.9%
专科	34.8%	36.5%	14.8%	3.5%	10.4%
本科	41.5%	32.3%	11.3%	5.1%	9.7%
研究生	66.7%	18.2%	6.1%	3.0%	6.1%

注:$x^2=47.176$,$P=0.000<0.001$,差异非常显著。

第三,机关或事业单位人员对网站公共体育服务信息的需求程度最大,不同职业者对手机体育信息的需求程度大体相同。从不同职业人群对公共体育服务信息渠道的需求选择情况来看(如表6-4所示),机关或事业单位人员在对网站公共体育服务信息服务的选择比例最高,近一半的人认为网站是他们最需要的接收公共体育信息的渠道,可见其对网站公共体育服务信息传播渠道的依赖程度较大,而对电视、电台服务的选择比例最低。学生、企业单位人员和其他职业人群在最需要传播渠道选择方面,均比较倾向于网站和手机。在手机信息服务方面,四种职业的人群选择比例相近,均接近1/3,不同职业人群对于手机信息服务的需求程度大体一致。

机关或事业单位人员在接受公共体育信息服务方面对网站信息传播渠道的依赖程度最大,而对电视电台这种传播渠道的需求程度比其他三种职业都低。学生、企业单位人员和其他职业人群均比较倾向于通过网站和手机接收公共体育服务信息。网站和手机信息平台具有丰富的信息内容,信息质量高,传播速度快、效率高,信息获取方便快捷,信息服务灵活多变,较为符合各个职业人群对公共体育服务的信息的需求。所以,不同职业的人群对网站和手机这两种信息渠道的需求程度都较大。

表 6-4　不同职业人群最需要信息渠道选择情况

职业	最需要信息渠道选择比例				
	网站信息服务	手机信息服务	电视电台信息服务	宣传栏信息服务	报纸、杂志、宣传册等信息服务
学生	38.2%	33.6%	17.3%	2.7%	8.2%
机关或事业单位人员	48.6%	30.5%	9.5%	5.7%	5.7%
企业单位人员	27.3%	34.7%	21.5%	4.1%	12.4%
其他	34.0%	33.5%	18.4%	4.5%	9.6%

* $x^2 = 21.259, P = 0.047 < 0.05$，差异显著。

政府是公共体育信息服务的主要提供者，拥有大量的信息资源。在公共体育服务信息传播渠道的选择上，应该广泛了解并认真分析不同信息接受群体的特点和信息需求，加大公共体育服务信息资源的开发力度，以网站、手机等信息传播渠道为主，以电视、电台、宣传栏、报纸、杂志等信息传播渠道为辅，向社会提供所需的公共体育服务信息，最大限度地满足公众的信息需求。

(二) 公共体育信息服务信息平台功能需求分析

政府网络化建设和政府的机构改革与职能转变适时结合，可加速政府权力结构、组织机构、工作方式、服务职能等方面的深刻变革。政府网站具有强大的信息获得和控制能力，可以大大增强信息服务功能。社会各界通过网络快捷及时地获取政府信息，从而获得个性化的信息服务。因此，对政府网站信息服务功能进行分析，对于转变并发挥我国政府的职能具有积极的现实意义。[1] 公共体育服务网络信息平台主要面向社会公众，针对社会不同年龄、学历、职业等人群的不同信息需求，对网络信息平台功能进行建设和开发，可以最大限度发挥出网络信息平台的信息服务功能，提高信息服务水平。

公共体育服务网络信息平台建设以政府为依托，通过公共体育服务的纵向协作网以及各体育局的横向协作网构成纵横交错的多层次网络，实现公共体育服务信息资源的供给，满足全社会的体育信息需求。网络平台的功能主要体现在信息资讯发布、信息查询检索、信息互动交流和信息监督反馈四个方面。从公众对网络平台功能性选择情况来看，45.53%的人选择信息资讯发布功能、24.74%的人选择信息查询检索功能、23.54%的人选择信息互动交流功能、6.19%的人选择信息监督反馈功能(如图 6-5 所示)。可见，公众最需要的网络

---

[1] 卢宏. 网上政府信息服务功能透视[J]. 情报理论与实践, 2001(5): 348-350.

平台信息功能为信息资讯发布功能。

从公众对网络信息平台功能的整体需求情况来看,信息资讯发布功能为公众最需要的功能,其次为信息查询检索功能和信息互动交流功能,选择最需要信息监督反馈功能的人数最少。资讯发布和查询检索均为信息的单向流动,前者是公众被动地接收信息,后者是公众主动地接收信息。互动交流和监督反馈是信息的双向流动,公众根据政府提供的信息服务给予意见和建议,并积极参与决策。目前,公共体育信息服务还处于一个比较初级的阶段,政府对于公共体育信息服务的认识还不够深刻,有待进一步加以总结和改进;公共体育服务信息主要通过政府提供,以单向流动为主,公众对于公共体育信息服务仍处于接收的阶段,对于交流互动和参与决策的需求还不高。

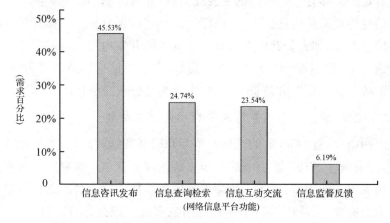

图6-5 公共体育服务网络信息平台功能需求选择情况

资源门户网站的功能核心是通过信息服务来满足访问者的信息需求,这是门户网站主要的社会功能和立足之本。实现这一目标,需要在内容的准确度、广度、深度、集成度和使用的方便程度等方面下功夫。① 政府对公共体育信息服务网络平台功能的选择与建设需要公众和相关群体的参与及支持。公共体育信息服务还处于发展的初级阶段,公众对于网络信息平台的功能性要求不高,以主动接收和被动接受公共体育服务信息为主,信息双向流动较少,这样不利于提高公共体育信息服务效率和质量,也无法为政府选择和制定相关决策提供依据。所以,政府需要重视网络信息平台的功能建设,突出网站公共体育信息服务功能,运用先进的通信技术,拓展信息服务的广度和深度,为公众提供完善、便利的公共体育信息服务,提高公众信息的交流和互动,鼓励更多的公众积

---

① 李玲,郑建程.建立"中国科学家在线"门户网站的构想[J].现代图书情报技术,2003(6):65.

第六章 公共体育服务信息保障体系

极参与进来,增强政府与公众之间的合作关系,加快政府职能转变,提高公共体育信息服务能力。

1. 老年人对信息互动交流的功能性需求明显偏低

从不同年龄层次人群对网络信息平台功能的选择情况来看,老年人对信息资讯发布功能的需求选择比例最高,超过半数(55.6%)的老年人认为信息资讯发布是他们最需要的网络平台功能,他们对信息互动交流功能的选择比例最低,仅为11.1%;未成年人信息互动交流功能的选择比例较高,为34.9%;青年人对信息查询检索和信息互动交流的功能需求程度相近(如表6-5所示)。

四个年龄阶段的人群对信息资讯发布功能的选择比例均最高,与整体选择情况相同。在信息互动交流功能需求方面,老年人的选择比例要明显低于其他三个年龄阶段的人群。Freudenthal(2001)的研究结果表明老年人在完成导航和信息检索任务时移动速度、空间能力、空间记忆、工作记忆能力以及推理速度要比年轻人差。[1] 笔者认为可能由于老年人对网络平台功能的使用方法不了解,或者因为网络平台操作复杂等原因,老年人对于信息互动交流功能使用不多,需求程度较年轻人低,老年人主要通过网站信息资讯发布被动接受网络平台提供的公共体育服务信息。

表6-5 不同年龄人群最需要网络平台功能选择情况

年龄	最需要功能选择比例			
	信息资讯发布	信息查询检索	信息互动交流	信息监督反馈
未满18岁	37.2%	20.9%	34.9%	7.0%
18—44岁	46.8%	23.9%	23.5%	5.8%
45—59岁	40.5%	31.1%	20.3%	8.1%
60岁以上	55.6%	27.8%	11.1%	5.6%

注:$x^2 = 7.706, P = 0.046 < 0.05$,差异显著。

2. 研究生对信息资讯发布功能的选择比例最高

从不同学历人群对网络平台功能选择情况来看,高中及以上学历人群最需要的网络平台功能均为信息资讯发布,其中研究生的选择比例最高,为66.7%(如表6-6所示)。可见,信息资讯发布功能是他们最需要的网络平台功能。其他信息功能的选择情况与整体情况类似,信息监督反馈功能的选择比例均不高。

总体来看,高中及以上学历的四种人群对于功能选择的比例从高到低依次

---

[1] Freudenthal D. Age differences in the performance of Information retheval tasks[J]. Behaviour & Information Technology,2001(1):9 – 22.

为信息资讯发布、信息查询检索、信息互动交流、信息监督反馈,这与整体的选择情况相同。由于公共体育服务信息保障体系建设还处于初级阶段,信息服务水平和能力仍需进一步提升,公众对公共体育信息服务还是以单向接收为主。

表 6-6　不同学历人群最需要网络平台功能选择情况

学历	最需要功能选择比例			
	信息资讯发布	信息查询检索	信息互动交流	信息监督反馈
初中及以下	34.0%	19.6%	36.1%	10.3%
高中	46.5%	23.2%	22.5%	7.7%
专科	37.4%	29.6%	27.8%	5.2%
本科	51.8%	26.2%	18.5%	3.6%
研究生	66.7%	21.2%	6.1%	6.1%

* $x^2 = 31.403, P = 0.002 < 0.05$,差异显著。

3. 不同职业人群网络平台功能的需求比例差异不大

从不同职业人群对网络平台的需求选择情况来看,不同职业人群均认为信息资讯发布是他们最需要的网络平台功能,对该功能的选择比例均接近 50%(如表 6-7 所示)。目前,他们对信息资讯发布功能的依赖程度较大,而对其他网络平台功能的选择比例较低,对信息监督反馈功能的选择比例最低。除"其他"类职业人群对信息互动交流功能的需求程度高于对信息查询检索功能的需求外,其他三类人群的选择比例均与整体情况相类似。

不同职业人群的网络平台功能需求选择情况与整体情况相类似,还处于单向接收公共体育服务信息阶段,信息服务的互动和参与程度均不是很高。

表 6-7　不同职业人群最需要网络平台功能选择情况

职业	最需要功能选择比例			
	信息资讯发布	信息查询检索	信息互动交流	信息监督反馈
学生	42.7%	26.4%	26.4%	4.5%
机关或事业单位人员	47.6%	30.5%	17.1%	4.8%
企业单位人员	45.1%	25.2%	23.6%	6.1%
其他	47.1%	17.4%	26.4%	9.1%

* $x^2 = 9.676, P = 0.377 > 0.05$,差异不显著,不具有统计学意义。

(三)公共体育信息服务信息需求满足程度分析

单因素方差分析(one-way ANOVA),用于完全随机设计的多个样本均数间的比较,统计推断各样本所代表的各总体均数是否相等。本研究通过单因素方差分析,发现不同年龄、学历、职业人群在信息需求满足程度上均存在一定的差异。发现并总结出不同年龄、学历、职业人群在信息需求满足程度上的差异,从而有针对性地为不同人群提供公共体育信息服务,可以提高服务效率,减少资源浪费。

1. 未成年人信息需求满足程度较高,其他年龄段人群信息需求满足程度一般

通过单因素方差分析,我们发现不同年龄人群在信息需求满足程度上存在差异。对不同年龄人群和信息整体需求程度的单因素方差分析结果显示,$F = 6.781$,$P = 0.000 < 0.001$,可见,不同年龄人群在信息需求整体满足度上的差异非常显著。各组间样本间均数如图6-6所示。通过折线图,我们可以看出,未满18岁人群的信息需求整体满足度最高,18—44岁人群的信息需求整体满足程度排第二,45—59岁人群和60岁以上的人群满足程度比较接近。采用LSD法对不同人群的信息整体需求程度进行两两比较,发现未满18岁人群和其他三组人群的显著性P值均小于0.05,差异显著;而其他三种人群两两比较的P值均大于0.05,差异不显著。

从不同年龄段人群的信息需求满足程度来看,未成年人对公共体育服务信息需求的满足度明显高于其他年龄阶段人群,这可能是由于未成年人对公共体育服务的认识不深,要求不高,需求较容易得到满足。而其他年龄段人群的需求满足程度大多在比较满足的水平,这可能是由于公共体育信息服务还处于发展的初级阶段,信息服务能力和水平还不高,信息服务的供给只能基本满足公众的信息需求。

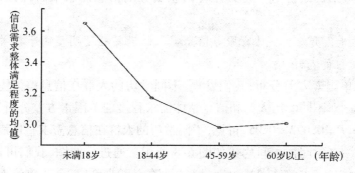

图6-6 不同年龄人群信息需求满足度的均值

2. 学历越高的人群信息需求满足程度越低(研究生除外)

通过单因素方差分析,我们发现不同学历人群在信息整体需求程度上存在差异。对不同学历人群和信息整体需求程度的单因素方差分析结果显示,$F =$

5.260，$P=0.000<0.05$，可见，不同学历的人群在信息需求整体满足度上的差异非常显著。各组间样本间均数如图6-7所示。通过折线图，我们可以看出，初中及以下学历人群的信息需求整体满足度最高，研究生其次，本科最低，高中和专科人群相近。采用LSD法对不同学历人群的信息整体需求程度进行两两比较，发现初中及以下学历人群和高中、专科、本科人群的显著性P值均小于0.05，差异显著；其他人群两两比较的P值均大于0.05，差异不显著。

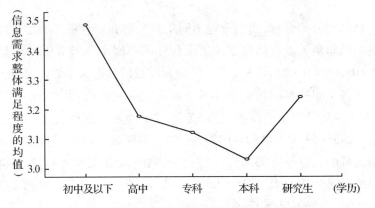

图6-7 不同学历人群信息需求满足程度的均值

不同学历人群的信息需求满足程度存在一定差异，初中及以下学历的人群对公共体育服务信息需求的满足程度明显高于高中、专科和本科学历的人群。有研究和我们得到的结论相类似，从不同学历人群对于公共服务的满足感而言，学历高的人满足程度反而更低，其中79.6%的具有初中及以下学历的被调查者对公共服务表示满足。[①] 我们分析，可能是认识和观念上的局限性，使得初中及以下学历的人群对公共体育信息服务的信息需求不高，需求较易得到满足。

3. 学生人群对公共体育服务信息需求的满足程度明显高于机关或事业单位、企业单位的人群

通过单因素方差分析，我们发现，不同学历的人群在信息整体需求程度上存在差异。对不同学历人群和信息整体需求程度的单因素方差分析结果显示，$F=3.246$，$P=0.022<0.05$，可见，不同学历的人群在信息需求整体满足度上的差异显著。各组间样本间均数如图6-8所示。通过折线图，我们可以看出，学生人群的信息需求整体满足程度最高，机关或事业单位、企业单位人员信息需求满足程度低，其他职业人群的信息需求程度较高。采用LSD法对不同职业人

---

① 宋晓梅,杜鹃.北京公共服务需求缺口分析[J].前线,2011(9):39-40.

群的信息整体需求程度进行两两比较,发现学生人群和机关或事业单位人员、企业单位人员的显著性 P 值均小于 0.05,差异显著,其他人群两两比较的 P 值均大于 0.05,差异不显著。

从不同职业人群的信息需求满足程度情况来看,学生人群对公共体育服务信息需求的满足程度明显高于机关或事业单位、企业单位的人群。这可能是由于学校在教育过程中,体育教育给予了他们足够的时间和空间来获取体育信息,教师给予了他们一定的指导和帮助,在一定程度上可以满足他们对公共体育服务的信息需求,而机关或事业单位人员、企业单位人员工作压力大,空闲时间少,在公共体育信息获取方面缺乏指导和帮助,这使得其公共体育信息的需求无法较好地满足。

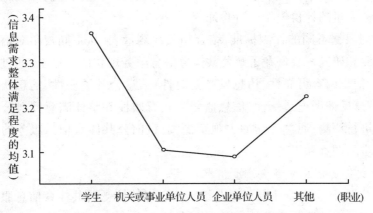

图 6-8 不同职业人群信息需求满足程度的均值

(四) 公共体育信息服务满意度调查分析

用户满意度(customer satisfaction index,简称 CSI),又叫用户满意指数,最早是由设在美国密歇根大学商学院的国家质量研究中心和美国质量协会共同发起并提出的一个经济类指数。用户满意度是指用户对企业以及企业产品或服务的满意程度。[①] 公共体育信息用户对其服务的满意度调查,可以客观反映公共体育信息服务的开展情况,对信息服务质量的改进与提高具有推动和促进作用。

目前学者对信息服务的满意度调查很多,例如美国学者 Ives 等人用五个属性来测量用户对信息服务的满意度,分别为准确性、精确性、相关性、详细性和恰当性。这几个属性反映信息正确和真实程度以及确切程度、用户信息与用户

---

① 顾丽梅.英、美、新加坡公共服务模式比较研究——理论、模式及其变迁[J].成都体育学院学报,2008(5):107.

兴趣的一致性程度等。① 寿志勤、葛东侠、许君等人通过丰富度、有效性、完整性、完备性、一体化、便捷性、流畅性、人性化等维度评价政府门户网站"在线办事"服务功能与内容,并通过舒适性、易读性、易用性的维度评价信息平台展示性能。② Parasuraman,Zeithaml 和 Berry 提出的 servqual 评价模型(服务质量评价模型),采用差异比较分析方法,面向用户主观意识进行服务质量评估。servqual 量表由有形性、可靠性、响应性、保证性、移情性 5 个维度以及 22 项评测指标组成。③ 焦玉英、雷雪利用 servqual 评价模型,将信息内容的时效性、可靠性,信息表述的准确性,影像信息的清晰性作为评价信息内容质量的评测指标;将获得帮助的简易性,用户意见反馈的及时性,用户之间交流的便利性作为评价用户帮助支持变量的评测指标等。提出了假设,并通过用户满意度调查对网络信息服务质量的评价模型进行验证。④

学者们根据不同的评测标准,结合相关评测量表,从不同视角对信息服务进行了评测和研究。我们在了解公共体育信息服务现状的基础上,通过信息表述准确性、信息内容可靠性、信息发布及时性、信息公开透明性、信息获取方式便捷性、信息反馈渠道通畅性、信息监督方式有效性和整体满意度对公共体育信息服务进行评测,通过受众的主观感受,对目前公共体育信息服务的开展现状进行初步的调查和了解。

1. 公共体育信息服务满意度情况

整体看来,社会公众主要通过非纸质信息媒体接受公共体育信息服务。通过非纸质信息媒体接收公共体育信息服务的公众是通过纸质信息媒体接收公共体育信息服务公众人数的 3 倍多,如图 6-9 所示。从社会公众对公共体育信息服务的整体满意程度来看,多数公众对于公共体育信息服务还是较为满意的,其中认为一般满意的公众占总数的 45.36%,认为比较满意的公众占总数的 35.54%,认为非常满意的公众占总数的 10.82%,只有 7.39% 的公众对公共体育信息服务持不太满意的态度,持不满意态度的公众不到总数的 2%,如图 6-10 所示。这说明,公共体育信息服务的质量已经得到了社会的普遍认可。

---

① Ives B.,Olson M. H.,Baroudi J. J. The measurement of user information satisfaction[J]. Communieation of the ACM,2004(10):755-793.

② 寿志勤,葛东侠,许君,等. 政府门户网站"在线办事"绩效评估指标体系构造研[J]. 情报杂志,2012(3):101-107.

③ Parasuraman A.,Zeithaml V. A.,Berry L. L. Servqual:a multiple-item scale for measuting consumer perception of service quality[J]. Journal of Retailing,1988(1):12-40.

④ 焦玉英,雷雪. 基于用户满意度的网络信息服务质量评价模型及调查分析[J]. 图书情报工作,2008(2):81-84.

第六章 公共体育服务信息保障体系

从公众对公共体育信息服务满意度的选择情况来看,根据表6-8的数据中满意率合计(即"非常满意"和"比较满意"以及"一般满意"所占比例之和)可以看出,公众对目前公共体育信息服务的满意率都达到了75%以上,说明公众对目前公共体育信息服务的所提供的信息内容及质量、信息的发布、信息获取方式、信息反馈渠道、信息监督等方面还是比较认可的。根据比较满意率(即"非常满意"和"比较满意"所占比例之和)可以看出,公众满意程度较高的为信息表述准确、信息内容可靠和信息发布及时,三项比较满意率合计均超过了90%,其次为信息公开透明、信息获取便捷,三者的比较满意率合计均超过了85%。相比较而言,公众对信息服务的反馈渠道和信息监督方式的满意程度稍低一些。我们认为,公共体育服务信息保障体系建设处于初级阶段,公共体育信息服务也处于不断发展和建设的过程中,一方面,可能是由于政府对信息服务反馈渠道和信息服务的监督方式的认识还不深,建设相对滞后一些;另一方面,可能是由于公众对于公共体育信息服务的了解还不多,对信息反馈和信息监督等方面的服务的认识还不够全面,评价相对片面了一些。

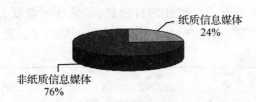

图 6-9 公共体育服务信息媒体接受情况

注:纸质型信息媒体指以纸张作为载体材料的信息媒体,包括图书、期刊、报纸和特种文献等。非纸质型信息媒体指以光电磁化材料为载体的信息媒体,包括缩微型、视听型、机读型、光盘型、其他电子型信息媒体等。

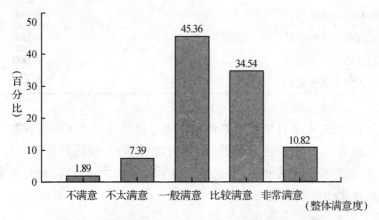

图 6-10 公共体育信息服务公众整体满意度情况

表6-8 公共体育信息服务公众满意度情况

	满意度选择比例						
	非常满意	比较满意	比较满意率合计	一般满意	满意率合计	不太满意	不满意
信息表述准确	13.4%	43.6%	57.0%	39.5%	96.5%	2.8%	0.7%
信息内容可靠	11.3%	40.4%	51.7%	42.3%	94.0%	5.7%	0.3%
信息发布及时	13.7%	35.2%	48.9%	42.3%	91.2%	7.6%	1.2%
信息公开透明	10.5%	31.3%	41.8%	44.8%	86.6%	10.8%	2.6%
信息获取便捷	13.6%	32.8%	46.4%	42.4%	88.8%	8.9%	2.3%
反馈渠道通畅	9.8%	32.5%	42.3%	39.0%	81.3%	15.3%	3.4%
监督方式有效	10.1%	28.0%	38.1%	40.7%	78.8%	17.4%	3.8%

2. 自变量和整体满意度的相关性分析

相关分析是研究变量间密切程度的方法。我们以信息表述准确性、信息内容可靠性、信息发布及时性、信息公开透明性、信息获取方式便捷性、信息反馈渠道通畅性、信息监督方式有效性为自变量,以整体满意度为因变量对本研究中涉及的八个变量进行双侧Pearson相关分析,汇总结果如表6-9所示。

表6-9 相关分析

变量	整体满意度	
	Pearson 系数	P 值
信息表述准确性	0.617**	0.000
信息内容可靠性	0.641**	0.000
信息发布及时性	0.688**	0.000
信息公开透明性	0.719**	0.000
信息获取方式便捷性	0.730**	0.000
信息反馈渠道通畅性	0.760**	0.000
信息监督方式有效性	0.774**	0.000

*"**"表示相关性在0.01水平是显著的。

由上表可知,七个自变量的P值均小于显著性水平0.01,具有非常显著性的统计学意义,即信息表述准确性、信息内容可靠性、信息发布及时性、信息公开透明性、信息获取方式便捷性、信息反馈渠道通畅性、信息监督方式有效性均与整体满意度存在正相关关系。

3. 自变量对用户整体满意度的影响程度分析

多元线性回归分析可以说明一个或多个自变量同一个因变量之间相依变

化的数量关系。我们采用多元线性回归来探究七个自变量与公共体育信息服务整体满意度产生显著影响。结果显示,$F=245.974$,$P=0.000<0.05$,回归分析具有显著性意义,即回归效果显著。$R^2=0.720$,调整$R^2=0.717$,说明七个自变量与因变量的密切程度较高,即回归线对样本的数据点的拟合程度较高。回归系数汇总结果如表6-10所示。

表6-10 回归系数汇总结果

模型	标准化系数 Beta	t 值	P 值
(常量)	0.247	2.513	0.012
信息表述准确性	0.064	1.564	0.118
信息内容可靠性	0.154	3.634	0.000
信息发布及时性	0.036	0.951	0.342
信息公开透明性	0.140	3.995	0.000
信息获取方式便捷性	0.168	4.688	0.000
信息反馈渠道通畅性	0.169	4.229	0.000
信息监督方式有效性	0.210	5.373	0.000

注:因变量为信息服务整体满意度。

由统计结果可知,当显著性水平$P=0.05$时,信息内容可靠性、信息公开透明性、信息获取方式便捷性、信息反馈渠道通畅性、信息监督方式有效性与公共体育信息服务整体满意度呈显著相关,信息表述准确性和信息发布及时性信息服务整体满意度的影响作用并不显著。

4. 公共体育信息服务整体满意度评价模型

在公共体育信息服务中,信息内容可靠性、信息公开透明性、信息获取方式便捷性、信息反馈渠道通畅性、信息监督方式有效性是影响公众信息服务整体满意度评价的决定因素。这五个因素与信息服务整体满意度之间均存在正相关关系,按照其影响的显著性由强到弱依次为:信息监督方式有效性($P=0.210$)、信息反馈渠道通畅性($P=0.169$)、信息获取便捷性($P=0.168$)、信息内容可靠性($P=0.154$)、信息公开透明性($P=0.140$)。由此,我们可以通过这五个因素,从公众角度建立一个评价公共体育信息服务整体满意度的模型(具体如图6-11所示)。

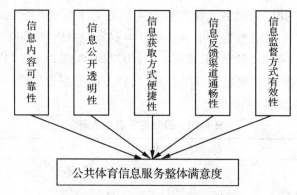

图 6-11　公共体育信息服务整体满意度的评价模型

信息监督方式有效性是影响公众信息服务整体满意度的重要因素。政府信息服务可以通过国家层面进行法律监督、行政监督,也可经过社会层面进行公民监督、新闻舆论监督等。① 有效的信息监督方式可以规范政府信息服务标准,监督政府信息服务进程,明确政府信息服务职能,从而促进公共体育信息服务的高效率、高质量发展,最大限度地满足公众的信息需求。所以,信息监督方式有效性对公众信息服务整体满意度的影响和作用非常明显。

信息反馈渠道通畅性和信息获取方式便捷性对公众信息服务整体满意度的影响作用相近。政务资源的易于获得性和信息传递反馈渠道的通畅,有利于提升服务效能和服务质量。② 通过信息反馈渠道及时了解公众的信息需求,明确信息服务目标,有效规范公共体育信息服务行为,提高信息服务质量,可以大大增加公众对公共体育信息服务的满意度。穆尔斯定律认为:"对于一个信息检索系统而言,如果用户使用它获取信息时比不使用它获取信息更费心、更麻烦的话,这个系统将不会得到利用。"可见,信息获取方式越便捷,用户的信息需求就越容易转化为信息获取行为,用户所需要的信息就越容易得到满足。③ 公众通过便捷的信息获取方法可以降低对公共体育服务信息的搜寻成本和时间成本,能够高效、方便、迅速地获取公共体育服务信息,从而提高信息服务的整体满足度。

信息内容可靠性和信息公开透明性也对公众信息服务的满意度产生影响。政府信息公开是我国政府部门积极推行的"透明政府"的一项重要内容,通过政

---

① 谢欢.论政府信息服务监督体系的构建[J].图书馆理论与实践,2010(9):36-39.
② 吴秀花."嵌入式"服务:政府决策信息服务新探索[J].图书馆建设,2013(3):52-54.
③ 董敏,武庆圆.图书馆在促进社会信息公平中的作用及其强化措施[J].情报科学,2009(6):820-828.

府信息公开,保护公民的知情权,可以提高政府运作的透明度,保障统治者不肆意妄为。① 通过提高公共体育信息公开的透明程度,可以促进体育行政部门依法行政,并充分发挥公共体育信息在公众学习、工作和生活以及在经济领域的服务作用,提升公众信息服务的整体满意度。此外,通过为公众提供真实可靠的信息内容,使得公众信息需求得到满足,也会在一定程度上提升公众信息服务的满意度。

三、公共体育服务信息保障体系建设研究

公共体育服务的信息需求是建设公共体育服务信息保障体系的导向,公共体育服务的信息资源是建设公共体育服务信息保障体系的基础,公共体育信息服务是建设信息资源保障体系的基本手段和方法。我们在对公共体育信息保障体系理论研究的基础上,结合对公共体育信息服务的政府供给现状与公众信息需求现状的了解和认识,从建设目标、建设原则、建设模式、构成要素、运行机制和实施措施等方面尝试对公共体育服务信息保障体系进行理论构建,希望能为公共体育服务信息保障体系的建设和发展提供理论参考与实践指导。

(一)建设目标

从我国的基本国情来看,公共体育信息服务在不同的发展阶段会出现不同的突出问题,在每个阶段,针对不同的问题,其发展的目标是不同的。在现阶段,我国公共体育服务的投入不足,服务水平不高,能力有限,公共体育服务的覆盖面低。随着人民群众对物质文化和精神文化追求的不断提升,公共体育服务供给和需求的矛盾日益凸显。面对这一时期的突出问题,公共体育服务信息保障体系的发展目标是:以公共体育服务信息资源开发为重点,利用先进的网络技术对我国公共体育服务信息资源进行整合与发布,实现公共体育服务信息资源的合理利用和有效供给,以最大限度地满足社会大众的公共体育服务信息需求;逐步建立和完善具有中国特色的公共体育服务信息保障体系平台,优化资源配置,最终形成信息化、网络化和社会化的公共体育服务信息保障体系,提高我国公共体育信息服务的水平和能力,以使得人们能够真正共享改革发展的成果。

(二)建设原则

1. 公平享有原则

现阶段,我国公共体育的服务对象不是某一部分人,而是全体公民。这就

---

① 朱红灿,喻凯西.政府信息公开公众满意度测评研究[J].图书情报工作,2012(3):130-134.

需要政府部门不断提高公共体育信息服务的水平和能力,不断扩大公共体育信息服务的覆盖面,提高公民的参与率,尽可能提供公共体育服务的信息资源,满足公共体育服务的信息需求,使得人人公平地享有公共体育信息服务。

2. 需求导向原则

信息需求是公共体育服务信息保障体系建设的前提和导向。在我国市场经济和多元信息服务体系下,公共体育服务信息保障体系建设必须根据社会大众的公共体育信息需求进行资源整合和服务供给,并尝试构建公共体育服务信息平台,满足大众的公共体育服务信息需求。

3. 统一规划和共同建设原则

我国公共体育服务信息保障体系建设还处于初级阶段,公共体育服务信息分散,门类繁多,部门与部门之间联系少,协作少,容易产生信息孤岛现象。为了提高公共体育信息服务的效率,更有效地发挥公共体育信息服务信息保障体系的整体效益,需要在政府部门的统一规划的前提下,联合各相关部门共同协作,共同构建我国公共体育服务信息保障体系。

4. 多元化和多层次原则

充分发挥公共体育服务信息保障体系的作用,应采用多元化的信息资源建设和服务方式,并通过多层次的协作推进信息服务。在国家层面上,进行公共体育服务信息资源的整合与平台建设,协调各机构共同推动社会化信息服务的开展,合理规划成员机构的协同保障服务,发布信息资源,实现资源共享。

5. 规范性和合法性原则

在公共体育服务信息保障体系建设过程中,规范性原则要求政府应明确相关管理办法和服务方法,按照国际ISO标准或国家标准,实现数据库建设、信息交换协议、信息传递规则等平衡有序运行。合法性原则要求政府通过具体的法律法规和制度等对公共体育服务信息公开的内容、程序、范围和途径等做出明确的规定,并在公共体育信息服务的实践中贯彻并执行。

(三) 建设模式

长期以来,公共体育服务信息的提供机构或部门以社会大众的信息需求为依据,通过公共体育信息的搜集、整理、组织、开发和利用,为社会大众提供公共体育信息服务。随着信息技术的高速发展和社会环境的变化,公共体育服务的信息数量迅猛增长,信息机构或部门的信息保障能力受到了严峻的挑战:第一,单一信息机构或部门对公共体育服务信息的收集能力存在局限性,无法完全满足广大社会群众的信息需求。第二,各信息保障机构或部门之间缺乏联系与合作,都追求信息的覆盖面和数量,这往往会造成信息资源的重复,使得整个信息

第六章 公共体育服务信息保障体系

保障体系信息含量匮乏。第三,各信息保障机构之间存在"信息鸿沟",影响信息资源的共享和有效利用,使得整个信息保障体系难以建立,整体信息保障能力下降。所以,公共体育服务信息保障体系建设应该在国家的统一指挥和引导下,突破各系统和部门条条框框的限制,就近协调、合作为主,建立地区性的信息保障体系,搭建跨系统、跨部门的公共体育服务信息保障平台,实现优势互补,共享公共体育服务信息资源。

公共体育服务信息保障体系的建设是一项庞大而系统的工程。整个信息保障体系的建设可以分为三个层面(如图6-12所示):

从宏观层面来看,公共体育信息服务机构通过对社会化公共体育信息服务的整合,在广泛收集公共体育服务信息的基础上,进行信息资源的开发,并提供满足国家公共体育服务需求的信息资源和服务。

从中观层面来看,分属于各个部门的信息平台,如教育部的中国高等教育文献保障平台、科技部的中国科技文献信息保障平台、文化部的全国文化信息共享平台、国家发展和改革委员会的国家信息中心等,是公共体育服务信息保障体系的子系统,在国家统筹下通过实现跨系统、跨部门的协同合作,进一步实现公共体育信息资源的共享和利用。

从微观层面上来看,各研究机构、政府组织、企业机构等相互联系,协同合作,组建基层区域性信息平台,实现公共体育服务信息资源的利用。

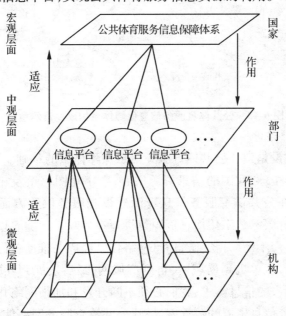

图 6-12 公共体育服务信息保障体系建设模式

（依据胡昌平等《创新型国家的知识信息服务体系研究》中,国家自主创新导向的知识信息服务的系统驱动图改编整理。胡昌平,等.创新型国家的知识信息服务体系研究[M].北京:经济科学出版社,2011:102.）

（四）构成要素

公共体育服务信息保障体系的建立应该以公众的信息需求为依据,通过多种信息传播渠道,提供多层次、高质量的信息服务,实现信息资源的共享和有效利用,为公共体育服务提供充分有效的信息保障。就系统论的观点而言,公共体育服务信息保障体系由若干相互联系和相互制约的组成要素构成,它们之间紧密联系和相互制约,并且通过特定的运行机制组合而成,共同为公共体育服务提供有效的信息保障。公共体育服务信息保障体系的构成要素主要包括:信息资源建设、信息组织机构保障、信息技术保障、信息经费保障、信息人力资源保障、信息法律法规和政策保障、信息工作协调管理(如图6-13所示)。

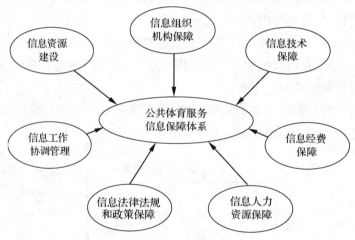

图6-13 公共体育服务信息保障体系构成要素示意图

1. 信息资源建设

信息资源建设是建立公共体育服务信息保障体系的基础。目前,信息数字化浪潮已经席卷全球,我国的信息资源中心、数字化图书馆及相关机构的建设蒸蒸日上,政府在公共体育服务信息资源建设和服务供给方面的优势日益凸显,加强公共体育服务数字化信息资源建设迫在眉睫。伴随着以信息网络技术为代表的科技革命不断取得突破,信息网络化已经成为推动各国经济社会不断发展的强大动力,从单机到局域网,再到广域网,最后发展到互联网,要满足数以亿计的网络用户的信息需求,我们必须不断开发和加强网络化信息资源开发和建设,建立体育信息资源的数据库,搭建公共体育服务网络信息平台,为公共体育信息服务工作的顺利进行提供强有力的信息资源保障。

2. 信息组织机构保障

信息组织机构保障是为了保障公共体育信息服务发展而组建组织系统和成立机构,并积极参与公共体育信息服务建设。目前我国的体育组织机构有办公厅、群众体育司、运动项目管理中心、体育信息中心、体育文化发展中心、直属机关党委、纪检组、监察局、党团组织、体育协会、体育社团、体育工会等。为实现公共体育信息保障体系的建设目标,各体育组织机构应该密切联系,团结协作,把人力、物力和财力等按照统一的形式和标准,有秩序地整合起来,以公共体育信息服务为纽带,自上而下地形成一个全面而系统的信息组织机构网络,为公共体育信息服务的组织化、规范化和制度化建设提供保障并奠定组织基础。

3. 信息技术保障

信息技术的发展和创新,是社会科技发展的整体水平处于高端的基础,其发展不单纯是其自身技术上的进步和增长,也是信息技术迅速渗透到其他行业,日渐社会化,逐步涉足并植根于我们的日常生活和工作的过程。① 运用计算机技术、通信技术、声像技术、多媒体技术、数字技术、信息推送技术、信息发布技术、人工智能技术等,对公共体育服务信息进行组织、加工、整理和传播,可以让公众更加方便快捷地获取公共体育服务信息,从而保证公共体育服务信息保障体系的高效、高质发展,并为其体系建设奠定坚实的物质基础。

4. 信息经费保障

公共服务经费是保障公共服务水平和质量的重要基础。② 经费保障指以财政拨款为主,并通过社会资助,服务经营收入等多渠道经费来源,以保证体育服务的需要。③ 公共体育服务的资金来源渠道相对单一,公共体育信息服务的建设经费相对紧张,这在很大程度上阻碍了公共体育服务信息保障体系的建设和发展。在体育体制改革不断深化和经济体制改革的背景下,政府应采取多样化、多渠道的方式来筹集公共体育信息服务经费,将公共体育信息服务的资金投入纳入地方财政预算,专款专用,集中社会力量,通过制定激励措施吸引社会资金的投入,积极引导社会资金参与,为公共体育服务信息保障体系建设提供经费支持和保障。

5. 信息人力资源保障

体育人力资源是指能够推动体育发展的,能进行体育实践活动或有助于体

---

① 李政道,杨振宁,等.科学之美[R].北京:中国青年出版社,2004:52.
② 陈海威.中国基本的公共服务体系研究[J].科学社会主义,2007(3):98-99.
③ 王才兴.构建完善的体育公共服务体系[J].体育科研,2008(2):3.

育运动开展的,具有一定体育意识、知识、能力和经验的体育人才。① 体育人力资源是我国体育事业的重要组成部分,是推进公共体育服务进程必不可少的要素。体育人力资源包括组织管理人员、健身指导人员、健康监测人员、科研人员和体育产业经营人员等。② 信息人力资源保障是公共体育信息保障体系的重要组成部分,在公共体育服务信息保障体系建设过程中不仅需要培养具备体育知识、能力、经验的指导、监测、科研人员,而且需要培养了解信息知识,掌握信息技术的组织、管理、操作人员,充分发挥人才在公共体育信息服务中的能动作用,并使其在公共体育服务信息保障体系建设中能够发挥出最大的效用。

6. 信息法律法规和政策保障

信息法律法规和政策保障是保障公共体育信息保障体系发展的法律法规和政策依据。信息法律法规和政策能够为公共体育服务信息保障体系建设提供良好的发展环境和建设条件,保护信息知识产权,维护公民信息权利。主要涉及以下几个方面:

知识产权法是指在调整知识产权的归属、行使、管理和保护等活动中产生的社会关系的法律规范的总称。③ 从法律部门的归属上讲,知识产权法仍属于民法,是民法的特别法。民法的基本原则、制度和法律规范大多适用于知识产权,并且知识产权法中的公法规范和程序法规范都是为确认与保护知识产权这一私权服务的,不占主导地位。在信息搜集、信息发布与共享、信息网络平台建设等环节可能涉及知识产权问题,应保持高度的知识产权意识。

信息安全法是指维护信息安全,预防信息犯罪的刑事法律规范的总称。④ 狭义的信息安全法是指保障信息安全,惩治信息犯罪的刑事法律,相对而言,其目的性更为明确,法律结构也简单凝练,便于立法。从全球各国信息安全立法来看,信息安全法是一种刑事法律。公共体育服务信息保障体系建设涉及信息技术的一些机密资料,必须做好信息保密与安全工作,信息安全法必不可少。

规范市场秩序的相关法律是指在市场经济条件下,规范公共体育服务信息保障活动所涉及的信息产品交易、信息产品价格、信息市场公平竞争等市场秩序的相关法律,主要包括反不正当竞争法、反垄断法、消费者权益保护法、产品

---

① 刘志敏. 农村体育人力资源开发与管理研究[J]. 河北体育学院学报,2007(3):31-33.
② 齐立斌. 新农村公共体育服务理论体系的架构[J]. 河北体育学院学报,2011(2):4-9.
③ Baidu 百科[EB/OL]. http://baike.baidu.com/view/6465655.htm?fromId=161285&redirected=seachword.
④ 齐爱民. 中国信息立法研究[M]. 武汉:武汉大学出版社,2009:259.

质量法、广告法等。

7. 信息工作协调管理

公共体育信息服务内容多,覆盖面广,独立的信息组织机构不可能全面地收集到所有公共体育服务信息资源,信息保障能力是有限的。各类信息组织机构应该根据本机构的特点,进行特色化的信息资源开发与建设。应该在各系统或部门之间建立信息工作的协调和管理机构,组织协调和管理规划信息资源的共建与共享,规范不同范围的信息资源建设,通过信息工作的协调管理,努力建设覆盖面大而广的公共体育服务信息保障体系。

(五) 运行机制

体育公共服务的运行机制是指体育公共服务在人类社会有规律的运行中,影响体育公共服务各因素的结构、功能及其相互关系,以及这些因素产生影响、发挥功能的过程和作用原理及其运行方式。① 运行机制是我国公共体育服务信息保障体系的运转机能和动力,也是影响其建设与发展的重要因素。我国公共体育服务信息保障体系的顺利运行,是其调控机制和保障机制共同作用的结果。

1. 调控机制

我国公共体育服务信息保障体系不仅需要政府的引导和干预,而且需要通过市场机制进行调节,结合社会供给机制,合作引导,多方联动,共同建立和完善我国公共体育服务信息保障体系。

(1) 政府调控机制。公共体育服务信息保障体系的健康运行有赖于政府的引导与支持。为了充分发挥公共服务的效能,政府必须加强对地方公共体育信息服务工作的管理与监督。第一,应该加强宏观调控,以应对公共体育服务信息保障体系建设中存在的诸多问题,组织协调好各个部门的信息服务工作,确保公共体育服务信息资源的共建与共享。第二,加快推进管理体制改革工作,努力创建和营造良好的信息服务环境。第三,在市场调节失灵的情况下,进行政策引导,协调改进并及时弥补市场的不足,减少市场失灵,降低风险。

(2) 市场调控机制。市场机制主要包括供求机制、竞争机制、价格机制。供给与需求是市场存在的前提条件,从我国公共体育服务市场发展的情况来看,公共体育服务信息的供给面临许多问题,广大公民的信息需求无法得到有效满足。供求机制有待进一步改进和提高,以满足广大人民群众的信息服务需求。引入竞争机制,可以使得公共体育服务的提供者为争取有力的市场地位相互竞争,提高公共体育信息的服务水平和效率,促进公共体育信息服务的多元

---

① 樊炳有,高军.体育公共服务——内涵、目标及运行机制[M].北京:人民体育出版社,2010:123.

化和个性化。价格机制是市场机制中的基本机制,是指在竞争过程中,与供求相互联系、相互制约的市场价格的形成和运行机制。在市场竞争过程中,价格变动与供求变动之间存在着相互制约的联系和作用。建立规范的价格运行机制,通过价格调整公共体育信息服务的规模和内容,可以使得整个公共体育服务信息市场结构日趋合理。

2. 保障机制

保障机制是满足公共体育服务信息需求,提高公共体育信息服务能力的前提,也是我国公共体育服务信息保障体系良好运行的基础。我国公共体育服务信息保障体系的保障机制与公共体育服务信息的共建和共享息息相关,主要包括利益平衡机制、财政保障机制、技术保障机制和评估监测机制。

(1)利益平衡机制。建立我国公共体育服务信息保障体系的责任由政府部门、社会组织和个人共同承担,获得的利益也由其共同分享。但是,很多情况下,这种责任的承担与利益的分享不成正比,付出与回报存在差异,部门、组织和成员之间"搭便车""敲竹杠"现象普遍存在,这就需要政府及时行使行政权力,努力建立利益平衡机制,根据实际投入和贡献量,公平分配,平衡利益。

(2)财政保障机制。财政投资是公共体育信息服务发展的必要前提,也是提高公共体育信息服务质量的主要物质基础。财政保障机制在很大程度上决定了公共体育服务的规模,影响公共体育服务的内容和形态。建立公共体育服务信息保障体系的财政保障机制,首先以财政公平为出发点,实现信息服务资源的优化配置,不断充实和完善财政保障机制,逐步弥补地区间的差距,逐步实现不同地区、不同社会阶层的公民能够公平地接受公共体育信息服务。

(3)技术保障机制。我国公共体育服务信息保障体系以数字技术为主要技术手段,以网站建设为主要信息发布共享平台。无论是信息的检索与获取,还是信息的发布与共享,抑或是用户平台和数据库的选择与建设,都需要现代信息技术的保驾护航,提供强有力的技术支持和支撑。所以,建立技术保障机制,是解决公共体育信息服务技术问题的必备条件。

(4)评估监测机制。评估监测机制主要包括评估和监测两种功能,建立评估监测机制,对我国公共体育服务信息保障体系建设具有重要的意义。建立评估监测机制,确立统一的评估监测准则,加强对公共体育服务信息保障体系的监督管理,可以确保公共体育服务信息保障体系的高效运行和平稳发展。尝试建立统一的信息评估监测分析系统,实现信息共建与共享的规范化管理、标准化度量,多元化合作,实现有效的社会监督,可以规范和监督我国公共体育服务信息保障体系建设。

（六）实施措施

1. 突出公共体育信息服务界面,明晰公共体育信息服务内容

为提高我国公共体育服务信息保障体系的整体能力,实现信息资源的共建与共享,打破我国政府服务机构各自为政、条块分割的不利局面,各级体育行政部门应高度重视公共体育信息服务,协调管理,责任分工明确;加强公共体育服务信息的板块建设,突出特点,明晰条目,统一内容,规范格式,便于公众获取和掌握公共体育服务信息。

目前,学术界对于公共体育信息服务的研究还不多,但是对于公共体育服务内容的研究相对成熟和系统。我们可以参考学者们对于公共体育服务内容的研究成果,整理和归纳出公共体育服务的主要内容,并为公共体育信息服务提供一定的理论参考。上海市体育局政策法规处处长王才兴认为,体育公共服务体系是一个体现公平、公正、公益且能够为广大市民提供基本体育服务的体系,是一个保障市民体质和健康水平得到普遍提高的保障体系,是一个政府领导、部门组织、行业合作、社会兴办的多元体系,其实质是把影响体育公共服务的相互作用、相互制约的多种因素整合成一个有机整体,使资源配置最优化、管理工作规范化、服务效益最大化,从而保障广大市民享有基本的体育服务。其基本内容结构如图6-14所示。[①]

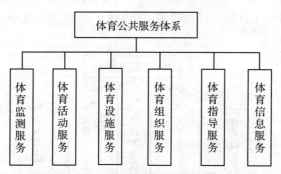

图6-14 公共体育服务体系基本内容结构

郇昌店、肖林鹏、李宗浩等通过公共体育服务体系实践领域的建设思路,来探索公共体育服务体系的内容体系。[②] 通过对国家体育总局和辽宁省、四川省、福建

---

① 王才兴.构建完善公共体育服务体系[J].体育科研,2008(2):1-13.
② 郇昌店,肖林鹏,李宗浩,等.我国公共体育服务体系概念再讨论[J].山东体育学院学报,2013(2):1-6.

省、无锡市、淄博市体育局政府文件的整理和归纳后发现,当前我国部分政府部门的公共体育服务体系内容主要有体育场地设施、体育组织、体育活动、体育健身指导、体育信息、体育制度和国民体质监测几个方面(如图6-15所示)。

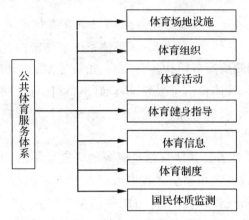

图6-15　我国部分政府建设公共体育服务体系的内容结构

学者汤际澜、徐坚认为,公共体育服务供给内容主要有体育法律法规和政策制定、公共体育资源投入、公共体育设施建设、公共体育组织建立、公共体育信息发布等。①

学者们的研究为我们明晰公共体育信息服务内容提供了指导和帮助。根据学者们的研究成果,并结合有关体育行政部门的访谈和调查,笔者认为,公共体育信息服务的主要内容应该包括体育政策宣传服务、体育健身指导服务、体育场地设施服务、体育赛事活动服务、国民体质监测服务几个方面内容(如图6-16所示)。

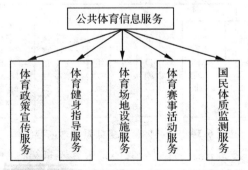

图6-16　公共体育信息服务的内容结构

---

① 汤际澜,徐坚. 我国公共体育服务体系概念再讨论[J]. 天津体育学院学报,2010(6):510-514.

第六章 公共体育服务信息保障体系

2. 开发公共体育服务信息平台,构建国家级公共体育服务保障机构

我国公共体育服务信息保障的实现,要求我们在信息服务中打破部门和系统的界限,通过跨系统、跨部门的协同合作来实现。开放化的经济社会发展环境,决定了公共体育信息服务与保障的社会化需求,基于社会、经济的发展,消除公共体育服务的信息鸿沟,解决部门间存在的"信息孤岛"问题,平衡社会信息需求,需要我们在现代信息技术和网络环境下,进行国家、区域的公共体育服务信息平台建设,努力建设和开发公共体育服务信息平台。

目前,美国、欧盟国家和日本等发达国家及地区已将跨系统的平台建设纳入国家总体发展战略。从公共服务系统的整合与平台构建,到面向创新发展主体的社会化服务推进,逐步确立了跨系统的平台建设模式。① 大多数欧盟国家在构建本国的信息服务平台时以本国核心机构为中心,以各信息服务机构建设为前提,通过整合各类信息资源,构建全方位、多层次的信息服务平台,并以此为基础开拓信息服务。如英国的科研部门和教育机构的网络用户,利用信息平台可以进入英国和世界的相关信息服务网,获取大量丰富的信息网络资源。② 发达国家的实践表明,建立资源更加丰富、广泛的跨系统信息服务体系,已经成为信息化国家发展的一大趋势。

与发达国家相比,我国的信息平台在技术发展上还存在一定差距,而且我国各个系统和部门之间条块分割问题的普遍存在,会对我国公共体育服务信息资源的共建与共享产生不利影响并形成阻碍。在公共体育信息服务平台建设方面,应根据我国的信息化发展水平和信息平台建设的实际情况,运用先进的信息技术、网络技术、数字技术、计算机技术,对公共体育服务的信息检索平台、信息发布平台、信息监督与反馈平台等进行建设和开发,并力争构建统一的国家级公共体育服务信息保障机构,以期实现以国家为中心的跨省、市、地区的信息保障体系,协调统一和全面管理各地区的公共体育信息服务活动,保障并推动我国公共体育信息服务更好更快地发展。

建立一个可以共建共享公共体育信息的服务平台,集成式信息服务平台是一个非常不错的选择。集成式公共信息服务平台由信息服务前台与后台两个

---

① Zhang F. Z. ,Song Z. Z. ,Zhang H. Web service based architecture and ontology based user model for cross-system personalization [C]// 2006 IEEE/WIC/ACM International Conference on Web Intelligence. Main Conference Proceedings,2006:849 – 852.

② Zhu K. ,et al. Innovation diffusion in global contexts:determinants of post – adoption digital transformation of European companies[J]. European Journal of Information System,2006(6):601 – 616.

部分组成。① 信息服务前台可以是统一的公共信息服务网站、面向公众的公共信息亭或一个公共信息服务机构,主要承担为公众提供公共体育信息服务、接收公众的信息需求和信息反馈等职能;信息服务后台则是一个共享式的公共信息数据库,其功能强大、更新速度快,通过体育行政部门的信息中心或其他公共服务组织联合实现数据库的信息输入与加工(如图 6-17 所示)。集成式公共信息服务平台的对外服务前台是一个以政府网站、面向公众的公共信息亭或某一公共信息服务机构,它承担公众信息需求的接受、信息服务的输出和最终信息服务结果的反馈等职能。如由国家图书馆建立的国内首个政府公开信息整合服务门户——中国政府信息服务整合平台(http://govinfo.nlc.gov.cn)就是这样一个统一的信息整合服务界面与窗口。

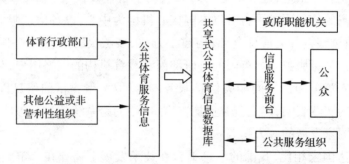

图 5-17　公共体育信息服务的集成式信息服务平台

(依据冯惠玲、周毅《论公共信息服务体系的构建》一文中所载集成式公共信息服务模式图改编整理。冯惠玲,周毅. 论公共信息服务体系的构建[J]. 情报理论与实践,2010(7):26-30.)

3. 组建负责、高效、业务能力强的公共体育信息服务工作团队

满足公众的公共体育信息服务需求,需要建立一支负责、高效、业务能力强的公共体育信息服务工作团队。首先,信息服务人员应该树立高度的责任意识,牢记"为人民服务"的思想,将各项工作落到实处。其次,应严格考核制度,将工作绩效与个人利益挂钩,形成有效的激励管理机制,力求高效率、高质量地完成各项公共体育信息服务工作。在人员配备方面,既需要业务能力强的技术人员,保证技术工作的良好运行和创新发展,又需要领导能力强的工作人员,既能带领和协调工作团队,又方便与公众进行沟通和交流,满足其公共体育服务的信息需求。

公共体育信息服务的工作团队应包括管理协调团队、资源开发团队、信息

---

① 冯惠玲,周毅. 论公共信息服务体系的构建[J]. 情报理论与实践,2010(7):26-30.

第六章 公共体育服务信息保障体系

服务团队、技术支持团队这几个部分。

管理协调团队最好由一名或两名高层领导负责领导和管理，该团队主要负责确定公共体育服务信息保障体系的发展目标与工作任务，协调体系建设中各部门之间和工作人员之间的相互关系，并进行人事和财务的管理，将各项工作落到实处。

资源开发团队主要负责对各种公共体育信息资源进行搜集、组织、整理、描述、加工、评价并应用等工作。通过资源开发流程（一般包括需求分析、计划制订、项目实施、效益评估几个阶段），对公共体育信息资源进行开发。

信息服务团队主要负责公共体育信息服务的设计与创新，通过为社会公众提供形式多样的信息服务（主要包括体育政策宣传服务、体育健身指导服务、体育场地设施服务、体育赛事活动服务、国民体质监测服务几个方面），满足公众的公共体育服务信息需求。

技术支持团队人员应掌握并熟练运用先进的信息技术、计算机技术、通信技术等，主要负责对公共体育服务信息保障体系的设备进行更新和维护，定期升级数据处理系统，为信息服务平台的良久运行和更新提供技术支持等。

4. 加强信息保障的法律法规和政策建设，实现规范化、标准化管理

公共体育服务信息资源的共建和共享不仅需要先进的技术条件支撑，而且需要在一个安全和谐的信息环境下长期运行。实现公共体育服务信息保障体系的规范化、标准化管理，需要学习并引进先进的立法、执法经验，建立和完善适合我国公共体育信息服务的法律法规，对政府信息公开、信息资源开发与管理、信息检索、发布、监督反馈等方面的工作，进行全面细致的规定，在法律的有力保障下，建设我国公共体育服务信息保障体系。

公共体育信息服务的开展需要国家的信息政策与法律的保障。从我国信息政策的内容来看，主要包括信息机构管理政策、信息服务投入政策、信息资源建设政策、服务业发展政策、信息市场规范政策、信息技术发展政策、信息用户及公众信息素质提高政策、信息服务国际合作政策。我国全局意义上的信息立法是从20世纪80年代开始的，目前已经形成了包括知识产权法、新闻出版法、信息安全法、信息公开法等多个层面的法律法规。自20世纪80年代以来，我国信息法律及法规性质上的条例如表6-11所示。①

---

① 胡昌平，胡吉利，邓胜利，等. 创新型国家的信息服务与保障研究[M]. 北京：学习出版社，2013：484-495.

表 6-11 我国信息法律法规

类别	颁布时间	法律条款
知识产权法	1983 年	商标法
	1985 年	专利法
	1987 年	技术合同法
	1991 年	著作权法
	1991 年	计算机软件保护条例
	2004 年	著作权集体管理条例
	2006 年	信息网络传播权保护条例
新闻出版法	1990 年	报纸管理暂行条例
	1997 年	出版管理条例
	1997 年	电子出版物管理规定
	2002 年	互联网出版管理暂行规定
	2007 年	互联网视听节目服务管理规定
信息安全法	1994 年	计算机信息系统安全保护条例
	1996 年	计算机信息网络国际联网管理暂行规定
	1997 年	计算机信息网络国际联网安全保护管理办法
	2000 年	互联网信息服务管理办法
	2005 年	个人信用信息基础数据库管理暂行办法
	2009 年	电子认证服务管理办法
	2009 年	互联网网络安全信息通报实施办法
信息公开法	2008 年	政府信息公开条例

加强信息保障体系的法律法规和政策建设,实现规范化、标准化管理,应从国家建设和发展需要出发,从政策层面认识理解信息保障体系在公共体育服务信息化建设中的地位和作用,明确信息保障政策的目标和内容;从法律层面加强信息保障体系的立法建设与完善,统一规范立法,规范社会化公共体育信息服务组织、资源开发、信息服务行为,维护公共利益,实现信息保障体系的规范化管理和标准化运行。

5. 合理分配资金投入配比,加强各级信息保障机构和组织的利益协调

建设资金是公共体育服务信息保障体系建设的前提条件,国家财政部门在加强投资力度的同时,应结合实际的公共体育服务信息需求情况合理分配资金投入比例:对于信息需求量大或多的地区或部门,加大资金投入配比;对于信息

第六章 公共体育服务信息保障体系

需求量小或少的地区或部门,适当减少资金投入配比,使得有限的资源能够最大限度地满足人们的信息需求。参与公共体育服务信息保障体系建设的机构和组织众多,协调好它们之间的利益关系非常重要。为了使参与公共体育信息服务的机构和组织获得的利益相对公平、合理,我们应该通过建立科学的利益分配机制,加强各级信息保障机构或组织的利益协调。参与服务的机构通过协同服务,可以获得比不参加协同服务时更多的收益。[①] 这是个体组织参加协同服务的前提,也是各级信息保障机构和组织参与公共体育信息保障体系建设的动力。

---

① Tansey M., Stembridge B. The challenge of sustaining the research and innovation process[J]. World Patent Information,2005(3):212-226.

第七章 公共体育服务财政保障体系

公共体育服务的良性发展离不开政府的支持,特别是在公共体育服务尚不发达的中国。而公共体育服务的发展是以经济为基础的,需要投入必要的人力、物力和财力。财政保障是政府提供公共体育服务、满足社会公共体育需要的重要手段,是构建、完善公共体育服务体系的前提和基础。当前,如何结合中国国情,对公共体育服务财政保障体系进行研究,探索适合公共体育服务发展的财政保障方式,是对体育改革理论和实践提出的新问题,也是建设体育强国,推进体育事业实现新发展、新跨越的重要建设任务。本章采用了定量分析方法,对公共体育服务财政与经济增长进行实证分析,并且基于 DEA 模型对公共体育服务财政投入进行绩效分析。

公共体育服务财政是政府为满足社会公共体育服务需要,以政府为主体对一部分社会产品进行的集中性分配,属于公共财政的重要组成部分,也是公共体育服务体系的重要组成部分。

理解这一概念,应该把握以下几个基本点:

第一,公共体育服务财政分配的主体是政府。政府一词有大概念和小概念之分。小概念的政府是指公共行政管理机关,如我国法律中规定的中央政府和地方政府。大概念的政府是指统治阶级的公共事务管理机关,它不仅指各级行政机关,而且包括立法机关、各级司法机关以及附属事业单位。政府是公共体育服务财政分配的主宰者。这就是说,公共体育服务财政分配的目的、分配的方向、分配的范围、分配的结构、分配的规模、分配的时间等,都是由政府决定的。

第二,公共体育服务财政分配的目的是满足社会公共体育服务需要。社会公共体育服务需要具有以下特征:①公共体育服务需要是就社会总体而言的。②为满足社会公共体育服务需要提供的产品和劳务,具有不可分割性,即它是向所有社会公众提供的,而不是向某个人或集团提供的。③效用的非排他性。为满足社会公共体育服务需要所提供的产品和劳务,可由社会成员共同享用,某人或某集团对这种产品的享用并不排斥其他成员或集团的享用。

第七章 公共体育服务财政保障体系

第三,公共体育服务财政分配的对象是一部分社会产品。公共体育服务财政分配的对象只能是部分社会产品,为了保证社会生产的正常进行,它不能分配全部社会产品,而只能分配一部分社会产品。至于分配多少,主要取决于社会经济发展水平、收入分配政策和政府需要等多种因素。

第四,公共体育服务财政属于公共财政范畴。公共财政是适应市场经济发展客观要求的一种比较普遍的财政形态,即政府财政按社会公共需要的原则来确定其职能和开支。显然,公共体育服务财政属于公共财政范畴,主要满足社会公共体育服务需要。

第五,公共体育服务财政是公共体育服务体系的重要组成部分。公共体育服务体系是为公民及其组织提供公共体育服务而建立的一系列制度安排,公共体育服务财政属于其中的保障体系,是公共体育服务体系的重要组成部分。

一、我国公共体育服务财政保障现状

(一) 公共体育服务财政投入

1. 体育事业财政投入规模

(1) 绝对规模。新中国成立至1977年,国家投入体育事业的财政收入累计仅有22.8亿元。改革开放18年,国家投入体育事业的财政收入累计近200亿元。[①] 从表7-1可以看出,1998—2011年,我国体育事业财政投入从38.7亿元增长为297.04亿元,以年均19.87%的速度保持快速增长。在此期间有两个快速增长期:一是2000—2002年,2000年体育事业财政投入的增长速度骤然上升,而2003年体育事业财政投入开始快速回落;二是2007—2008年,2007年起我国因举办北京奥运会而加大了体育事业的财政投入,其增长速度达到33.30%,2008年更是达到37.58%。2009年以后体育事业财政投入迅速回落。

---

① 李丽,张林. 体育公共服务:体育事业发展对公共财政保障的需求[J]. 体育科学,2010(6):53-58.

表 7-1 体育事业财政投入绝对规模及其增长率

年份	投入额(单位:亿元)	增长率
1998	38.7	
1999	39.38	1.76%
2000	47.6	20.87%
2001	60.77	27.67%
2002	88.63	45.84%
2003	99.84	12.65%
2004	113.53	13.71%
2005	121.15	6.71%
2006	132.81	9.62%
2007	177.03	33.30%
2008	243.55	37.58%
2009	196.21	-19.44%
2010	217.84	11.02%
2011	297.04	36.36%

数据来源:体育事业财政投入来自历年《体育事业统计年鉴》。

(2)相对规模。表 7-2 显示了 1998—2011 年体育事业财政投入占 GDP 之比和体育事业财政投入占财政支出的比重情况。1998—2011 年期间,体育事业财政投入占 GDP 比重呈现波动上升态势,1998 年体育事业财政投入占 GDP 比重为 0.046%,2011 年上升为 0.063%;体育事业财政投入占财政支出的比重呈下降态势,从 1998 年 0.36% 下降至 2011 年 0.27%。

表 7-2 体育事业财政投入相对规模

年份	体育事业财政投入(单位:亿元)	GDP(单位:亿元)	体育事业财政投入占 GDP 比重	财政支出(单位:亿元)	体育事业财政投入占财政支出比重
1998	38.7	84402.3	0.046%	10798.18	0.36%
1999	39.38	89677.1	0.044%	13187.67	0.30%
2000	47.6	99214.6	0.048%	15886.50	0.30%
2001	60.77	109655.2	0.055%	18902.58	0.32%
2002	88.63	120332.7	0.074%	22053.15	0.40%
2003	99.84	135822.8	0.074%	24649.95	0.41%

续表

年份	体育事业财政投入（单位:亿元）	GDP（单位:亿元）	体育事业财政投入占GDP比重	财政支出（单位:亿元）	体育事业财政投入占财政支出比重
2004	113.53	159878.3	0.071%	28486.89	0.40%
2005	121.15	184937.4	0.066%	33930.28	0.36%
2006	132.81	216314.4	0.061%	40422.73	0.33%
2007	177.03	265810.3	0.067%	49781.35	0.36%
2008	243.55	314045.4	0.078%	62592.66	0.39%
2009	196.21	340902.8	0.058%	76299.93	0.26%
2010	217.84	401512.8	0.054%	89874.16	0.24%
2011	297.04	472881.6	0.063%	109247.79	0.27%

数据来源:GDP和财政支出数据来自历年《中国统计年鉴》。

2. 体育事业经费结构

由于2008年实行政府收支分类改革,故本研究以2007年为界,对体育事业经费的政府支出科目分别进行分析。

（1）2002—2007年体育事业费构成。体育事业经费支出科目主要包括体育基本建设支出、教育基建支出、科技三项费用、体育事业费、教育事业费、科学事业费、其他部门事业费、行政事业单位离退休经费、社会保障补助支出、政府机关经费等。科技三项费用是指新产品试制费、中间试验费、重要科学研究补助费这三项科学技术费用。在这期间,科技三项费用占体育事业经费支出的比重平均约为0.06%。科学事业费反映的是用于与体育有关的自然科学、社会科学及科学技术普及和其他方面的支出。在这期间,科学事业费下降年份多,增长年份少,占体育事业经费支出的比重平均约为0.56%。体育事业费反映的是国家体育总局和地方体育系统的事业费,它是政府公共财政保障的重点,是体育事业经费支出的主体。在这期间,它占体育事业经费支出的比重约为67.27%。体育事业费支出每年虽不断增长,但其占体育事业经费支出的比重呈不断下降的趋势。行政事业单位离退休经费支出反映的是实行归口管理的行政事业单位离退休经费。在这期间,行政事业单位离退休经费支出占体育事业经费支出的比重均值约为2.22%,并呈逐年增长的趋势。社会保障补助支出反映的是各级财政对社会保险基金、就业、全国社会保障基金和企业关闭破产等的补助。在这期间,社会保障补助支出占体育事业经费支出的比重均值约为0.28%。政府机关经费反映的是各级体育行政部门的经费,在这期间,政府机关经费支出占体育事业经费支出的比重均值约为 2.81%,并以年均 27% 的速度保持增长。①

(2) 2008—2011 年体育事业支出。2007 年我国进行了政府收支分类改革,各项支出科目发生很大改变。体育事业支出科目主要包括体育竞赛费、体育训练费、体育场馆费和群众体育费。表 7-3 显示了 2008—2011 年体育事业主要支出情况。在 2008—2011 年期间,体育竞赛费、体育训练费、体育场馆费占体育事业比重都呈现出波动上升态势,体育竞赛费占比从 2008 年的 7.17% 上升到 2011 年的 9.24%,体育训练费占比从 2008 年的 9.94% 上升到 2011 年的 10.85%,体育场馆费占比从 2008 年的 12.40% 上升到 2011 年的 13.90%。群众体育费占体育事业支出比重呈下降态势,从 2008 年的 22.45% 下降到 2011 年 7.29%。

表 7-3 2008—2011 年体育事业主要支出情况

年份	体育事业支出	体育竞赛费	占比	体育训练费	占比	体育场馆费	占比	群众体育费	占比
2008	307.88	22.06	7.17%	30.61	9.94%	38.18	12.40%	69.11	22.45%
2009	289.95	25.54	8.81%	31.76	10.95%	42.21	14.56%	21.19	7.31%
2010	325.92	27.84	8.54%	34.24	10.51%	42.44	13.02%	22.37	6.86%
2011	365.21	33.75	9.24%	39.63	10.85%	50.77	13.90%	26.62	7.29%

* 表中支出费用单位为亿元。

数据来源:2009—2012 年《体育事业统计年鉴》。

3. 体育彩票公益金

体育彩票公益金是指从体育彩票销售资金中按照国务院所规定比例所提取出来的用于发展和支持我国体育事业以及社会公益事业的专项资金。1994 年,国家体委颁布了《国家体委 1994—1995 年度体育彩票发行管理办法》,其中规定,体育彩票公益金所占销售额的比例为 30%。2001 年 1 月,国务院下达了《关于加强彩票管理的通知》,规定从 2001 年起体育彩票公益金占比提高到 35%。根据 2006 年发布的《财政部关于调整彩票公益金分配政策的通知》,彩票公益金按 50% 比 50% 的比例在中央与地方之间分配,以体彩公益金为重要组成部分的中央彩票公益金,在社会保障基金、专项公益金、民政部和国家体育总局之间,分别按 60%、30%、5% 和 5% 的比例进行分配。地方留成的彩票公益金,由省级人民政府财政部门、体育部门研究确定分配原则。2008 年以前,体

---

① 李丽,张林. 体育事业公共财政支出研究[J]. 体育科学,2010(12):23.

育彩票公益金纳入财政专门账户管理,从 2008 年起全部纳入财政预算管理。

体育彩票公益金主要用于落实《全民健身计划纲要》和《奥运争光计划纲要》,具体用途包括:第一,资助开展全民健身活动;第二,弥补大型体育运动会比赛经费不足;第三,修整和增建体育设施;第四,体育扶贫工程专项支出。其中资助开展全民健身活动是指用于群众性体育活动,进行全民体质监测、培训社会体育指导员等开支;修整和增建体育设施是指用于弥补维修和新建大众体育设施及专业体育比赛、训练场馆的经费不足;体育扶贫工程专项支出是指专门用于支持贫困地区体育事业发展的支出。国家体育总局在安排体育彩票公益金时,用于落实《全民健身计划纲要》的资金为年度公益金收入总额的 60%,用于弥补落实《奥运争光计划纲要》经费不足的资金为 40%。省级以下(含省级)的体育行政部门则根据实际情况参照上述比例执行。

1995 年以来我国体育彩票公益金增长非常迅速,从 1995 年发行之初的 2.25 亿元,发展到 2012 年的 266.78 亿元,体彩公益金 18 年增长近 118 倍。2012 年,体育彩票进入"千亿时代"后,18 年累计筹集公益金超过 1650 亿元。

2012 年度,国家体育总局本级使用体育彩票公益金 201048 万元,占中央集中彩票公益金的 5%,按照财政部批复的预算,用于实施群众体育工作和资助竞技体育工作,其中 79.13% 用于实施群众体育工作,20.87% 用于资助竞技体育工作。就群众体育工作来说,安排 137736 万元用于援建全民健身场地设施、捐赠健身器材、资助群众体育组织建设和开展全民健身活动,开展全民健身法规、科研与宣传等工作,促进全民健身事业发展。安排 8463 万元用于群众体育组织建设,其中 3023 万元用于社会体育指导员培训管理、全民健身志愿服务工作;1100 万元用于全国体育传统项目学校创建培训工作;4070 万元用于青少年体育俱乐部建设;270 万元用于群众体育基层组织建设及培训。安排 11437 万元用于开展全民健身活动,其中 4633 万元用于资助各类全国性体育组织开展全民健身活动;6804 万元用于开展青少年体育活动。安排 1448 万元用于开展全民健身法规、科研、宣传工作,以建立健全全民健身法规,普及宣传科学健身方法,加强体育科技研究。①

(二) 公共体育服务税收政策

1. 增值税

具体优惠政策如下:第一,国家体育运动委员会所属的国家专业体育运动对进口的(包括国际体育组织赠送和国外厂商赞助的)特需体育器材和特种比

---

① 资料来源于国家体育总局。

赛专用服装免征增值税。第二,体育彩票发行收入不征收增值税。第三,实行先征后退政策,其中有:大中小学学生课本(包括高校体育专业学生课本),科技图书和科技期刊(包括体育类图书和体育科技类期刊)。

2. 营业税

第一类是按照"文化体育业"税目进行征收的项目,包括举办各类体育比赛以及为体育比赛或活动顺利开展而提供场所的各种相关业务,征税率为3%。第二类是按照"娱乐业"税目进行征收的体育项目,包括飞镖、射箭、射击、高尔夫球、保龄球等时尚休闲累体育运动项目,征收税率为20%。除这两类业务之外,对大部分休闲项目国家税务总局未做明确税率规定,如漂流、划船、钓鱼、溜冰等,这些税目被许多地方归入"服务业"中的"其他服务业"一类,征收税率为5%。

下列情况免征营业税:①体育彩票发行收入;②个人转让著作权(包括出版与体育有关的著作)收入;③科研单位(包括体育科研单位)取得的技术转让收入;④社会团体(包括体育社会团体)按照财政部门或民政部门规定标准收取的会费。

3. 企业所得税

①新办文教卫生事业减免。对新办文教、卫生事业的企业或经营单位,自开业之日起,减征或免征企业所得税1年。②纳税人用于文教、卫生事业的公益、救济性捐赠,在年度应纳税所得额3%以内的部分,准予在计征企业所得税时税前扣除。③纳入国家科委系统的体育科研机构的技术转让、技术服务、技术咨询等服务性收入,暂免征所得税。

4. 个人所得税

①省级人民政府、国务院部委和中国人民解放军军以上单位,以及我国国内组织、国际组织颁发的体育方面的奖金,免征个人所得税。②对个人购买体育彩票,一次中奖收入在1万元以下(含1万元)的暂免征收个人所得税。③个人将其所得通过中国境内的社会团体、国家机关向教育和其他社会公益事业捐赠,金额不超过纳税人申报的应纳税所得额百分之三十的部分,可以从个人所得税应纳税所得额中扣除。

5. 关税

①文化、体育交流活动中使用的表演、比赛用品,暂不缴纳关税。②对科学研究机构和学校,不以营利为目的,在合理数量范围内不能生产的科学研究和体育教学用品,直接用于科学研究和教学的,免征进口关税和进口环节增值税、消费税。③国家体育运动委员会所属的国家专业体育运动对进口的(包括国际

体育组织赠送和国外厂商赞助的)特需体育器材和特种比赛专用服装免征关税。④对奥运会场馆建设所需进口的模型、图纸、图板、电子文件光盘、设计说明及缩印本等非贸易性规划设计方案,免征关税和进口环节增值税。⑤对当前国家重点鼓励发展的产业、产品和技术目录中包含的体育设施,免征关税。

6. 房产税

由国家财政部门拨付事业经费的体育单位自用的房产,免征房产税。

7. 城镇土地使用税

由国家财政部门拨付事业经费的体育单位自用的土地,免征城镇土地使用税。

8. 车船使用税

由国家财政部门拨付事业经费的体育单位自用的车船,免征车船使用税。

二、公共体育服务财政投入与经济增长实证分析

(一)向量自回归模型

向量自回归(VAR)模型,是一种常用的计量经济模型,1980年由克里斯托弗·西姆斯(Christopher Sims)提出。基于数据的统计性质建立模型,VAR模型把系统中每一个内生变量作为系统中所有内生变量的滞后值的函数来构造模型,从而将单变量自回归模型推广到由多元时间序列变量组成的向量自回归模型。

一个VAR模型可以写成:

$$y_t = c + A_1 y_{t-1} + A_2 y_{t-2} + \cdots + A_p y_{t-p} + e_t,$$

其中:c 是 $n \times 1$ 常数向量,Ai 是 $n \times n$ 矩阵。e_t 是 $n \times 1$ 误差向量,满足:$E(e_t) = 0$,误差项的均值为 0;$E(e_t e'_t) = \Omega$,误差项的协方差矩阵为 Ω(一个 $n \times 'n$ 正定矩阵);$E(e_t e'_{t-k})$(对于所有不为 0 的 k 都满足),误差项不存在自相关。

(二)数据来源与处理

样本区间为1998—2011年。公共体育服务财政投入来源于历年《体育事业统计年鉴》,GDP数据来源于历年《中国统计年鉴》。考虑到价格因素的影响,对公共体育服务财政投入和GDP按照居民消费价格指数进行调整,得到实际的公共体育服务财政投入和GDP。同时,为了消除可能存在的异方差,对数据取自然对数,分别计为LnTCZ和LnGDP。运用Eviews 5.0,从图7-2可以看出,1998—2011年LnTCZ和LnGDP的变化趋势。

(三) 实证分析

1. 单位根检验

在检验变量间是否具有长期协整关系之前,首先要检验数据的平稳性。本研究采用单位根检验中的 ADF 检验来确定各变量的单整阶数,根据 AIC、SC 准则确定最优滞后阶数。单位根检验结果见表 7-4。

表 7-4 单位根检验结果

变量	检验形式	ADF 统计量	临界值(1%)	临界值(5%)	临界值(10%)	结论
LnGDP	(c,t,1)	−2.307048	−4.9928	−3.8753	−3.3883	非平稳
△LnGDP	(c,t,0)	−1.202619	−4.9928	−3.8753	−3.3883	非平稳
△²LnGDP	(c,t,0)	−3.500844	−5.1249	−3.9334	−3.4200	平稳
LnTCZ	(c,t,1)	−2.666762	−4.9928	−3.8753	−3.3883	非平稳
△LnTCZ	(c,t,2)	−3.356478	−5.2954	−4.0082	−3.4608	非平稳
△²LnTCZ	(c,t,0)	−3.663765	−5.1249	−3.9334	−3.4200	平稳

注:①检验形式为(c,t−k)。c 和 t 分别表示 ADF 检验带有常数项和趋势项,k 表示滞后阶数,由 AIC 和 SC 最小化准则确定。②△为差分算子,△和△²分别表示一阶、二阶差分序列。

从表 7-4 可知,在 10% 的显著性水平下,LnGDP、△LnGDP 都是非平稳的,其二阶差分序列△²LnGDP 却是平稳序列,所以,国内生产总值序列为二阶单整序列。同理,公共体育服务财政投入序列也是二阶单整序列,满足协整分析的条件,可以进一步利用协整分析方法分析它们之间的动态关系。

2. VAR 模型滞后期选择

在 VAR 模型建立的过程中,难点之一就是滞后期的选择问题,不同的滞后期,结果截然不同。表 7-5 是 LnGDP、LnTCZ 的 VAR 模型滞后期数为 0—2 期的 logL、LR、FPE、AIC、SC 和 HQ 的计算结果,可以确定 2 期为最优滞后期。为检验 VAR(2) 模型的稳定性,计算 VAR(2) 模型差分方程的特征,计算结果如表 7-6 所示,VAR(2) 模型所有特征值都小于 1,都位于单位圆以内,因此 VAR(2) 模型是稳定的。

表 7-5 VAR 模型滞后期选择

Lag	LogL	LR	FPE	AIC	SC	HQ
0	−1.351397	NA	0.005997	0.558566	0.639384	0.528645
1	41.08651	63.65685	1.01e−05	−5.847751	−5.605298	−5.937516
2	51.57011	12.23088*	3.74e−06*	−6.928352*	−6.524263*	−7.077960*

注: * 表示该信息准则所提供的滞后阶数选择的参考值。

第七章 公共体育服务财政保障体系

表7-6 VAR(2)模型稳定性检验

特征根	系数
0.937641 − 0.112031i	0.944311
0.937641 + 0.112031i	0.944311
0.346291 − 0.679409i	0.762570
0.346291 + 0.679409i	0.762570

3. Johansen 协整检验

本研究采用 Johansen 协整检验。同 EG 两步法不同,它是一种基于向量自回归模型的检验方法,在 VAR(2)下各变量的协整检验如表7-7所示。

表7-7 Johansen 协整检验

原假设	特征根	特征根检验			最大特征值检验		
		迹统计量	5%显著水平	P值	λ-max 统计量	5%显著水平	P值
0个协整向量	0.9089	32.5507	15.4947	0.0001	26.3539	14.2646	0.0004
至少1个协整向量	0.4307	6.1968	3.8415	0.0128	6.1968	3.8415	0.0128

Johansen 检验以两种检验统计量的形式显示:第一种检验结果是所谓的迹统计量,第二种检验结果是最大特征值统计量。表7-7协整检验中的迹统计量和最大特征值统计量的结果显示,全部拒绝协整向量秩为零的假设,说明5%的显著性水平下,变量 LnGDP 和 LnTCZ 之间存在唯一的协整关系。建立对应的长期均衡方程为:

$$LnGDP_t = 8.2828 + 0.8115 LnTCZ_t$$
$$(30.3714) \quad (14.1248)$$

$$R^2 = 0.9433,校正的 R^2 = 0.9385, F = 199.5101$$

其中,括号中数据为相应估计量 t 的统计值。通过回归结果分析,方程的拟合优度和修正的拟合优度均比较令人满意,各项检验参数显著不为零,F 统计量表明方程显著成立,回归方程统计性质良好。说明公共体育服务财政投入与经济增长之间存在长期均衡关系,公共体育服务财政投入每增加1%,经济增长0.8115%。

4. VAR(2)模型估计

时间序列 LnGDP 和 LnTCZ 都为二阶单整序列,且存在协整关系,建立于 VAR 模型。表7-8为模型估计结果:

表 7-8　VAR(2)模型估计结果

	LNGDP	LNTCZ
LNGDP(-1)	1.708204 (0.22608) [7.55569]	2.563148 (1.35019) [1.89837]
LNGDP(-2)	-0.775744 (0.21885) [-3.54469]	-2.097818 (1.30698) [-1.60509]
LNTCZ(-1)	-0.042402 (0.04555) [-0.93078]	0.859661 (0.27206) [3.15983]
LNTCZ(-2)	0.092200 (0.04691) [1.96564]	-0.419121 (0.28013) [-1.49619]
C	0.630125 (0.39913) [1.57874]	-3.159229 (2.38367) [-1.32536]

表 7-5 显示的是输出结果的第一部分,是每个方程的标准 OLS 回归统计量,根据各自的残差分别计算每个方程的结果。输出的第二部分显示 VAR 模型的回归统计量,可以看到两个方程的拟合效果都很好,R^2 分别达到 0.9994 和 0.9823,本研究中这部分结果省略。

5. Granger 因果关系检验

公共体育服务财政投入与经济增长之间存在协整关系,说明必然存在某一方向上的 Granger 因果关系,本研究将基于滞后 2 期的公共体育服务财政投入与经济增长的 Granger 因果关系进行检验,具有显著性作用的结果如表 7-9 所示。

表 7-9　Granger 因果关系检验结果

零假设	滞后期	x^2 统计量	P
LnGDP 不是 LnTCZ 格兰杰原因	2	4.036828	0.1329
LnTCZ 不是 LnGDP 格兰杰原因	2	5.073505	0.0791

可以看出,在10%的显著水平下,公共体育服务财政投入是经济增长的Granger原因,而经济增长不是公共体育服务财政投入的Granger原因。说明加大公共体育服务财政投入可以促进经济增长,而经济增长还未激励政府加大公共体育服务的财政投入力度。

三、基于DEA模型的公共体育服务财政投入绩效分析

(一) 数据包络分析(DEA)简介

数据包络分析(data envelopment analysis,简称DEA),是运筹学管理科学和数理经济学交叉研究的一个新的领域,由Charnes和Cooper等人于1978年开始创建。DEA是使用数学规划模型评价具有多个输入和多个输出的部门或单位(称为决策单元,简记为DMU)间的相对有效性(称为DEA有效)。根据对各DMU观察的数据判断DMU是否为DEA有效,本质上是判断DMU是否位于生产可能集的前沿面上。生产前沿面是经济学中生产函数向多产出情况的一种推广,使用DEA方法和模型可以确定生产前沿面的结构,因此又可将DEA方法看作是一种非参数的统计估计方法。使用DEA对DMU进行效率评价时,可以得到很多在经济学中具有深刻经济含义和背景的管理信息。①

(二) DEA模型建立

1. C^2R模型

选取n个决策单元,用DMU表示,以m和s分别表示每一个决策单元的输入和输出数,并假定第k个决策单元第i个输入变量以符号$X_{ik}(i=1,2,\cdots,m)$表示;与此相对应的是,这一决策单元第j个输出变量以$Y_{jk}(j=1,2,\cdots,s)$表示。相应的C^2R模型可以表示如下:

$$\min\theta$$

$$\text{s.t.} \begin{cases} \sum_{k=1}^{n} X_k \lambda_k + s^- = \theta X_t \\ \sum_{k=1}^{n} Y_k \lambda_k - s^+ = Y_t \end{cases}$$

$$s^- \geq 0, s^+ \geq 0, \lambda_k \geq 0, k=1,2,\cdots,n$$

公式中的s^-和s^+代表松弛变量,λ和θ代表决策变量,θ值描述的即为最终所要研究的综合效率值。此模型是对决策单元的技术效率,即纯技术效率和

---

① 魏权龄.数据包络分析[J].科学通报,2000(9):1793.

规模效率的综合效率进行评价。若 $\theta=1$，且 $s^+=0, s^-=0$，则判定第 X 个决策单元同时为纯技术效率最优和规模收益不变；若 $\theta<1$ 或者 $\theta=1$，且 $s^+\neq 0$ 或 $s^-\neq 0$，则判定第 X 个决策单元不是同时为纯技术效率最优和规模收益不变。

2. 超效率 DEA 模型

超效率数据包络模型(SE-DEA)是根据传统 DEA 模型提出的新模型，传统 DEA 模型等只能计算出有效率和无效率的决策单元，超效率 DEA 模型得出的无效单元的效率分值与普通 DEA 模型所得结果一致，两者的区别在于超效率 DEA 模型仅对有效单元的效率分值能做出相对精确的分析。超效率模型如下：

$$\min\theta$$
$$s.t.\begin{cases}\sum_{\substack{k=1\\k\neq k0}}^n X_k\lambda_k + s^- = \theta X_t\\ \sum_{\substack{k=1\\k\neq k0}}^n Y_k\lambda_k - s^+ = Y_t\end{cases}$$
$$s^-\geq 0, s^+\geq 0, \lambda_k\geq 0, k=1,2,\cdots,n$$

（三）我国地方公共体育服务财政投入效率实证分析

1. 指标选择

本研究结合地方公共体育服务财政投入的实际以及数据资料的可获得性，确定了两个投入指标和六个产出指标。在这里需要强调的是，竞技体育也属于公共体育服务范畴，但限于所收集的数据资料，相关指标没有纳入。具体的指标名称及其含义如表 7-10 所示。

表 7-10 地方公共体育服务财政投入产出指标体系

	指标名称	单位	备注
投入指标	地方公共体育服务财政投入	亿元	反映地方公共体育服务财政投入总量
	地方公共体育服务财政投入占财政支出比重	%	反映地方公共体育服务财政投入强度
产出指标	社会体育指导员	人	反映地方公共体育服务产出结果
	体育社团	个	反映地方公共体育服务产出结果
	综合运动项目组织数	个	反映地方公共体育服务产出结果
	单项运动项目组织数	个	反映地方公共体育服务产出结果
	体育俱乐部	个	反映地方公共体育服务产出结果
	体质监测达标率	%	反映地方公共体育服务产出结果

2. 数据来源

考虑公共体育服务财政投入产出时滞性，时间为 1 年。对 2011 年地方公共体育服务财政投入效率评价时,投入指标选取 2010 年的数据,产出指标选取 2011 年的数据。由于港、澳、台和西藏自治区的部分数据缺省,本研究以我国除港、澳、台和西藏外的 30 个省、市、自治区为研究样本进行分析。地方公共体育服务财政投入数据来源于历年《体育事业统计年鉴》,投入比重根据投入数据和历年《中国统计年鉴》计算而得,地方产出数据来自于历年《体育事业统计年鉴》。

3. 实证结果分析

基于上述 DEA 模型和地方公共体育服务财政投入评价指标体系的数据,本研究运用软件 DEA-Solver-PRO 9.0 求解模型的结果。具体结果如表 7-11 和表 7-12 所示。

表 7-11　地方公共体育服务财政投入效率实证结果表

DMU	效率值	超效率值	全国排名
北京	0.255196	0.255196	30
天津	0.284152	0.284152	29
河北	1	1.002017	8
山西	1	1.463656	3
内蒙古	0.900831	0.900831	12
辽宁	0.796446	0.796446	15
吉林	1	1.432229	4
黑龙江	0.451131	0.451131	27
上海	0.320098	0.320098	28
江苏	1	6.012988	1
浙江	0.98682	0.98682	9
安徽	0.722244	0.722244	18
福建	0.511153	0.511153	25
江西	0.601207	0.601207	21
山东	0.669641	0.669641	19
河南	1	1.3561	5
湖北	0.743162	0.743162	17
湖南	0.964707	0.964707	10
广东	0.54478	0.54478	23
广西	1	1.008108	7

续表

DMU	效率值	超效率值	全国排名
海南	1	1.91469	2
重庆	0.767531	0.767531	16
四川	0.962689	0.962689	11
贵州	1	1.033818	6
云南	0.650795	0.650795	20
陕西	0.51183	0.51183	24
甘肃	0.811824	0.811824	14
青海	0.858772	0.858772	13
宁夏	0.564393	0.564393	22
新疆	0.469569	0.469569	26
平均值	0.744966		
标准差	0.24026		
最大值	1		
最小值	0.255196		

表 7-12 地方公共体育服务财政投入冗余和产出不足统计表

DMU	投入冗余值			产出不足值				
	S_1^-	S_2^-	S_1^+	S_2^+	S_3^+	S_4^+	S_5^+	S_6^+
北京	0	0	0	745.3622	234.3631	510.9991	64.67861	0
天津	0	0	0	236.5851	159.9563	76.6288	136.4426	0
河北	0	0	0	0	0	0	0	0
山西	0	0	0	0	0	0	0	0
内蒙古	0	0	7605.673	27.81941	27.81941	0	398.144	23.32079
辽宁	0	0	0	413.0077	413.0077	0	879.2689	33.02669
吉林	0	0	0	0	0	0	0	0
黑龙江	0	0	11325.03	0	0	0	60.46584	0
上海	0	0	0	714.5416	157.7156	556.826	523.5573	0
江苏	0	0	0	0	0	0	0	0
浙江	0	0	0	1103.658	1103.658	0	2660.969	69.66749
安徽	0	0	0	272.1877	272.1877	0	0	10.98083
福建	0	6.27E-03	0	427.0618	427.0618	0	0	0

续表

DMU	投入冗余值		产出不足值					
	S_1^-	S_2^-	S_1^+	S_2^+	S_3^+	S_4^+	S_5^+	S_6^+
江西	0	0	0	0	0	0	380.8396	0
山东	0	0	0	145.8152	145.8152	0	2857.014	52.63229
河南	0	0	0	0	0	0	0	0
湖北	0	0	0	692.8657	692.8657	0	58.74527	18.0556
湖南	0	0	0	203.1663	203.1663	0	0	25.65563
广东	26708.68	0	0	36.79956	36.79956	0	3555.913	24.29565
广西	0	0	0	0	0	0	0	0
海南	0	0	0	0	0	0	0	0
重庆	0	0	0	465.7158	421.2361	44.47971	14.45593	0
四川	17302.65	0	0	0	0	0	937.2352	73.3647
贵州	0	0	0	0	0	0	0	0
云南	0	0	308.9447	0	0	0	333.8105	0
陕西	0	0	0	272.9451	205.6092	67.33588	242.685	0
甘肃	0	1.89E-03	0	9.72432	9.72432	0	32.22755	0
青海	0	0	2800.339	170.5691	24.33817	146.2309	183.8423	0
宁夏	0	6.43E-02	0	0	0	0	31.93538	0
新疆	0	0	1603.089	29.58187	29.58187	0	217.7269	0

根据计算结果，我们可以得出如下结论：

（1）地方公共体育服务财政投入效率偏低，地区差异大。从 DEA 效率值看，大多数地区地方公共体育服务财政投入的效率值为无效，仅有河北、山西、吉林、江苏、河南、广西、海南和贵州效率值达到 1，说明这八个省（自治区）的公共体育服务财政投入有效。而剩余 73.33% 年份效率值未达到生产的前沿面，处于低效率阶段，投入效率均值仅为 0.744966，低于效率平均值的地区有 14 个，占被调查地区总数的 46.67%。标准差为 0.24026，表明地方公共体育服务财政投入效率存在较大的差异。

（2）从 SE-DEA 效率值看，江苏效率最高。SE-DEA 模型能够对 DEA 评价为有效的地区进行区分。河北、山西、吉林、江苏、河南、广西、海南和贵州 DEA 效率评价都是有效的，但是这八个省（自治区）通过 SE-DEA 模型排序分别为 8、3、4、1、5、7、2、6，进一步排序区分开了这些 DEA 有效地区的效率值，其中江苏效率值最高。

（3）从投入方面看,出现投入冗余。出现公共体育服务财政投入冗余的有广东、四川,出现公共体育服务财政投入强度冗余的有福建、甘肃、宁夏,这些省（自治区）2010 年的效率值均小于 1,这说明了这些省（自治区）2010 年的公共体育服务财政投入与投入强度的冗余是一种低层次的冗余,资金没有充分地发挥作用。

（4）从产出方面看,普遍出现产出不足。从产出方面看,2011 年被调查省的公共体育服务财政投入普遍出现产出不足,特别是体育社团、综合运动项目组织数、体育俱乐部产出出现大面积不足现象。内蒙古、黑龙江、云南、青海和新疆五个省（自治区）的社会体育指导员产出不足；北京、天津、上海、重庆、陕西和青海六个省（直辖市）的单项运动项目组织数产出不足；内蒙古、辽宁、浙江、安徽、山东、湖北、湖南、广东和四川九个省（自治区）的出现体质监测达标率产出不足。全国各地多数省、自治区、直辖市的公共体育服务财政投入产出有待进一步提高。

需要说明的是,本研究采用数据包络分析的方法对我国地方公共体育服务财政投入绩效进行评价和分析,从定量的角度评价 2011 年地方公共体育服务财政投入产出效率,避免了主观性和人为的因素,使评价具有科学性和客观性。但是,数据包络分析方法也仅仅是一种相对比较的方法,不是绝对的。上述结论是基于样本年份的统计数据,如果采用其他年份或者其他指标的数据进行评价,则往往会产生不同的结论。受统计数据的限制,本研究选择的评价指标体系虽然具有一定的代表性,但并不完备,这是下一步需要加以完善的方面。

四、我国公共体育服务财政存在问题及原因分析

（一）存在问题

1. 公共体育服务财政投入存在问题

（1）投入总量偏少。我国公共体育服务财政投入的绝对规模虽然不断扩大,但相对规模未同步增长；我国公共体育服务财政投入占国内生产总值的比重非常低,低于 0.1%。与西方国家相差甚远。西欧大多数经济发展水平高的国家的体育经费及与体育有关的收入,占国内生产总值的比重超过 1%。我国公共体育服务财政投入占国家财政支出的比重也很低,而且持续下降,从 1998 年的 0.36%,下降至 2011 年的 0.27%。公共体育服务财政投入不足,影响了政府公共体育服务职能的履行,不利于我国体育强国目标的实现。

（2）投入还未形成稳定增长机制。根据表7-1绘制公共体育服务财政投入增长率图7-1,从图中可以很明显地看出,1998—2011年公共体育服务财政投入还未形成稳定的增长机制,增长率起伏非常大。2002年增长率最高,达到45.84%,2007年和2008年增长率也非常高,分别达到33.30%和37.58%,而2009年出现负增长,为-19.44%,2011年再次出现高增长,增长率达到36.36%。

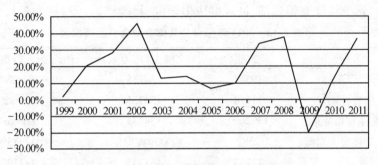

图7-1 公共体育服务财政投入增长率图

（3）公共体育服务投入渠道单一。近年来,我国公共体育服务投入虽然不断增加,但来源渠道仍很单一,公共体育服务财政投入仍是公共体育服务投入的主要来源,公共体育服务财政投入占体育事业公共收入的比重均值还很高。而经济发达国家体育财政投入只占体育事业公共收入的很小部分,如法国、德国、美国等国政府投入的体育经费只占体育全部经费的1/3左右。

以我国第五次全国体育场地普查为例,截至2003年12月31日,我国各系统、各行业、各种所有制形式(不含港澳台地区)共有符合第五次全国体育场地普查要求的各类体育场地850080个,其中标准体育场地547178个,非标准体育场地302902个,占地面积为22.5亿平方米,建筑面积为7527.2万平方米,场地面积为13.3亿平方米。历年累计投入体育场地建设资金1914.5亿元,其中:财政拨款为667.7亿元,占投资总额的34.9%;单位自筹为1032.6亿元,占投资总额的53.9%。

2011年新建体育场地1197个,占地面积为1612.15万平方米,建筑面积为285.49万平方米,场地面积为385.47万平方米。投入体育场地建设资金154.98亿元,其中:财政拨款为85.38亿元,占投资总额的55.09%,体彩公益金为6.05亿元,占投资总额的3.90%,社会捐赠2.41亿元,占投资总额的1.56%。[①]

---

① 数据来源于2012年《体育事业统计年鉴》。

(4) 投入结构不合理。首先,群众体育投入严重不足。长期以来,政府注重的是政绩体育,并将有限的体育事业经费大部分投入竞技体育领域,对群众体育关注较少,导致群众体育发展缓慢,造成财政投入的结构失衡。政府财政对竞技体育和群众体育投入的不均衡也造成与群众健身相关的公共体育场地设施无法满足居民健身需求,使群众性体育公共产品供给严重不足。从表 7-13 可以看出,人均享有的各种体育公共产品,如体育俱乐部、体育社团、社会体育指导员、青少年体育俱乐部、社区健康俱乐部、晨晚练站(点)数数量较少。①

表 7-13　2011 年部分公共体育服务产品情况表

名称	数量	全国人口(万人)	与人口数比值
体育俱乐部	19548	134735	1/68925
体育社团	31118	134735	1/43298
社会体育指导员	1392609	134735	1/967
青少年体育俱乐部	2587	30000(青少年)	1/115964
社区健康俱乐部	11237	134735	1/119903
晨晚练站(点)数	285900	134735	1/4713

数据来源:体育相关数据来源于 2012 年《体育事业统计年鉴》,人口数据来源于 2012 年《中国统计年鉴》。

其次,地区结构失衡。我国各区域间存在明显差异,中西部地区体育事业经费严重不足。从表 7-14 可以看出,中部的人均体育事业经费不仅远低于东部,而且也低于西部人均体育事业经费,呈现凹陷状态,即东西部较高,中部较低。②

表 7-14　2005—2008 年区域人均体育事业经

年份	东部	中部	西部	三者之比
2005	241.12 元	42.63 元	42.27 元	5.66∶1∶0.99
2006	287.21 元	54.90 元	71.98 元	5.23∶1∶1.42
2007	343.63 元	83.29 元	80.75 元	4.13∶1∶0.97
2008	420.09 元	67.17 元	80.25 元	6.25∶1∶1.19

从表 7-15 可以看出,我国各区域体育场地分布呈现明显的区域差异。根据我国第五次全国体育场地普查数据公报,东部地区体育场地人均面积 1.42 平方米,中部地区仅为 0.65 平方米,西部地区为 0.83 平方米。

① 刘霞. 我国体育公平缺失的政策解析[J]. 体育与科学,2013(3):102-106.
② 俞丽萍. 体育公共服务均等化的财政分析[J]. 体育文化导刊,2012(7):9-17.

表 7-15　我国各区域体育场地分布情况

区域	总量(个)	总面积 (平方米)	人均面积 (平方米)	每10万人拥 有场地个数
东部	386824	782169690	1.42	70
中部	163555	234768976	0.65	45
西部	261739	307556760	0.83	71

数据来源：我国第五次全国体育场地普查数据公报。

再次，城乡结构失衡。特别是在农村，公共体育设施和体育指导员都严重匮乏。第五次全国体育场地普查统计资料显示，仅有 66446 个体育场地在乡村，全国乡镇(村)的体育场地占有量仅为全国体育场地总数的 8.18%。2008 年政府又在全国范围内新建了 1106 个体育场地，其中建在农村的有 658 个，但仅有 10 个位于村庄，其余则在校园。① 可见，农村大多数迫切需要得到体育锻炼的居民却因场地匮乏而无法享受应有的体育公共服务。此外，农村仅有占全国 10% 的社会体育指导员。②

(5) 公共体育服务财政投入产出效率低。如前文所述，公共体育服务财政投入产出效率低，有待进一步提高。从 DEA 效率值看，大多数地区地方公共体育服务财政投入效率值是无效的，处于低效率阶段，投入效率均值仅为 0.744966，低于效率平均值的地区有 14 个，占地区总数的 46.67%。标准差为 0.24026，表明地方公共体育服务财政投入效率存在较大的差异。从 SE-DEA 效率值看，江苏效率值最高。出现公共体育服务财政投入冗余的有广东、四川，出现公共体育服务财政投入强度冗余的有福建、甘肃、宁夏，这些省(自治区)的效率值均小于 1，这说明了这些省(自治区)的公共体育服务财政投入与投入强度的冗余是一种低层次的冗余，其资金没有充分地发挥作用。从产出方面看，普遍出现产出不足，特别是体育社团、综合运动项目组织数、体育俱乐部产出出现大面积不足现象。内蒙古、黑龙江、云南、青海和新疆五个省(直辖市)的社会体育指导员产出不足；北京、天津、上海、重庆、陕西和青海六个省(直辖市)的单项运动项目组织数产出不足；内蒙古、辽宁、浙江、安徽、山东、湖北、湖南、广东和四川九个省(直辖市)的出现体质监测达标率产出不足。

2. 公共体育服务税收政策存在问题

(1) 税收激励手段单一。现行公共体育服务税收政策激励方式，往往偏重

---

① 冯国有.体育公共服务均等化及其财政政策选择[J].上海体育学院学报,2007(6):26-31.
② 田雨普,杨小明,刘开运.我国城乡群众体育统筹发展的战略[J].体育学刊,2008(1):9-13.

乃至局限于税率优惠与税额减免等直接手段,而较少运用间接减免方式。税收的直接减免,虽操作简便,但只能在一段时期内使用,因而对于公共体育服务缺乏持续有效的激励。缺乏通过投资抵免、减税、免税、退税(出口退税和再投资退税)、加速扣除、税项扣除、亏损弥补等直接和间接税收手段来全面地激励我国公共体育服务发展的税收政策体系。

(2)税收政策缺乏连续性和持久性。从现行政策看,我国公共体育服务税收政策具有临时性和非持续性特征。部分政策是针对国际(国家)某一大型比赛专门特殊制定而颁布实施的,大多具有一定的针对性和临时性,其政策缺乏连续性和持久性。如为支持2008年第29届奥运会和第13届残奥会在北京召开,我国政府从2003年开始,先后制定和颁布了一系列专门针对2008年北京奥运会的税收优惠政策。国家对涉及奥运会的营业税、增值税、消费税、关税、土地增值税、印花税、企业所得税、个人所得税、车船使用税和新购车辆应缴纳的车辆购置税等11个税种给予了免税待遇,这无疑对奥运会在我国的成功举办发挥了巨大的支持和促进作用。然而,上述税收政策均具有一次性、临时性的特征,2008年奥运会结束之后,这些税收优惠政策也就随之弱化或消失。

(3)缺乏相关税收激励政策设计。首先,对我国未来发展前景广阔的体育创意产业、体育休闲旅游业、体育用品业、体育竞赛表演业、全民健身服务业、体育广告业、体育会展业等新兴体育产业,以及重点培育大型体育企业集团和对龙头体育企业的资产重组、创业投资等的税收优惠激励政策几乎没有,致使扶持我国体育产业的税收政策激励内容不全面、不完善。

其次,除去对极少部分体育产业的具体业务(如举办各种体育比赛、提供体育活动和体育比赛场所的业务)以"文化体育业"税目、3%的税率对其进行征税外,税收优惠政策对其余大部分体育项目都未明确,以"娱乐业"税目对其进行20%的税率征收,税负过重。

再次,对经营体育比赛的组织不进行营利性和公益性区分,征税按照统一要求进行。对体育场馆征税也存在同样问题。由于体育项目的发展程度各不相同,我国大多数体育场馆的经营状况也差别甚大。作为各类体育运动联赛队伍主场的场馆其经营状况显然优于未做任何主场的场馆。其他大部分场馆的经营状况不很理想,甚至有的场馆靠与体育无关的经营来勉强维持。对后者来说如果按照同一标准严格进行征税是缺乏公平的。

(二)原因分析

1. 分权化改革和地方政府竞争

自1978年实行改革开放以来,我国便开始进入一个政治、经济体制的转型期。首先以财政体制改革为突破口,推行多种形式的财政包干体制,扩大地方的财权。另外,地方政府的预算约束比较刚性。在这种制度下,地方政府有动力使财政收入最大化,因而其激励机制较好地与经济效率保持一致。这种制度安排产生了两个效应:一是地方政府的收入来源发生了变化,改革前地方政府的收入主要来源于中央政府拨款;实行财政分权后,地方政府的收入直接与本地区经济发展相关,这些收入包括上缴中央政府后税收的地方留成部分、预算外收入以及地方政府的寻租收入等。二是地方政府收入扣除支出费用的余额纳入地方政府的目标函数,在财政分权体制下,地方政府成为地方税金的剩余索取者,地方政府因此需要根据其收入而合理配置资源,以使利益最大化。这样,地方政府的最优化问题就可以归结为在地方政府收入和公共产出成本约束下的经济利益最大化,地方政府因此成为具有独立经济利益的政治组织。

地方化分权改革为地方政府获得与维持独立利益和自主地位创造了条件。正是在地方化格局的基础上,加上全国市场经济体制的推行和政府对于经济领域改革的主导作用,地方政府之间的互相竞争也开始浮出水面。公共支出被大量地运用于政府没有比较优势的途径上,过多地进入那些本应由市场力量发挥主要作用的领域,特别是竞争性和营利性的经济领域;而关系民生的基本公共服务领域如义务教育、最低生活保障、医疗保健、文化体育等投入却相对较少,没有实现向公共财政的转变。

2. 分税制财政管理体制不完善

(1) 财力层层向上集中。按照1994年的改革思路,分税制财政体制的最终目标是通过逐渐完善中央税与地方税体系,逐步取消非规范的共享税。然而目前共享税种数量不断扩大,共享税收占全国税收的比重也不断攀升,自然而然地弱化了本已十分脆弱的地方税体系。分税制改革以来,一些属于地方的税种,如固定资产投资方向调节税、农业税含农业特产税、牧业税等先后被中央政府取消,土地增值税等税种形同虚设,遗产税尚未开征。虽说从数量上看地方税税种不少,但目前真正属于地方主税种的只有营业税(不含铁路、各银行总行、各保险公司集中交纳部分)、房产税、契税等。2012年开始的营业税改征增值税改革进一步弱化了营业税在地方税务体系中的主体地位。地方税务体系的严重缺失,违背了分税制改革时所确定的"财权与事权相统一的原则",违背了国际惯例。政府间财权、财力的不均衡,在中央政府与地方政府之间分别出现了"大马拉小车"和"小马拉大车"的失衡格局。

(2) 事权层层下放。国家财力上收的同时,出现了事权层层下放的现象。这使本来就捉襟见肘的地方各级财政变得更加困难。义务教育、本区域内基础设施等地方公共物品,这些事权大多刚性强、欠账多,所需支出基数大,无法压缩。而且国家对农业、科技、教育、卫生、扶贫、精神文明建设方面的支出都有明确的法律法规要求,要求这些方面的支出占到总支出的一定比例或是支出增长速度要超过财政预算收入的增长速度。财力相对较宽裕的地方政府还能保证公共体育服务的提供,而财力相对较紧张的地方政府提供公共体育服务的能力就愈发减弱。

(3)失效的政府间转移支付。首先,税收返还制度畸形。我国财政转移支付税收返还制度依据标准依然是"基数法",由于它过多考虑地方既得利益,造成的地区间"马太效应",不仅不能解决因历史原因所造成的财力分配不均和公共服务水平差距较大的问题,反而加剧了地方收入分配不合理现象,使财政转移支付制度的均衡作用很难发挥,并进一步加剧了我国公共体育服务的大众体育与竞技体育差异、城乡体育差异、地区差异。

其次,转移支付结构不合理。当前,在转移支付结构中,均衡性转移支付偏低,其所占比重很小目前只占转移支付总额10%,导致地方政府不能为民众提供充分的公共体育服务。

3. 政绩评价体系缺陷

目前,我国尚未建立符合我国国情的包括评价目标、评价主体、评价指标体系、评价标准、评价程序、评价方法等在内的完整科学的政绩评价体系,评价的内容、程序、方法不规范,片面强调经济指标,忽视公共服务指标。这导致政府将财政收入主要用于经济建设,基本公共服务的投入偏少,公共体育服务领域更是微乎其微。在很长一段时间内,产生于特殊历史背景下的"争光"体育曾经被赋予了特殊的政治意义,延续并演化为政府的政绩工程之一。竞技体育金牌所带来的巨大政绩与大众体育投入大、见效慢的状况相比差距甚远,地方政府更是长期以竞技体育金牌数量来衡量体育事业发展的成绩大小。因为竞技体育的社会关注度和影响力巨大,所以政府对其投入远远大于对大众体育的投入;而与公众最为密切相关的大众体育,由于不易测量,公众需求偏好被忽视,在投入与政策失衡的双重作用下,被置于可有可无的地位。

4. 公共体育服务多元化投入不足

目前公共体育服务投融资运作资金基本还是依靠财政资金,缺乏市场化的融资手段,不能适应市场化改革的深入,适时地拓展体育产业风险投资、体育产业投资基金等体育产业资本市场融资渠道。我国的体育基金会是伴随着体育产业发展起来的带有行业色彩的准金融机构。体育基金运作的成败,直接影响到各省市体育产业的发展,由于各地经济、金融和体育发展水平不平衡,目前我国还只有少数省市获准设立了体育基金会或体育基金管理中心,而且基金的运作效率尚不理想。我国主板市场上市非常苛刻,一是对净资产规模有限制,二是连续三年净资产收益率必须达到一定水平。因此一般体育类公司上市难度非常大。

另外,大多数公共体育服务的活动停留在短期活动的组织或数量的增加上,而缺乏通过服务活动使政府与市民、企业、社会之间建立起一个互惠互利的利益融合点,没有科学有效的利益保障和共享机制,没有多层面的长效激励机制,社会力量对公共体育活动的资助得不到应有的回报,社会力量兴办公共体育活动的积极性和自觉性没有充分调动起来,机制的缺失导致社会资金对公共体育服务的投入受到限制。

5. 公共体育服务财政管理粗放

一是公共体育服务财政资金缺乏统筹安排,往往项目重复与支持不足同在,成果研发与成果应用分离,投入不足与浪费低效并存。二是财政"单打独斗",没有发挥其"四两拨千斤"的资金导向作用,不能有效调动社会资金。一方面,财政资金有限;另一方面,社会资金得不到有效使用,公共体育服务财政资金短缺与社会资金闲置并存。三是公共体育服务财政投入重支出轻管理。一方面容易导致出现各部门、各单位跑项目和跑资金的情况,另一方面也容易导致财政资金沉淀在某一个部门或单位,难以充分调动社会各方力量,导致公共体育服务财政资金使用效率低下。四是公共体育服务财政投入缺乏严格而科学的预算管理,没有形成预算的事前、事中和事后的全面监管,影响财政资金的使用效率。五是现阶段,我国公共体育服务财政绩效评估的实践尚未有效开展。由于缺乏切实有效的绩效评估机制,所以许多公共体育服务财政投入的管理受到制约,我国体育经费管理难以得到有效改革,这些都影响了我国体育经费管理的科学化发展。

五、国内外公共体育服务财政保障典型案例的剖析与启示

(一)国外公共体育服务财政保障的典型案例

1. 美国市政债券用于体育基础设施建设

(1)概况。市政债券又称地方政府债券,是指由地方政府或其授权代理机构发行的,以地方政府信用为保障,所筹集资金主要用于满足建设学校、公路或者排污系统等有关城市或地方基础设施建设需要,并承诺在一定期限内还本付息的债务性融资工具。美国是世界上市政债券最发达的国家。美国的市政债

起始于19世纪20年代,20世纪尤其是第二次世界大战后,其市政债券发展迅猛。

美国市政债券主要分为一般责任债券和收益债券。一般责任债券由州和地方辖区发行,以发行人的完全承诺、信用和税务能力为保证。收益债券是为项目或企事业单位融资而发行的债券,以发行人所经营项目的收入能力和财务自立能力做担保。经过多年的持续金融创新,市政债券在最初的一般债务债券和收入债券两种基本产品基础上又派生出多种市政衍生债券。种类繁多的市政债券进一步降低了投资者的资产组合风险,也使市政债券成为美国投资者经久不衰的投资热点。债券发行条件、审批规则由各州自行规定,州以下地方政府和机构有权利独立发行市政债券。目前,美国市政债券的年发行额中,州政府和机构所占比例为42.1%,地方政府所占比例为53.6%。

(2)运作及成效。美国市政债券发行额基本呈现震荡向上的走势,从1996年的1852亿美元增加至2010年的4331亿美元,累计增长133.86%。[①] 市政债券的迅速发展也有力地推动了美国的城市化进程,两者相互促进、相辅相成,呈现良性互动的发展格局。其发行规模均超过国债,并成为美国州及州以下地方政府筹集公共资金的重要工具。美国市政债券所筹资金主要用于公益性事业,包括公路、桥梁、机场、港口、水坝、隧道、供水设施、供电设施、供气设施、污水处理设施、环境保护设施以及学校、医院、住房、体育场馆等基础设施建设和经济开发等,很好地满足了公共项目与社会公共服务部门大规模、长期性、低成本的资金需求。

2. 德国横向财政转移支付保障体育财政均等化

(1)概况。德国是一个联邦制国家,过去的联邦德国有11个州,东德和西德统一后一共有16个州。政府分为联邦、州和地方(市或县)三级,各级政府在财政管理上具有独立性,宪法明确规定了三级政府的职责和财政支出范围。财政转移支付是财政支出的两种基本形式之一,它是指资金在各级政府间的无偿转移,具有无偿性、补助性的基本特征。财政转移支付是以各政府之间所存在的财政能力差异为基础,以实现各地公共服务水平的均等化为主旨而实行的一种财政资金转移或财政平衡制度。德国的财政转移支付制度包括纵向与横向两个方面。横向财政转移支付是以同级政府之间所存在的财政能力差异为基础,以实现各地公共服务水平均等化为主旨而实行的一种财政资金转移或财政平衡。

---

① 大力发展市政债券 拓展城镇化融资来源[EB/OL].[2013 - 06 - 17]. http://www.howbuy.com/news/2013 - 06 - 17/1917738.html.

第七章 公共体育服务财政保障体系

(2) 运作及成效。横向财政转移支付是德国独具特色的转移支付方式。通常在整个转移支付体制的运行过程中,先通过财政收入在各州之间以及州内各市镇之间的横向转移,提高贫困州或贫困市镇的财政收入,缩小贫困地区与富裕地区之间的财政收入差距,从而在一定程度上起到地区间财力平衡的作用。德国财政转移支付包括两个层次:一是德国16个州级财政单位之间的财政转移支付;二是州内各个市或县之间的财政转移支付。德国财政平衡基本理论的出发点是德国国内各个地区的居民具有享受相同生活条件的权利,这也是德国基本法中的一个重要条款。

3. 澳大利亚财政拨款支持学生课后体育项目

(1) 概况。澳大利亚是一个体育强国,常年举办全球多项体育盛事。澳大利亚国家体委是主管全国体育运动的政府职能机构,每年其经费支出中的50%拨给各协会;25%由国家体委管理,主要用于青少年训练基地建设;25%用于群众体育或社区体育项目的开展。澳大利亚参加体育锻炼的人数众多,从早到晚都可以看见成群的男女老少在跑步。每逢节假日和休息天,人们或是全家出动或是三五好友相约外出郊游、跑步、骑自行车、游泳、打球、划船、攀岩等。体育活动成为当地人的需要、时尚与习惯。可以说,澳大利亚是体育大国、体育强国。

(2) 运作及成效。澳大利亚公布的2013—2014财年预算数据显示,其总共拨款1.15亿澳元用于支持各类社区体育参与项目,其中3940万澳元用于学生的课后体育项目。这一项目旨在为学生提供"免费的、包容性的、积极的课后体育体验"。自2005年开始,课后体育项目在全澳陆续展开,目前已达3200处,提供70多个体育项目,共有约19万学生参与其中。调查显示,参与这一项目的学生中三分之二会对体育产生兴趣。而这一项目的另一个成果是,大约5.3万名社区体育教练员得到了培训,他们负责培养孩子们对体育的兴趣,并引导他们加入当地的各类体育俱乐部。课后体育项目由澳大利亚体育委员会负责实施,委员会通过在各地区的协调员,协助学校和课后看护中心开展各类体育项目。①

(二) 国内公共体育服务财政保障的典型案例

1. 北京体育产业发展引导资金

(1) 概况。2007年北京市的《关于促进体育产业发展的若干意见》明确提

---

① 徐海静. 澳大利亚政府将拨款用于支持学生课后体育项目[EB/OL]. http://www.chinanews.com/gj/2013/05-16/4826264.shtml.

出设立体育产业发展专项资金,采取贷款贴息、项目补贴、政府重点采购、后期购买和后期奖励等方式,对符合政府重点支持方向的体育产品、服务、项目和企业给予扶持,培育具有影响力的体育品牌。体育产业发展引导资金来源于市财政拨款,重点用于扶持符合北京市体育产业发展总体规划和相关政策的项目。引导资金按照公开、公平、公正的原则进行管理和使用,实行项目负责制,逐步推行项目评审、绩效考评等财政资金项目管理制度。该专项资金额每年为5亿元人民币。

2007年1月北京市财政局向北京市人大提交的财政预算草案中,首次出现5亿元体育产业引导资金。这笔资金主要用于三个方面:一是扶持好的全民健身项目发展;二是补助重大赛事项目建设;三是奖励发展好的、效益大的、对全民健身发挥重要作用的体育产业。民营企业、个体企业甚至是外资企业举办的比赛,只要符合条件,同样可以向北京市申请这一引导资金,而资金的使用办法则根据比赛情况的不同,分为补贴、奖励、低息贷款等方式。

为了规范体育产业发展引导资金,北京市体育局专门制定了《北京市体育产业发展引导资金贷款贴息管理办法(试行)》(京体产业字〔2010〕12号)和《北京市体育产业发展引导资金管理办法(试行)》(京体产业字〔2010〕11号)等规范性文件。

(2)运行及成效。截至2009年年底,北京市体育产业发展引导资金已投入15亿元,共扶持产业项目46个。其中,竞赛表演类项目10个,其投入资金占总资金的37.98%;全民健身服务类项目18个,其投入资金占总资金的36.87%;体育产业功能区类项目5个,其投入资金占总资金的10.87%;职业体育俱乐部建设类项目4个,其投入资金占总资金的5%;体育新兴产业类项目6个,其投入资金占总资金的7.15%;体育用品生产销售业类项目2个,其投入资金占总资金的1.7%;其他类项目1个,其投入资金占总资金的0.47%。带动社会资本近30亿元,充分发挥了政府资金的引导和释放作用,形成多元化投资主体,为培育体育市场、增加体育产品起到极大的促进作用,满足了市民日益增长的体育消费需求。①

2. 常州市公共体育服务财政保障奖补办法

(1)概况。2012年常州在江苏率先出台《城市"10分钟体育健身圈"建设三年行动计划》,明确提出到2014年初步建成市、辖区、街道(乡镇)、社区(行政村)、居民小区(自然村)全民健身设施五级网络,逐步实现城乡公共体育设施均

---

① 陈洪平.体育产业财税支持政策的财政法思考[J].武汉体育学院学报,2013(3):33.

等化；全市每个健身站点配备3名以上的社会体育指导员，大学生村干部100%成为社会体育指导员。常州全市每万人拥有社会体育指导员34名，名列江苏第一。

为落实促进行动计划，常州政府出台《常州市城市社区"10分钟体育健身圈"建设奖补办法》，以激励扶持全市城市社区"10分钟体育健身圈"建设。该"办法"分达标社区、市级社区体育健身俱乐部、市级全民健身示范工程三大奖补项目。给达标社区授予"常州市城市社区'10分钟体育健身圈'建设达标社区"称号，并给予奖励。2012年年底前达标的奖励5万元，2013年年底前达标的奖励3万元，2014年年底前达标的奖励2万元。被命名为"市级社区体育健身俱乐部"的，一次性给予6万元的经费扶持。被命名为"市级全民健身示范工程"的，给予10万元的经费扶持。

另外，常州政府出台《进一步推进学校体育设施向社会开放的补充实施办法》，设立围栏建设经费、维护管理经费和考核奖励经费三项经费，按照每天开放、节假日开放和寒暑假开放三类形式，分别给予5万、3万和2万的管理经费补贴。

（2）运行及成效。截至2013年10月，常州市纳入建设范围的316个社区中的90%已经建成，投入资金近1300万元。同时，出台办法对市区乡镇（街道）全民健身中心室内体育馆、游泳馆，按每平方米1000元标准进行补助。目前，常州市已有13个室内体育场馆建设完工，共获得补贴1700万元。在此基础上，常州市坚持大众化、多样化和品牌化的原则，引导百姓积极参与形式多样的全民健身活动，每年参与各级各类健身活动近100万人次。常州还不断加大场馆惠民开放力度，市属23家体育场馆全部向市民开放，其中免费开放12家。常州市70%以上的学校体育设施向社会开放，溧阳市中小学的体育设施100%向社会开放。

2013年10月，国家统计局公布了常州城市居民体育锻炼现状调研结果：在接受调查的2640人中，参加过体育锻炼的人数占78.4%，其中坚持每天活动的人占48.3%，名列江苏省前茅。

3. 上海市静安区政府购买公共体育服务

（1）概况。静安地处上海市中心，周围与6个区相邻。全区总面积7.62平方千米，其中土地面积7.57平方千米，河道面积0.05平方千米，常住人口约33万。上海静安公益场所管理服务中心是2008年1月15日通过社会组织承接公共服务项目资质的评审正式成立的独立的民办非企业单位、以管理和提供公益场所服务为主的为期五年的公益性社会组织，是承接上海静安区政府购买服务项目的单位之一。上海市静安区的市民可通过登录静安公益场所管理服务中心的网站提前网上预定体育活动场地,还可通过电话或现场预约。

购买公共体育服务的主要内容是:对静安区免费开放的14个学校的29个篮球架和昌平路上新建的笼式足球场实施场地管理与服务工作,即管理场地开放过程中发生的秩序维持、保洁、体育指导、预约等各方面的事务。

上海市静安区政府与静安公益场所管理服务中心依照合同约定由街道办事处、镇政府每年落实一定的专项经费用于弥补开放单位或管理组织在日常管理中所存在的各类开支的不足,由上海市静安区财政局负责审核后,按照合同约定统一拨付,购买经费由服务中心自行支配,并通过定期的财务审计确保经费在合同约定的范围内使用。①

(2)运作及成效。通过政府购买服务,政府由公共服务的直接提供者,变为公共服务政策的制定者、购买者和监督者,实现了社会权力的回归和政府角色的转换。静安区政府在探索社会组织参与社区公共服务方面取得了明显成效,政府购买服务不管是项目数量,还是项目金额每年不断提高。通过确立公共服务项目和政府购买服务的方式,使政府部门从具体的社会事务中抽身,降低了行政成本,提高了资金使用效率。而将学校操场在双休日向社会公众免费开放,则为市民体育锻炼提供了场地,提高了人民群众身体健康和生活质量水平,深受群众欢迎。

(三)启示

1. 公共体育服务财政保障种类众多

无论是美国的市政债券,还是德国的横向转移支付,以及澳大利亚财政拨款支持学生课后体育运动的项目,都有一个共同特点,那就是公共体育服务财政保障种类众多,形式各异。从种类上而言,当前我国用于公共体育服务财政保障的种类相对单一,投入不足。从前面典型案例分析可以看出,国内虽然也有体育产业引导资金、财政补贴以及政府采购等,但仅局限于为数不多的经济发达地区,而大多数地区由于地方财政来源受各地经济发展水平制约,投入相对较少,保障种类更少,其挖掘的潜力有待大力提高。

2. 发行体育市政债券

国际经验足以表明,市政债券发行规模与城市化进程存在高度的正相关关系,即城市化进程越快,市政债券发行规模就越大,反之亦然;同时,市政债券的

---

① 高斌,井志侠,秦纪强,等.上海静安区中小学体育场馆对外开放的政府购买模式分析[J].滁州学院学报,2011(4):74.

快速发展也有力地推动了城市化进程。我国资金需求持续增长与地方政府财力不足的矛盾长期存在。改革开放以来,我国市政建设投入增长迅速。1978—2011年,我国城市公用设施固定资产投资年均增长26.1%。按城市人口计算,人均固定资产投资也由3.7元增加至1955.6元。但我国市政建设投资相对水平仍然较低,其占全社会固定资产投资的比重低于发展中国家平均水平,其中体育基础设施建设更显滞后。① 总之,美国发行市政债券为体育基础设施建设融资的实践经验可以为我国推出市政债券、促进公共体育服务建设融资提供有益的借鉴和启示。

3. 建立横向转移支付制度

我国作为一个发展中国家,人口众多、地域广阔,各地自然条件差异很大,再加上历史原因,我国地区间经济发展水平很不平衡。从一个地区的内部来看,区内不同地方经济发展水平也存在很大差距。目前我国解决地区间差距时,更多地依靠纵向转移的支付方式,但由于对转移数额的确定缺乏科学依据、未能充分考虑各地区的收入能力和支出水平等原因,各地区财力差距和公共服务水平差距过大,各地横向失衡严重。另外,虽然我国实践中地方政府之间没有一个规范化、公式化、法治化的横向转移支付制度,但具有横向转移支付性质的"对口支援"早已存在,它是在中央政府的鼓励和安排之下,各地出现的一种非公式化、非法制化的转移支付。从前文分析可知,我国各地区在公共体育服务投入存在着较大的地区差异,借鉴国际经验建立横向转移支付制度,有利于我国公共体育服务均衡发展。

4. 充分发挥财政投入杠杆作用

加快财政投入方式改革,大力发展体育产业引导资金等金融引导政策,完善公共体育服务财政奖励补贴政策,开展财政资金竞争性分配试点等措施,让市场在公共财政支持公共体育服务方面发挥重要作用,让财政扶持资金的杠杆作用日益增强。以金融引导政策为例,其主要是通过财政政策的资源导向作用,对风险投资业、创业担保行业和银行业等社会资本投向公共体育服务行业进行引导与激励。经验表明,只有加强金融引导政策与财税政策的配合,才能形成稳定有效的公共体育服务支持体系。通过政策合力才能充分发挥激励、引导、保护和协调的政策功能和杠杆作用。

5. 大力发展公共体育服务政府采购

政府采购,是指各级国家机关、事业单位和团体组织,使用财政性资金采购

---

① 市政债券:激活城建投融资机制[N]. 上海证券报,2013-12-05(08).

依法制定的集中采购目录以内的或者采购限额标准以上的货物、工程和服务的行为。政府采购不仅是指具体的采购过程,而且是采购政策、采购程序、采购过程及采购管理的总称,是一种对公共采购管理的制度,是一种政府行为。要大力发展公共体育服务政府采购,即政府为了履行服务社会公众的职责,通过政府财政向各类社会体育服务机构支付费用,用以购买其以契约方式提供的、由政府界定种类和品质的全部或部分体育公共产品与服务,引导社会组织主动承担健身指导、参赛办赛等体育服务。

六、完善我国公共体育服务体系财政保障政策的建议

(一) 转变政府体育职能

1. 转变政府体育职能

为社会提供有效的公共体育服务是各级政府体育行政管理部门最基本的职能和建设体育强国最基本的任务。政府体育职能的转变是推动体育改革至关重要的任务,政府要加大在公共体育设施建设、满足大众参与体育活动基本服务需求、强化公共体育服务政策和保障措施等领域的管理力度。把竞赛训练工作转移给体育协会、体育俱乐部和其他社会组织,由现在的人、财、物多种资源投入转变为经费投入,降低政府的体育管理成本和负担。在尚不完全具备社会条件时,根据需要,按照择优与示范的原则,国家兴办少量的国家运动队,示范性举办少量重大体育竞赛活动。在代表国家水平的竞技体育中,中央政府的体育行政部门应该承担更多的责任,省及以下体育行政部门应该根据情况尽力减少训练和竞赛职能。尽快从经营性、竞争性投资领域退出,适度开放以竞赛、训练为主要内容的竞技体育管理领域和提供健身娱乐的服务领域,从而建立起以市场为纽带的体育管理和服务的市场化机制,把政府的管理重点转移到社会公共体育产品提供和公共体育服务上来。

2. 充分发挥政府在公共体育服务工作中的主导作用

各级政府要把公共体育服务体系建设作为政府的重要职责,把推动公共体育服务发展纳入地方党委、政府工作的重要议事日程,实现"四纳入"(纳入国民经济和社会发展规划,纳入本级政府财政预算,纳入政府工作报告,纳入各级政府为民办实事项目)。每年以目标任务书的形式下达基本公共体育服务体系建设任务,并对建设情况进行专项督查,督查报告要向政府反馈。

3. 建立完善科学的公共体育服务考评体系

改变过去在考核体系中以金牌数量、冠军等指标占绝对权重的状况,把公

共体育服务数量和质量指标纳入干部政绩考核体系中,增强公共体育服务在政府发展评估中的地位,把涉及全民健身普及、学校体育、后备人才输送率、优秀率、就业率、社区体育,以及市民参与率、满意率、健康率等多项指标纳入考评体系。将这种考评予以法定化,以确保政府体育职能向公共体育服务转变。检验体育硬件不再是体育中心有多大、场馆多么多、设施多么现代化,还要考核产业开发、设施利用率、经济和社会效益,尤其是体育场馆设施对市民的开放率及资源共享情况。

(二)完善分税制财政管理体制

1. 正确划分中央政府与地方政府之间的事权

要对中央与地方政府以及各级地方政府之间的事权划分和支出责任进一步明确,应该由中央政府承担的,在划分责任时,明确由中央承担。按照公共产品的收益范围,明确地方政府的职责:一是地方政府政权建设,包括行政管理、社会治安等;二是本辖区内收入水平和财富差距调节;三是提供公共卫生、公共教育、环境保护、城市基础设施、地方交通通讯、公用事业供应等。进一步明确公共体育服务中央和地方事权。属于国家范围的公共体育服务、具有全民性质的公共体育产品和准公共产品,应由中央政府承担,以城乡和区域基本公共服务均等化为重点,强化再分配职能;各级地方政府主要负责各自辖区内公共体育服务的供给,特别是大众公共体育服务,应当重点关注各自辖区内居民的实际需求,提高公共服务体育的供给效率。

2. 完善地方税收体系,不断提高地方税收比重

(1)稳定流转税类。一是促进增值税稳定增长。为保证增值税的持续增长,地方政府必须立足长远、依靠市场,间接引导和扶持若干发展前景广阔、市场占有率高,以及科技含量高、销售额大的项目。二是完善"营改增"改革。认真总结"营改增"改革试点经验,跟踪评估遇到的新情况,研究探索相关重大问题,抓紧制订扩大改革试点的具体方案,有序扩大试点范围。三是改革和完善城市维护建设税。城市维护建设税对流转税依附性大,并未真正成为独立的地方税种,为了加强地方税收入,必须进行改革。

(2)扩大所得税类。一是推进企业所得税改革。新企业所得税法已于2008年1月1日起施行,将原来企业所得税优惠政策以"区域优惠"为主的格局,调整为以"产业优惠为主、区域优惠为辅"的新的税收优惠格局。各级政府要认真执行过渡期政策,妥善处理优惠待遇,提高地方企业所得税在地方税收中的地位。二是改革个人所得税。伴随着经济发展和个人收入的增加,个人所得税发展很迅速,应加强其在地方税收体系中的地位。扩大课税范围,把随着

社会经济发展而产生的新的个人收入逐步纳入其中;改革费用扣除,应综合考虑赡养人口以及物价变动的情况;由分类征收向分类综合征收过渡。

(3) 改革财产税类。不动产税是最适合基层地方政府掌握的税种,地方政府应该优化投资环境,使辖区里的繁荣程度提升,房地产不断升值,同时扩大税源,而形成稳定的大宗的财政收入来源。

(4) 赋予地方政府一定的税收立法权。地方政府若有可能应根据本地区的实际情况,对具有地方区域特点的税源开征新税种,提高税收收入。

3. 不断完善政府转移支付制度

一是各级财政都要加大均衡性转移支付力度。从经济角度看,目前县乡财政乏力是我国市场经济向纵深发展、调整和优化经济结构过程中所必须付出的代价,有利于国民经济和国家财政的长远发展。因此,在此过程中,上级财政给予必要支持不仅是有必要的,而且是完全应该的。二是加大中央财政对公共体育服务的转移支付力度,重点加大对中西部和农村地区公共体育服务的扶持力度,设立专用账户,专款专用,便于监督和管理。最终使地方政府借助中央转移支付来解决因财政收支缺口导致的公共体育服务供给不足问题。三是建立横向转移支付制度。根据均等化的原则,按照人均相关因素进行分配,其分配额度与财政公共体育服务需求成正比、与财政收入能力成反比。由于目前地区间人均财力差距较大,因此,横向财政转移支付可采取循序渐进的办法,逐步实现地区间公共体育服务财力均衡的目标。

(三) 优化公共体育服务的财政投入

1. 建立与经济增长相联动的投入增长机制

一个国家公共体育服务水平和实力的提高与财政投入规模密切相关。我国要朝着体育强国方向发展,就必须加大公共体育服务的财政投入,提升公共体育服务投入总体规模。各级政府财政应建立公共体育服务财政投入与经济增长相联动的机制,保持公共体育服务的财政投入与财政收入和财政支出相挂钩,使公共体育服务财政投入的年增长幅度高于同期财政经常性收入的增长幅度。还要把公共体育服务财政投入与GDP和财政支出相关联,纳入政府预算支出目标考核体系,实现公共体育服务财政投入的自然联动增长。

2. 加强群众体育投入

群众体育活动是实施全民健身战略的载体和平台。要认真研究群众体育活动的规律和特点,积极开展形式多样、寓教于乐、人们喜闻乐见的文体活动,使更多的人参与全民健身。体育设施是开展群众体育活动不可缺少的物质基础和必要条件。根据《"十二五"公共体育设施建设规划》,"十二五"期间,中央和地方政府将通过加大对公共体育设施建设的投入,加快改善城乡公共体育设施。保障人民群众参加体育健身活动权益,丰富人民群众精神文化生活,形成健康文明的生活方式,提高全民族身体素质、健康水平和生活质量,促进人的全面发展、社会和谐与文明进步。规划确定的目标包括:到2015年,公共体育设施建设有较大发展,人均体育场地面积达到1.5平方米以上。在条件适宜的地区,基本实现县县都有公共体育场;50%以上的县(市、区)建有全民健身活动中心;50%以上的街道(乡镇)、社区(行政村)建有便捷、实用的体育健身设施。在此过程中还要注意投入向农村、中西部地区倾斜。

(四)建立健全公共体育服务的税收体系

1. 完善公共体育服务的税收立法

明确划船、溜冰、钓鱼、漂流等我国税法没有规定税率的项目,建议把其归入文化体育业税目,按照3%的税率征收营业税。同时把高尔夫球、保龄球、射箭、射击、飞镖等体育运动项目归入服务业中的其他服务业税目,按照5%的税率收税。

2. 加大公共体育服务的税收优惠力度

首先,要区别对待公共体育服务活动。免征公益性体育活动经营收入应缴纳的营业税;对商业性体育活动,根据具体情况给予适当的税收优惠;对体育场馆向大众开放的体育健身娱乐经营活动,免征土地使用税和房地产税;对非营利性公共体育场馆免税;对部分为全民健身服务的项目和单位,应降低或减免税收;对开展群众性体育活动的体育场馆的营业用地,对经营体育项目的企业,可采取加速折旧的税收优惠政策,在减轻企业的税收负担的同时,鼓励其技术创新。

其次,对体育组织和体育比赛提供赞助的企业实行税收优惠政策。把企业赞助商业性体育比赛的物资和资金支出,或作为广告,或直接列入成本,作为生产经营性开支,在计算企业所得税额时予以全额扣除。同时,根据其赞助物资和资金的标准,减免其部分营业税。对外国企业或个人向我国体育组织或体育活动提供体育用品赞助的,给予免征关税的优惠。

再次,对投入公共体育服务的社会资本给予不同比例的税收优惠,对不以营利为目的的社会公益性体育团体、俱乐部的体育服务收入采取税收减免,扩大公共体育服务投入。

最后,利用税收法规来鼓励企业、个人积极参与体育健身工程建设。我国现行企业所得税法规定,企业将其不超过年度利润总额12%的部分,通过公益性社会团体或者县级以上人民政府及其部门,用于《中华人民共和国公益事业捐赠法》规定的公益事业的捐赠支出,准予从应纳所得税中扣除。我国个人所得税法规定,个人将其所得通过我国境内社会团体、国家机关向社会公益事业捐赠的部分,允许从应纳税所得额中扣除。一般捐赠额不超过纳税人申报应纳税所得额的30%。而公益事业捐赠法所规定的公益事业就涵盖体育事业,企业、个人在对体育事业的捐赠中可享受《中华人民共和国公益事业捐赠法》规定的相关优惠。因此,应建立县级以上人民政府相关体育基金会、体育团体以接纳企业或个人的捐赠,并负责与税务部门落实各项优惠政策。

(五)开拓公共体育服务多元化的筹资路径

1. 进一步发展体育彩票

体育彩票是国家给予体育部门筹措资金的一项特殊优惠政策,现在已经成为筹措体育经费的重要方式,作为一种新型的融资手段,可以吸引社会游资,缓解公共体育服务需求增长与国家财政投入不足的矛盾。国家应该积极开发体育彩票新品种,放宽体育彩票发行数量,利用彩票市场筹集资金。中国体育彩票在2013年上半年保持着又好又快的发展势头。国家体育总局体育彩票管理中心公布的销售数据显示,截至2013年6月30日,中国体育彩票销量已经达到644亿元,与2012年同期相比增长105.4亿元,增幅为19.57%。要继续坚持科学协调发展,转变观念,加快创新,全力保障安全运营,大力开展公信力建设和品牌建设,实现又好又快的发展。

2. 建立完善的体育基金

体育基金是一种利益共享、风险共担的集合投资方式,即通过发行基金单位,集中投资者的资金,由基金托管人(一般是信誉卓著的银行)托管,由基金管理人(即基金管理公司)管理和运用资金,从事股票、债券和其他方面的投资。基金投资人享受投资的收益,也承担因投资亏损而产生的风险。我国的体育基金会是伴随着体育产业发展起来的带有行业色彩的准金融机构。目前基金运作效率尚不理想,没有充分发挥其为体育产业融资、促进体育存量资产盘活和广泛开展资本营运的应有功能。单纯靠社团基金的模式来发展体育基金,效果并不十分理想。而应该采取公司基金模式,按公司模式建立的基金管理公司投资,参股机制灵活,回报丰厚。

3. 大力发展体育风险投资基金

体育风险投资起源于第二次世界大战后的美国,是一种集金融、创新、科技、管理与体育市场于一体的资金运作模式,体育风险投资在世界上已经盛行了几十年,催生了无数的体育场馆(企业),创造了一个又一个体育场馆建设奇迹。当体育产业发展水平较低时,主要依赖风险投资;而当体育产业进入较高水平的发展阶段时,则主要由证券市场来提供必要的资本支持。我国目前也不乏一些有一定资金实力的类似于风险投资组织的投资公司,但由于经营目标的不明确以及运行机制的非市场化,现有的投资公司在为体育企业提供金融支持的作用没有充分发挥出来。今后要组建规范化的风险投资组织,支持体育产业发展。

4. 利用资本市场融资

美国曾对外宣称其体育产业年产值为4410亿美元,相当于挪威的国民生产总值,并且保持着20%以上的增长速度。体育产业巨大的发展空间获得了资本的青睐。要抓住这一契机,借鉴发达国家利用证券市场促进体育产业发展的经验和办法,积极培育我国体育资本市场,积极引入社会资本发展体育事业,使体育事业在国民经济中发挥更大的作用,借助证券市场解决我国体育产业发展过程中资金不足的问题。

5. 发行体育市政债券

众所周知,大型体育场馆等体育基础设施建设投资具有建设期长、投资金额大、回收周期长的特点,政府有必要借助于市政债券平滑其支出与收入的周期错配。体育市政债券既可以强化对地方政府的约束,又可以借助金融手段推进体育场馆等体育基础设施建设进程。党的十八届三中全会通过的《中共中央关于全面深化改革若干重大问题的决定》提出,要"建立透明规范的城市建设投融资机制,允许地方政府通过发债等多种方式拓宽城市建设融资渠道",这也为建立权责明晰、多元化的体育基础设施建设投融资体制指明了方向。发行体育市政债券,形成市场化可持续的融资机制,一方面有助于解决体育基础设施建设中财权与事权错配的问题,另一方面有助于实现地方政府融资平台的规范化,降低风险。在规范的地方政府发债开闸后,有步骤地疏导化解既有的融资平台债务。

(六)加强公共体育服务财政管理

1. 加强公共体育服务的财政监督

首先,我国应提高公共体育服务财政监督立法的地位,因为除了《体育法》,大部分体育财政监督规范制度是国家体育总局发布的规章和条例,这影响了公共体育服务的财政监督力度;其次,通过监督制度设计,要求进行公共体育服务财政信息公开,提高公共体育服务财政支出的透明度。

2. 严格实行国库集中支付制度

国库集中支付制度的实行,真正建立起对预算资金分配、资金使用、银行清算及资金到达商品和劳务供应商账户的整个过程的全面监控,杜绝了预算执行中克扣、截留、挪用等现象,保证了公共体育服务财政资金的有效使用。

3. 建立公共体育服务的财政激励机制

中央财政对群众体育产品、农村体育场地设施等公共体育产品保障较好的地区,给予激励性奖励,支持地方财政,弥补财政缺口。另外,政府采取财政奖励政策,激励企事业单位、大中小学对社会开放体育场馆,提高公共体育资源的使用率,同时也使更多的公众能够享受公共体育资源,均衡公众体育服务领域的公共利益,促进社会公共体育福利的改进。

4. 建立健全公共体育服务的财政绩效评估

在我国公共体育投入不断增加的情况下,加强对财政预算的管理和绩效评估,对提高财政投入使用效率具有非常重要的意义。公共体育服务财政绩效评估是以绩效为核心,运用特定的指标体系,通过定量定性的对比分析,对预算决策、配置、使用过程中的单位产出水平所做的综合评价。当前,我国开展公共体育服务财政绩效具有深刻的现实意义。首先,从政策层面上看,贯彻和落实科学发展观,建立节约型社会,打造高效廉洁政府等一系列政策主张,一方面为预算管理改革创造了良好的政策氛围和契机,另一方面,也是社会发展对预算管理改革的客观要求。其次,从改革进程上看,在分税制改革之后,预算管理改革的重心开始转向优化预算支出规模和结构方面,并相继进行了一系列旨在提高预算支出效率的管理制度调整。公共体育服务的财政绩效评估作为改革工作的重要部分,必须顺应改革形势而加快发展步伐。

第八章 公共体育服务评价体系

目前,公共体育服务绩效评价主要侧重于政府管理部门的公共体育服务供给的内部评价,并且评价指标的设计注重公共体育服务的结果,忽略了公共体育服务的过程评价。另外,评价视角单一,忽略了公共体育服务的接受者——社会公众的满意度情况,即便是在指标体系中对公众满意度设定了评价指标,也多是以定性指标为主,无法客观、准确地反映社会公众对于公共体育服务质量的满意情况。

一、我国公共体育服务绩效评价指标体系的构建原则

公共体育服务绩效评价指标体系在构建过程中需要遵循一定的原则,遵守指标体系设计的"SMART 原则"。其中,S 代表具体(specific),指绩效考核要切中特定的工作指标,不能笼统;M 代表可度量(measurable),指绩效指标是数量化或行为化的,验证这些绩效指标的数据或者信息是可获得的;A 代表可实现(attainable),指绩效指标在付出努力的情况下可以实现,避免设立过高或者过低的目标;R 代表现实性(realistic),指绩效指标是实实在在的,可以证明和观察;T 代表有时限(time bound),注重完成绩效指标的特定期限。该原则为组织的绩效评价确定了目标和考核标准,使评价更科学化、规范化,更能保证评价的公开、公平和公正。① 另外,公共体育服务指标体系还应当遵循综合评价方法构建指标体系的一般原则:指标宜少不宜多,宜简不宜繁,指标应具有独立性,指标应具有代表性与差异性。②

---

① 陈旸.社区体育服务绩效评价[M].北京:北京师范大学出版社,2011:93.
② 杜栋,庞庆华,吴炎.现代综合评价方法与案例精选(第二版)[M].北京:清华大学出版社,2008:8-9.

(一) 一般性原则

1. 价值性原则

首先评价指标体系的构建以评价目标为导向,由评价主体的价值取向来决定,因此公共体育服务绩效评价指标体系构建无法在回避价值取向问题的前提下进行。其次,公共体育服务评价主体的价值取向决定了公共体育服务绩效评价指标体系的内容,在构建指标体系时不应该背离这一价值取向,在选择具体评价指标时也应以这一价值取向为准绳。再次,公共体育服务绩效评价体系构建时应注重价值取向的引导,构建公共体育服务绩效评价体系的最终目的是促进我国公共体育服务绩效水平的提高,因此它对于我国公共体育服务的发展具有价值导向作用。

2. 科学性原则

要想有效构建公共体育服务的绩效评价指标体系,我们首先应该确立评价的依据以及程序,并在此基础上确保评价活动得以有效展开。

3. 全面性原则

我国公共体育服务绩效评价指标体系力求从不同的角度全面地评价公共体育服务。另外,评价指标体系也应该具有广泛的适应性,因此,评价指标必须全面。此外,指标的选择在保证全面性的同时,还应当区别主次、轻重,突出能够带动全局而又极为关键的绩效问题,以保证重点和集中力量改善这些关键因素,有效地提高公共体育服务的绩效水平。在综合评价指标体系的构建和评价指标的选取过程中应当广泛征求有关专家的意见,防止出现缺陷和盲区。

4. 可操作性原则

构建的公共体育服务绩效评价指标设计要求概念明确、定义清楚,能方便地采集数据与收集情况,具有现实的操作性,在选取体系中的每个指标时应该考虑到其操作性,同时应结合研究能力使所选取的评价指标都能够搜集到相关的准确数据,而且指标的内容不应太繁太细,过于庞杂冗长。

5. 层次性原则

我国公共体育服务绩效评价指标体系中的每个评价指标都应当能够独立地反映某一方面或不同层次的服务,不存在交叉重复。评价指标体系的层次结构包括总目标层、分目标层、准则层、判断层和指标层,根据评价对象的特征对指标体系进行分层,使得指标体系结构清晰,逻辑关系分明,有利于评价指标的选择。

6. 定性与定量相结合原则

定量指标可以制定明确的评价标准,通过量化的表述使评价结果直观、清晰;定性指标所含的信息量的广度和宽度则远远大于定量指标,使用定性指标

第八章 公共体育服务评价体系

可以弥补定量指标的不足,使评价结果更具有综合性和准确性,更能够反映公共体育服务的内涵,因此我国公共体育服务绩效评价指标体系是由定性绩效指标和定量绩效指标组成的综合体。实践中,对于定量指标的测评可以通过质量、产量、成本等客观量化指标直接予以评价,而对于定性指标则通常采用量表法来进行评价。两者相互补充,才能形成完整的绩效评价指标体系。

（二）特殊性原则

在构建公共体育服务绩效评价指标体系时,除了应当遵循一般性原则外,还应当遵循以服务公众为导向以及灵活变权等特殊原则。

1. 以服务公众为导向

公共体育服务绩效评价指标体系应当切实考虑社会公众的利益诉求,体现"民众本位"的价值取向,即遵循以服务公众为导向的原则。为社会公众提供优质的公共体育服务是衡量公共体育服务绩效水平的关键,也是构建公共体育服务绩效评价指标体系必须遵循的原则。

2. 灵活权变原则

公共体育服务绩效评价指标体系应当遵循灵活权变的原则。在制定公共体育服务绩效评价指标体系时,应当考虑到不同地区的公共体育服务的发展侧重点,对指标体系的权重做出一定的调整,使客观因素的差异对公共体育服务绩效评价的影响降到最低。

二、我国公共体育服务绩效评价指标体系理论框架的建立

根据现有研究成果,一般确立评价指标体系基本框架有"结构—功能"模型、"投入—产出"模型。在实践过程中,由此演绎出"条件（投入）—结果（产出）"模型、"需要—条件—效益"模型、"投入（输入）—运行（过程）—产出（输出）"模型、"条件（投入）—运行—结果（产出）"模型、"过程—目标"模型、"配置—运行—效益"模型、"投入—活动—产出"模型等诸多理论模型。例如雷艳云在《竞技体育的社会评价指标体系构建研究》中提出了"资源配置—运行—效益"模型①;郑进军在《全民健身社会评价指标体系的研究》提出了"资源配置——效益"模型②;"中国体育事业指标体系"课题研究进行理论探讨和课题

---

① 雷艳云,王新国.竞技体育社会评价指标体系构建研究[J].韶关学院学报,2003(3):116-120.
② 郑进军.全民健身社会评价指标体系的研究[D].长沙:湖南师范大学硕士学位论文,2007.

论证时,提出"投入—活动—产出"模型①;楼兰萍、虞力宏等在《社区体育发展水平评价指标体系的研究》中提出了"资源—制度—服务—效益"模型②;董新光教授根据指标体系设计的原则、理论基础,研究提出了农村体育评价指标体系的四个基本方向和农村体育条件改善与体育资源供给的五个主要方面,进而提出了农村体育评价指标体系的"条件(投入)—结果(产出)"模型③。从以上所述可以看出,"条件(投入)—结果(产出)"系统模型被较多地应用于评价指标体系的构建,在具体指标的构建时多采用演绎模式。

在此次研究活动中,我们从系统模式入手,将问题模式当作目的得以确立的轴心,将演绎模式当作具体的手段,并在多模式有机结合的基础上来对公共体育服务绩效评价指标体系进行构建。具体而言,就是在对该体系进行建设的时候我们着重采取的是"投入—产出—效果"这一模型,将过程评价看作体系建设的目的,并且通过对投入、产出以及效果依次展开演绎的方法来对指标进行构建。④ 通过展开相关的了解我们发现,"投入—产出—效果"这一模型所遵循的基本逻辑就是"财政投资→促使公共产品与服务的形成→使民众的需求得到有效的满足"。⑤ 而在该体系里面所提到的投入,实际上说的就是政府投入公共体育服务领域之中的人力、物力以及财力等,而且投入指标能够充分彰显政府在提供公共体育服务上的具体水平以及态度。而在该体系里面所提到的产出,实际上说的就是在政府投入的基础上所产出的所有公共体育服务,而且产出指标能充分彰显政府在提供公共体育服务上所做的努力。所谓效果,就是政府供给公共体育服务对广大社会成员享有公共体育服务所产生的较为长期的影响,效果指标反映了政府供给公共体育服务的目标。有时产出和效果是难以区分的,在实践中一般将一些短期内的影响归入产出类,而将更为长期的影响归入效果类。⑥ 从前文所述的公共体育服务中政府与社会公众的价值取向以及利益诉求来看,作者认为以"资源利用—效益"理论模型来构建我国公共体育服务绩效评价指标体系,能够比较全面、系统地反映我国公共体育服务绩效的发展现

---

① 朱庆芳,吴寒光.社会指标体系[M]北京:中国社会科学出版社,2001:36.
② 楼兰萍,虞力宏.社区体育发展水平评价指标的研究[J].北京体育大学学报,2004(5):594-598.
③ 董新光,晓敏,丁鹏,等.农村体育评价指标体系的研究[J].体育科学,2007(10):49-55.
④ 陈昌盛,蔡跃洲.中国政府公共服务:体制变迁与地区综合评估[M].北京:中国社会科学出版社,2007:13.
⑤ 任强.公共服务均等化问题研究[M].北京:经济科学出版社,2009:70.
⑥ 陈昌盛,蔡跃洲.中国政府公共服务:体制变迁与地区综合评估[M].北京:中国社会科学出版社,2007:13.

状。所谓资源利用就是政府为了社会公众公平享有公共体育服务产品提供的人、财、物、信息等资源,包括供给效率以及供给的均等性,可以看作"投入—产出"阶段。效益则是效果,反应公共体育服务对社会公众带来的影响。公共体育服务绩效评价是一个系统过程,从涉及的主体角度来看,包括政府管理部门的公共体育服务供给以及社会公众接受者的满意度;从内容来看,包括政府对于公共体育服资源的利用以及社会公众对于公共体育服务的感知质量;从评价的视角来看,包括政府管理部门的内部绩效评价以及社会接受者的外部绩效评价。这三个维度相互交叉,从而形成了公共体育服务绩效评价的综合评价体系(见图8-1)。评价绩效的内部标准主要是经济和效率,采用的方法主要是客观绩效评价方法;而评价绩效的外部标准主要是效益,多采用主观评价方法,满意度是衡量社会效益的重要指标。[①]

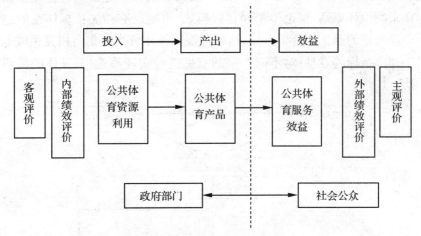

图8-1 我国公共体育服务绩效评价指标体系理论框架

三、我国公共体育服务绩效评价指标体系的确立

(一)我国公共体育服务绩效评价指标体系的确立程序

构造一个评价指标体系,就是要构建一个反映被评对象全貌或重要特征的信息系统。在构建科学评价指标体系时,一般是使用层次分析法建立指标体系的层次结构模型,然后再对指标进行筛选并优化指标体系的结构。[②] 首先要建立指标体系的结构模型(见图8-2)。

---

① 刘武.公共服务接受者满意度指数模型研究[M].沈阳:东北大学出版社,2009:48.
② 邱均平,等.评价学:理论·方法·实践[M].北京:科学出版社,2010:138.

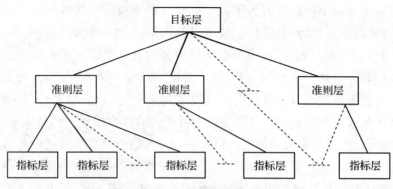

图 8-2　层次结构模型

目前,社会学领域内,筛选指标的方法主要有经验确定法和数学确定法。多数研究都采用经验确定法。经验确定法的一般程序是研究者首先根据评价指标体系的设计原则、理论模型和目标模式,借鉴已有相关指标体系的经验确定一个经验性的预选评价指标集;然后将该预选评价指标集向相关领域专家征求对于评价指标的意见;对不同专家的意见进行实证筛选,其具体的流程如图8-3 所示。

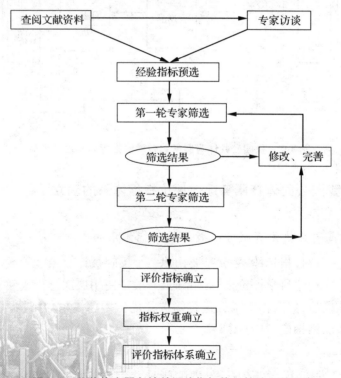

图 8-3　公共体育服务绩效评价指标体系的确立流程图

第八章 公共体育服务评价体系

(二) 我国公共体育服务绩效评价指标体系的指标类型建立

从不同的目的出发，人们通常将社会指标划分为不同的类型。主要有以下几种类型：直接指标与"副产品"指标，描述性指标与评价性指标，观察性指标与计划性指标，投入指标、生产指标与产出指标，肯定指标、否定指标与中性指标，经济指标与非经济指标，客观指标与主观指标，等等。①

在此前对于建立我国公共体育服务绩效评价指标体系的评价目标和理论框架的基础上，本研究提出"资源利用—效益"指标类型。资源利用指标主要是指在公共体育服务的过程中政府可利用的资源，如体育场地设施、体育活动指导者、体育健身组织、体育信息、体育经费等投入指标。效益则是指能够反映社会公众对于资源投入而产生的效益指标，如体育活动情况、社会公众身体素质和公众满意度等指标。

(三) 我国公共体育服务绩效评价指标体系的经验性预选

本研究在建立我国公共体育服务绩效评价指标体系时，首先通过查阅公共体育服务的相关研究文献而对公共体育服务的理论知识有一定的掌握，然后收集公共体育服务绩效评价方面的指标体系，对其进行分析，再根据本研究对于我国公共体育服务的评价目标、理论模型、设计原则，借鉴相关指标体系的有益经验，建立指标体系的层次结构模型，形成一个包含一级指标 2 个、二级指标 7 个、三级指标 38 个的经验性预选评价指标集(见表 8-1)。

表 8-1　我国公共体育服务绩效评价指标体系经验性预选指标集

目标层	一级指标	二级指标	三级指标
我国公共体育服务绩效评价指标体系	资源利用	资金投入	年度可支配资金总数(万元)
			年度可支配资金总数增长率
			年度资金支出总额(万元)
			人均体育经费(元)
		组织机构	体育社团与体育俱乐部总数
			体质监测点数量
			体质监测点较前一年增长率
			街道设置体育工作管理机构比例

---

① 郑杭生,李强,李路路,等.社会指标理论研究[M].北京:中国人民大学出版社,1989:33-39.

续表

目标层	一级指标	二级指标	三级指标
我国公共体育服务绩效评价指标体系	资源利用	场地设施	晨（晚）练点数量较前一年增长率
			晨（晚）练点覆盖率
			人均体育设施面积（平方米）
			人均体育设施面积较前一年增长率
			到最近体育健身点所用时间（分钟）
		人力资源	累计社会体育指导员总人数（人）
			本年度社会体育指导员增加人数（人）
			各晨（晚）练点配备体育指导员人数（人）
			本年度参与培训的社会体育指导员人数比
			街道设置体育工作管理人员数量比
			体质监测点工作人员总数
	效益	政策信息	政府部门发放体育健身材料数量（份）
			政府部门是否设有体育健身信息平台
			政府是否具有本年度体育活动规划
		体质状况	累计体质监测受测人数（人）
			本年度体质监测受测人数（人）
			受测人数较前一年增长率
			本年度体质监测达标率
			体质达标较前一年增长率
		体育人口	晨（晚）练点每天一小时相对稳定活动人数（人）
			晨（晚）练点每天一小时相对稳定活动人数较前一年增长率
			年度政府办体育活动次数（次）
			年度政府办体育活动参与人数（人）
			年度政府办体育活动参与人数较前一年增长率
			俱乐部年度组织活动次数（次）
			参与俱乐部年度组织活动人数（人）
			参与俱乐部年度组织活动人数较前一年增长率
			体育俱乐部会员数（人）

(四)我国公共体育服务绩效评价指标的筛选

初选指标由指标设计者根据评价的目标、自己对评价内容的理解和实践经验采用内涵分析法或向专家咨询获得,为了保证评价指标体系的完备性,设计者在对目标内涵进行分解时,尽可能地将有关指标罗列出,因此,初步提出的评价指标一般数量较多。因此在众多的初选指标中,必然会有一些不符合设计原则和要求、不反映评价对象本质特征的指标。根据这些情况,有必要对分解出来的因素进行认真的、反复的分析筛选,从中提炼出最能反映评价对象本质特征的、最需要的指标作为评价指标。为了更加完善我国公共体育服务绩效评价指标体系,本研究向体育领域 20 位专家以及在政府管理部门从事公共体育服务工作的人员进行了两轮问卷以及访谈和咨询(包括邮寄问卷咨询和现场问卷咨询两种形式),两轮问卷的咨询结果具体如下。

1. 第一轮专家调查结果与分析

(1)我国公共体育服务绩效评价指标体系一级指标咨询结果。从第一轮专家对于我国公共体育服务绩效评价指标体系的反馈意见来看,专家们对于公共体育服务绩效评价指标体系的资源利用和效益两个一级指标都表示了认同。但也有专家认为目前的一级指标两分法不能体现公共体育服务的特点。对于该问题的解释是,本研究侧重于公共体育服务资源利用效率的评价,且产出与效益本身较难区分,所以将产出与效益合为一个一级指标。另外,需要明确的一个问题在于,公共体育服务的投入和产出,与传统经济学上的"投入—产出"意义有较大区别,公共体育服务中投入和产出并不具有直接对应的关系,在某一时空点投入和产出只是表征了公共体育服务两个部分的相对状态。因此,公共体育服务评价指标体系仍然维持资源利用和效益两个一级指标,并从这两个方面综合评价公共体育服务绩效的总体发展状况。

(2)我国公共体育服务绩效评价指标体系二级和三级指标咨询结果。"资源利用"的二级和三级指标咨询结果。专家们对于"资金投入""组织机构""场地设施""人力资源""政策信息"作为"资源利用"的二级指标普遍表示认同。其他意见:"资金投入"二级指标下的"人均体育经费"表述改为"人均公共体育经费","年度用于群众体育工作资金数"表述改为"年度用于群众工作经费";"组织机构"二级指标下的"体育监测点较前一年增长率"指标剔除,"场地设施"二级指标下的"人均体育设施面积"表述改为"人均公共场地设施面积";"人力资源"二级指标下的"本年度社会体育指导员增加人数"指标剔除,"本年度参与培训的社会体育指导员人数"指标剔除;"街道设置体育工作管理人员数量比"指标剔除,在"人力资源"二级指标下加入三级指标"社会指导员指导率";"政策信息"二级指标改为"公共信息"二级指标,"政府部门是否设有体育健身信息平台"指标分为"政府部门是否设有体育健身信息网络平台"和"政府部门是否设有体育健身信息媒体平台"两个三级指标。接受专家修改意见。

"效益"的二级指标和三级指标咨询结果。专家对于以"体质状况""体育人口"作为"效益"的二级指标普遍表示认同。但专家普遍认为,二级指标"体育人口"一词存在着诸多争议,表述改为"经常参加体育锻炼的人群"更为合适。其他建议有:"体质状况"二级指标表述改为"体质健康";"体质状况"二级指标下"受测人数较前一年增长率"指标剔除,"体质达标较前一年增长率"指标剔除;"体育人口"二级指标下"年度政府办体育活动参与人数"表述改为"年度政府办体育活动参与人次","年度政府办体育活动参与人数较前一年增长率"指标剔除,"俱乐部年度组织活动次数"表述改为"公益体育俱乐部年度组织活动次数";"参与俱乐部年度组织活动人数较前一年增长率"指标剔除,"体育俱乐部会员数"表述改为"公益体育俱乐部会员数"。接受专家修改意见。

2. 第二轮专家调查结果与分析

(1)第二轮专家调查检验方法和主要参数。第一轮调查结果得出后,结合第一轮专家的意见和建议,重新拟定我国公共体育服务绩效评价指标体系。然后将各级评价指标制成问卷,各指标按照"关系很大""关系较大""关系一般""关系较小""关系很小"分别给予 5、4、3、2、1 的分值,进行第二轮专家调查。在第二轮调查中,原则上不再要求专家提出新的指标。对专家指标进行评价的常用方法有两种,一种是对专家指标评价结果进行隶属度分析;另一种是对专家指标评价结果分别进行集中程度、离散程度和协调程度的分析。隶属度这一概念来源于模糊数学。模糊数学认为,社会经济生活中存在大量的模糊现象,其概念的外延不是很清楚,无法用经典集合论来描述。某个元素对于某个集合(概念)来说,不能说是否属于,只能说在多大程度上属于。元素属于某个集合的程度称之为隶属度。① 将本国公共体育服务评价指标体系$\{X\}$作为模糊集合,将各项评价指标作为其基本元素,对两者进行隶属度分析。假设总共有 d 位专家对该指标体系不同指标的测评能力进行评价,假设有 m_i 位专家对各项指标进行分析,可理解为 m_i 位专家将 x_i 项指标作为本国公共体育服务绩效评价体系的重要指标,对各项评价指标进行隶属度分析,即 $R_i = m_i / d$。如果 R_i 的数值较大,则意味着该项指标属于模糊集合,即该评价指标在评价体系中很重要,可以保留下来作为正式的评价指标;反之则要将其删除。专业人士与学者

---

① 范柏乃,朱华. 我国地方政府绩效评价体系的构建和实际测度[J]. 政治学研究,2005(1):84 - 95.

认为,在指标评价研究工作中最重要的是各项评价指标的隶属度分析。此次研究工作中,专家咨询的数量不多,本研究不选择此种指标评价方式。

本研究对各位专家指标赋值的协调程度、离散程度、集中程度进行检验,此处提及的集中程度,其实也就是各位专家对每项指标持有同样意见的情形。

此次研究工作中,将各位专家在指标检验过程中的所有经验进行整合,集中程度大于3.5,其有效性得以保证,反之则视为无效;离散程度小于0.6时确保其有效性,反之则视为无效;变异系数小于0.25是有效的,反之则视为无效。① 此外,协调程度尚未做出明确规定,将协调系数显著性检验结果作为主要依据,即 $P<0.01$ 或者是 $P<0.05$。

(2) 第二轮专家调查检验结果(表8-2、表8-3)、表8-4。

表8-2 公共体育服务绩效评价指标体系第二轮专家咨询一级指标统计分析表

指标	分值	σ_i	V_i	W	X^2	Asymp. sig
资源利用	5.0	0.00	0.00	0.42	8.4	0.015
效益	4.6	0.52	0.11			

表8-3 公共体育服务绩效评价指标体系第二轮专家咨询二级指标统计分析表

指标		分值	σ_i	V_i	W	X^2	Asymp. sig
资源利用	资金投入	4.5	0.53	0.12	0.30	12.17	0.016
	组织机构	4.3	0.48	0.11			
	场地设施	4.9	0.32	0.06			
	人力资源	4.4	0.52	0.12			
	政策制度	4.2	0.42	0.12			
	公共信息	4.2	0.42	0.10			
效益	体质健康	4.8	0.42	0.09	0.52	10.33	0.006
	经常参与体育锻炼的人群	4.3	0.48	0.11			
二级指标					0.28	27.936	0.002

---

① 余道明.体育现代化理论及指标体系研究[D].福建师范大学博士学位论文,2007.

表 8-4　公共体育服务绩效评价指标体系第二轮专家咨询三级指标统计分析表

指标		分值	σ_i	V_i	W	X^2	Asymp. sig
资金投入	年度可支配资金总数	3.70	0.48	0.13	0.80	8.00	0.001
	年度资金支出总额	4.70	0.48	0.10			
	人均公共体育经费	4.60	0.52	0.11			
	年度群众体育工作经费	3.40	0.97	0.28			
场地设施	晨(晚)练点覆盖率	4.70	0.48	0.10	0.58	23.24	0.000
	人均公共体育场地设施面积	4.50	0.53	0.12			
	人均公共体育设施面积增长率	4.10	0.57	0.14			
	到最近体育健身点所用时间	4.50	0.57	0.14			
组织机构	体育社团与体育俱乐部总数	307.	0.48	0.13	0.80	8.00	0.001
	体质监测点数量	4.70	0.48	0.10			
公共信息	政府部门是否具有明确的体育活动规划	3.80	0.42	0.11	0.48	9.500	0.009
	政府部门是否设有体育健身信息网络平台	4.50	0.53	0.12			
	政府部门是否设有体育健身信息媒体平台	4.70	0.48	0.10			
	政府部门发放体育健身材料数量	3.80	0.42	0.11			
人力资源	累计社会体育指导员总人数	4.30	0.48	0.11	0.38	11.40	0.010
	各晨(晚)练点配备体育指导员人数	4.20	0.42	0.10			
	体质监测点工作人员总数	4.50	0.53	0.12			
	社会体育指导员指导率	5.00	0.00	0.00			
体质健康	累计体质监测受测人数	4.30	0.48	0.11	0.42	12.45	0.006
	本年度体质监测受测人数	4.70	0.48	0.10			
	本年度体质监测达标率	4.80	0.42	0.09			
经常参加体育锻炼的人群	晨(晚)练点每天一小时相对稳定活动人数	5.00	0.00	0.00	0.50	5.00	0.025
	年度政府办体育活动次数	4.60	0.52	0.11			
	年度政府办体育活动参与人次	4.10	0.57	0.14			
	公益俱乐部年度组织活动次数	4.70	0.48	0.10			
	参与公益俱乐部年度组织活动人数	4.70	0.48	0.10			
	公益体育俱乐部会员数	3.90	0.57	0.15			
三级指标					0.45	144.9	0.000
一、二、三级指标					0.41	167.0	0.000

第八章 公共体育服务评价体系

（3）我国公共体育服务绩效评价指标体系最终确定。根据基本公共体育服务评价指标体系构建的相关理念、原则、模型、方法，结合两轮专家咨询，最后确定了一个由2个一级指标、7个二级指标和27个三级指标构成的我国公共体育服务绩效评价评价指标体系。但是，就目前的指标体系来看，二、三级指标数量仍然太多，不符合指标体系简洁的原则，并且指标数量太多的指标体系在实证应用的时候往往不能够保证所有的指标数据能够搜集到，影响指标体系的实际应用评价效果，因此，还需要对所得出的指标体系做进一步的筛选，以保证指标体系的简洁和方便应用。

对于指标体系的进一步筛选选用主成分分析法，采用主成分分析法，使多个实测变量转化成没有关联的综合指标，此即多元统计分析法。此种分析方法有很多优点，主要体现在以下方面：主成分比原始变量的数量少，将信息损失降至最低。近年来，网络信息技术以迅猛之势发展起来，此种分析方式在体育科研领域得以有效应用，可解决多变量大样本等相关问题。通过主成分分析能够将经过专家打分筛选后的指标体系通过客观的数理分析做进一步的精简，在不影响评价指标体系的评价效果前提下，进一步提高应用的便利性。

本研究进行主成分分析过程的操作步骤如下：

① 打开SPSS17.0软件——点击"分析"——降维——因子分析，把所需指标选入"变量"一栏。

② 在"描述统计"对话框里选择"统计量"——"原始分析结果"，同时选择"相关矩阵"——"系数""显著性水平"和"KMO和Bartlett的球形度检验"。

③ 在"抽取"对话框里选择"方法"——"主成分"；"分析"——"相关性矩阵"；"输出"——"未旋转的因子解""碎石图"；"抽取"——"基于特征值，特征值大于1"；"最大收敛性迭代次数：25"。

④ 在"旋转"对话框里选择"方法"——"方差最大法"；"输出"——"旋转解""载荷图"；"最大收敛性迭代次数：25"。

⑤ 在"因子得分"对话框里选择"保存为变量"；"方法"——"回归"；"显示因子得分系数矩阵"。

⑥ 在"选项"对话框里选择"系数显示格式"——"按大小排列"。

经过以上操作之后，得出的主成分评价指标体系如表8-5所示。

表8-5 我国公共体育服务评价指标体系的主成分指标

一级指标	二级指标	三级指标
资源利用	资金投入	年度场地设施建设资金投入
		年度群众体育资金投入
	场地设施	体育健身场所总数量
		晨（晚）练点数量
	组织机构	体育组织数量
		体质监测点数量
	人力资源	体育指导员总数量
		晨（晚）练点配备指导员数量
效益	体质健康	年度体质监测受测人数
		年度体质监测达标率
	经常参加体育活动人群	晨（晚）练点每天一小时相对稳定活动人数

（五）我国公共体育服务绩效评价指标体系的权重确定

所谓权重,是指通过某种数量形式权衡、对比被评价事物中各项因素的重要性的量值。① 对多项指标进行综合评价,明确评价对象以及评价目标,各项指标的重要程度并不相同。将评价指标体系中每项指标的重要性、地位以及作用充分反映出来,确定指标体系,经计算得到每项指标的权重系数。②

指标权重在评价指标体系中发挥重要作用,也就是说,第一,指标权重能够将指标之间的不平衡性充分反映出来,明确其与对应因素给某事物带来的影响,事物价值上有很大差异,基于数量规定使之更加客观、精确。第二,通过指标权重将每项因素的重要程度表示出来,具备指向功能。第三,权重集合将各项因素的相对重要程度体现出来,对因素之间的关系、结果和指标的关系进行梳理,确保最终结果的准确性,评价结果具有客观性。

1. 一级指标权重的初步确定

此次研究工作中,通过专家评判法确定一级指标权重,操作步骤如下:

步骤1 以问卷调查形式向20位专家了解实际情况,为其发放问卷调查表,基于本国公共体育服务的发展现状与主要特点,通过五级评分法确定一级指标权重,明确各项指标的重要程度。

步骤2 求专家j对指标i的相对赋值W_{ij}。

---

① 邱均平,文庭孝,等.评价学:理论·方法·实践[M].北京:科学出版社,2010:138.
② 杜栋,等.现代综合评价方法与案例精选[M].北京:清华大学出版社,2008:6.

第八章 公共体育服务评价体系

$$W_{ij} = \frac{P_{ij}}{\sum_{k=1}^{m} P_{kj}}$$

上式 P_{ij} 表示专家 j 对一级指标 i 的赋值;P_{kj} 所表示的是专家 j 对一级指标 k 的赋值;m 所表示的是一级指标的总数。

步骤 3 求指标 i 的权重系数 W_i。

$$W_i = \frac{1}{17} \sum_{j=1}^{m} W_{ij}$$

基于以上操作步骤,获取两个一级指标的权重(具体情况见图 8-4)。

2. 二、三级指标权重的确定

上文对主成分进行分析,得到各主成分的贡献率,经计算得到二级指标(各主成分)、三级指标(各代表性指标)的权重如表 8-6 所示。

图 8-4 一级指标权重值

表 8-6 我国公共体育服务绩效评价指标体系权重表

一级指标	二级指标	三级指标
资源利用 (0.44)	资金投入 (0.18)	年度场地设施建设资金投入 (0.24)
		年度群众体育资金投入 (0.76)
效益 (0.56)	场地设施 (0.27)	体育健身场所总数量 (0.49)
		晨(晚)练点数量 (0.51)
	组织机构 (0.22)	体育组织数量 (0.52)
		体质监测点数量 (0.48)
	人力资源 (0.33)	体育指导员总数量 (0.28)
		晨(晚)练点配备指导员数量 (0.72)
	体质健康 (0.32)	年度体质监测受测人数 (0.33)
		年度体质监测达标率 (0.67)
	经常参加体育活动人群 (0.68)	晨(晚)练点每天一小时相对稳定活动人数

（六）我国公共体育服务绩效评价标准体系的构建

标准,在测量学中是划分评价等级依据的界值(或区间值),评价体系建设过程中最重要的工作是制定评价标准。现阶段看来,常用评价标准有以下两种,即评分标准、评级标准,评级标准还可称为等级标准。评分标准:每项指标的分值(例如 0 分、5 分、10 分)不同,与之对应的区间值或指标值也有很大差异;评级标准:每项指标的等级标准不同(如上、中上、中、中下、下),与之对应的区间值或指标值也是不同的。评分标准可以划分为综合评分标准、单项评分标准;同理,评级标准可也可以划为综合评级标准、单项评级标准。

为了客观地揭示我国公共体育服务绩效水平的差异,将公共体育服务绩效水平的差异充分反映出来,制定统一的评价标准显得至关重要。此次研究工作中,基于百分位数法制定评分标准,形成单项指标评分表,操作步骤如下[①]:①找出指标的最小值、最大值;②准确计算第 5、10、15、20、25……95 百分位的指标值;③假设最小值是 1 分,第 5—95 百分位的指标值对应的是 2—19 分,最大值是 20 分。按此步骤,本研究制定了我国公共体育服务绩效指标评分标准(见表 8-7)。

表 8-7 我国公共体育服务绩效评价标准

指标分值	体育健身场所总数量	晨(晚)练点数量	体育组织数量	体质监测点数量	体育指导员总数量	晨(晚)练点配备指导员数量	年度体质监测受测人数	年度体质监测达标率	晨(晚)练点每天一小时相对稳定活动人数	年度群众体育资金投入	年度场地设施建设资金投入
1	622.0000	99.0000	44.0000	1.0000	1531.0000	27.0000	800.0000	60.6000	1220.0000	1445.5000	462.0000
5	745.0000	391.8000	111.2000	3.4000	2144.2000	140.4000	920.0000	61.7160	15920.0000	1558.0000	1378.8000
10	883.6000	847.4000	222.8000	7.8000	4770.6000	954.4000	1320.0000	74.0220	62631.4000	4209.1000	3877.6200
15	1254.8000	2049.0000	418.0000	14.2000	8173.8000	1484.8000	1480.0000	79.9820	75674.6000	8261.9800	4336.6600
20	1501.2000	2475.0000	440.4000	16.2000	13868.8000	4384.4000	1739.0000	83.0880	109974.0000	8993.1800	6677.3600
25	1892.0000	2701.0000	462.0000	22.0000	20729.4000	4606.0000	2080.0000	84.5400	191803.0000	9746.4000	7822.1000
30	2587.2000	3119.8000	712.0000	27.6000	22458.4000	5034.2000	2760.0000	84.9920	227568.4000	10049.4400	8341.7000
35	2863.2000	3737.6000	816.4000	29.0000	27701.4000	5607.4000	3460.0000	86.7200	280488.0000	10433.1200	9680.6600
40	3754.4000	4717.6000	860.4000	33.8000	31463.0000	6321.0000	3960.0000	87.9300	313293.6000	10732.5600	11370.6600
45	4327.0000	5103.6000	884.8000	39.6000	33888.0000	7325.4000	4760.0000	88.7460	335719.4000	11211.3800	11850.1400

---

① 邢文华,等.体育测量与评价[M].北京:北京体育学院出版社,1985:108.

续表

指标\分值	体育健身场所总数量	晨(晚)练点数量	体育组织数量	体质监测点数量	体育指导员总数量	晨(晚)练点配备指导员数量	年度体质监测受测人数	年度体质监测达标率	晨(晚)练点每天一小时相对稳定活动人数	年度群众体育资金投入	年度场地设施建设资金投入
50	4661.0000	5214.0000	1061.0000	42.0000	38398.0000	8086.0000	5000.0000	89.5400	358821.0000	11587.4000	12938.5000
55	8033.2000	5677.8000	1125.2000	47.4000	41823.0000	8471.6000	7440.0000	90.0000	389474.8000	12287.0600	15667.6000
60	10780.4000	5926.4000	1143.8000	51.0000	47298.0000	9383.0000	7684.8000	90.3400	422196.2000	13949.3200	16465.0200
65	12347.6000	7476.8000	1202.2000	60.6000	49337.4000	14213.4000	7800.0000	90.5000	467449.8000	18662.6000	18628.7800
70	12894.0000	8291.2000	1414.2000	71.8000	51698.4000	17875.2000	11000.0000	90.9800	601347.2000	20688.2400	24146.8000
75	13650.0000	8858.0000	1466.0000	79.0000	58497.0000	21016.0000	12485.0000	91.2100	824814.0000	24053.4000	27535.1000
80	14382.4000	9711.0000	1633.4000	80.6000	60764.0000	27048.2000	22514.4000	91.9940	880189.6000	27140.2600	32064.6000
85	17411.6000	11149.4000	1711.2000	83.2000	107042.8000	31246.6000	29038.6000	93.2400	945842.1000	28559.8600	41130.9400
90	29974.8000	18591.8000	1955.2000	111.2000	132066.8000	47504.2000	43930.6000	94.5120	1.095976.00	31092.8200	52030.3000
95	41308.2000	40790.6000	2673.4000	209.8000	168272.8000	230874.4000	72160.0000	97.0000	1.670196.00	42760.6200	58761.1800
100	47745.0000	54278.0000	2791.0000	241.0000	210109.0000	404542.0000	100000.0000	100.0000	2307288.00	43182.0000	66060.3000

(七)我国公共体育服务综合评分评价方法

本研究在单项评分评价的基础上,根据各指标对我国公共体育服务绩效的作用大小(权重不同)进行综合评价。计算加权得分的公式如下:

$$N = \sum n_i \beta_i$$

其中,n_i 所表示的是各个分项指标的分值;β_i 所表示的是各个分项指标的权重。

此次研究工作的主要内容是综合评价本国公共体育服务绩效水平,操作步骤如下:

第一步:基于各个单项指标在对应一级指标的权重系数,准确计算各个单项指标的加权得分。

第二步:依据各个单项指标的加权得分,经计算得到各个一级指标的分值。例如,A 所表示的是资金投入指标的分值,即 $A = A11 + A21$,一级指标中的各个单项指标的加权得分全部相加。

第三步:基于一级指标中的各个单项指标的权重,准确计算一级指标中的所有单项指标的加权得分,将其全部相加,进而得到总分。计算公式如下:

$$综合绩效得分 = A + B + C$$

依据公式计算出的我国公共体育服务绩效评价水平综合得分,并可根据得分,实现对我国公共体育服务绩效发展水平的排序。具体内容将在后边的实证部分进行阐述。

四、我国公共体育服务接受者满意度指数模型构建

欧文·E.休斯指出:"对于公共部门的绩效评价除了应该有关于目标的全面进展情况,或者关于财政目标的成就之外,还应该有关于顾客或者委托人满意程度的指标。"[1]本着"公众本位"的理念,公共体育服务绩效评价应当以公共体育服务接受者为最终评价主体,以接受者满意度作为最终的价值尺度。笔者将在参考国内外经典顾客满意度指数模型基础上,构建我国公共体育服务接受者满意度指数模型。

(一)顾客满意度相关理论在公共部门中的应用

1. 顾客满意

所谓满意,是指一个人因为达到某个目标而产生的一种情绪状态。满意是一种个人的心理感受或心理状态,包括认知、情感、态度、情绪、愿望和信念等。1965年,卡多佐(Cardozo)首次将顾客满意的观点引入营销领域,提出顾客满意会带动购买行为。对于顾客满意,学者们从不同角度提出了多种理解和认识(见表8-8)。[2] 很多学者将消费者的实际消费情况与某次消费的期望进行对比,顾客满意其实也就是顾客对某项服务或某件产品进行综合评估,进一步确定自身对该产品或该服务的接受程度,判断其与个人期望是否一致。

表8-8 顾客满意的多重理解

学者	进一步理解"顾客满意"的概念
Day	顾客满意其实也就是顾客在消费之后对特定的交易行为进行综合评价。
Solomon	顾客满意是顾客对自己购买的某件产品所持有的态度。
Kolter	顾客满意是顾客购买某件产品的预期设想和实际情况的函数。
James H. Myers	顾客满意是顾客享受某项服务,使用或购买某件产品时,对服务或产品性能的感知。

---

[1] 欧文·E.休斯.公共管理导论[M].彭和平,译.北京:中国人民大学出版社,2001:219.
[2] 康进.医疗服务顾客满意度测评体系研究[D].浙江大学硕士学位论文,2004.

第八章 公共体育服务评价体系

续表

学者	进一步理解"顾客满意"的概念
Oliver	满意度是顾客对某项服务或某件产品做出的反馈。对服务或产品性能进行综合评价,给出了(或正在给出)一个与消费的满足感有一定关联的快乐水平,包括超出或低于满足感的水平。
Howard Peter, Olson Engel, Minlard	顾客满意是顾客享受某项服务或使用某件产品之前的预期设想和享受或使用之后的实际效果的对比。如果为顾客提供的某项服务或某件产品远远超出顾客对该项服务或该产品的预期设想,则意味着顾客对该项服务或该产品很满意;反之,某项服务或某件产品没能满足顾客的实际需求,实际效果与顾客的预期设想有很大差距,顾客对该项服务或该产品表示不满意。
Barry J. Babin, Micch Griffin	顾客满意度是顾客评价某次经历时自然生成的一种情感,评价工作能够激起顾客情感,使之对某项服务或某件产品做出客观评价。
Philip Kotler	满意是顾客对某项服务或某件产品的期望与实际效果进行对比,进而感到失望或愉悦的情感状态。
ISO/DIS 9000	顾客满意是顾客对某项服务或某件产品能够满足自身实际需求和期望程度的意见,针对特定事项、特定时间进行沟通。

总而言之,学术界在顾客满意的界定上产生很大争议,主要包含以下两种:第一,特定交易行为。顾客享受某项服务或使用某件产品之后,对其进行综合评价。第二,累积的顾客满意。顾客对为其提供某项服务或某件产品的服务商到目前为止的所有消费经历的综合评价。① 国内专业人士与学者对顾客满意的概念进行深入研究,从经济心理学来看,累积的顾客满意这一解释得到众人的认可,与福利经济学、经济心理学中的顾客满意的概念基本一致,即消费效用。顾客对特定交易行为进行综合评价,其实也就是享受某项服务或使用某件产品之后,对该服务或该产品的整体评价,无关乎对与错,仅仅只是作为一次消费经历,到目前为止的所有消费经历进行综合评价,进而做出是否再次享受该服务或购买该产品的决定。

经过归纳与整理,顾客满意主要具备以下特点:

(1)主观性。顾客满意度与个体享受某服务或使用某产品的真实感受有很大关联,尽管感受对象是客观的,但最终结果是主观的,与顾客的生活习惯、经验、价值观、知识、收入情况等息息相关。

---

① 刘新燕.顾客满意度指数模型研究[M].北京:中国财政经济出版社,2004:22.

（2）层次性。不同层次的个体对服务与产品的实际需求有很大不同，服务与产品的评价标准也有很大差异，也正是因为如此，不同阶层的人或身处不同地区的人做出的评价是不同的。

（3）相对性。顾客不太了解服务与产品的经济指标、技术指标等，往往将自身享受的某项服务或购买的某件产品与之前的消费经历或同系列的其他产品进行对比，进而表示自身对该服务或产品的接受程度，顾客此时做出的不满意或满意的评价，都是相对而言的。

（4）阶段性。每项服务或每件产品都有生命周期，顾客对该服务或产品的接受程度主要取决于之前的消费经历，是在多次服务与购买中逐步形成的，阶段性是其最显著的特点。

2. 顾客满意度

顾客满意度是顾客消费之后对消费对象与消费过程的一种个性和主观的评价，是对顾客满意水平进行测量时必不可少的量化指标。顾客满意度是服务质量、组织测评在衡量过程中的主要指标，对组织质量管理体系的实际应用情况进行综合评价时需要引起重视。[①] 顾客满意度有很多特点，例如集合性等。顾客满意度有时候是针对所有顾客而言，有时候是针对某位顾客而言，如果所有顾客都对该产品持满意态度，可将其视为多位顾客满意的集合。对顾客的满意程度进行测量时，首要任务是测量一部分顾客或所有顾客的满意情况，并非只是测量某位顾客的满意状况。

3. 顾客满意度指数模型

顾客满意度指数（customer satisfaction index，简称 CSI）是对各种类型与不同层次的极具代表性的顾客满意度的综合评价指数，它以顾客享受某项服务或使用某件产品的真实体验为基础，是将社会经济产出充分反映出来的质量指标。美国、瑞典等国家的专业人士对 CSI 进行深入研究，将其与 CPI、GDP、劳动生产率、消费信心指数、失业率、就业率等进行对比，可明显发现 CSI 的侧重点是社会经济运行情况，是对顾客以往消费经历进行综合评价，是对国民经济运行质量、顾客消费质量进行整体评价时的重要指标，是对经济增长质量进行调控与监测时的主要工具。

4. 公共服务接受者满意度与公共服务绩效

顾客满意中的顾客是指任何购买服务或产品的人。首先，顾客要为他所享受到的服务或产品付出相应的货币，顾客满意度测评中顾客是根据他付出相应

---

① 麻志宏.顾客满意度测量方法研究[D].大连理工大学硕士学位论文,2004.

的货币价值与他享受到的服务或产品来进行对比衡量,从而得出满意与否的答案。但是公共服务中的接受者作为顾客来讲,他享受到的公共部门提供的公共服务表面上并没有付出货币,但是由于公共服务的资金来源主要是税收,这就将资金压力又转移到了公众身上,公共服务接受者变相地为所享受的公共服务或产品付出了货币。其次,公共服务的供给过程同样遵守"需求—供给"的规律,在这个过程中,公共服务接受者逐渐掌握了主导地位,接受者满意度的测评也逐渐受到重视。再次,公共服务的发展除了应当重视经济性以及效率性外,公共服务作为一种特殊的服务业,其服务质量也是制约其发展的重要因素之一,并且由于公共服务作为政府职能之一的特殊性质,公共服务质量的地位也逐渐显著,而测评公共服务质量最有说服力的便是通过公共服务的最终接受者的满意程度来进行测评。最后,公共服务绩效评价中,效益指标至关重要,而效益指的往往是公共服务对于社会公众产生的短期或者长期的影响,接受者满意度则是接受者对于公共服务效益的最直观感受,另外,在公共服务绩效评价中,往往以公共服务的政府投入经济性和效率性做内部评价标准,虽然指标多为客观指标,但是评价视角单一,应当结合注重效益的外部评价标准,且外部评价应当以主观评价为主,公共服务接受者满意度测评恰好满足这个条件。因此,以公众(接受者)满意度为目标导向和公共服务绩效评价的考核尺度正是公共服务建设的价值取向。

(二) 美国顾客满意度指数模型

目前,国际上体系最完整、应用效果最好的顾客满意度指数模型应当数由美国人弗耐尔(Fornell)等人构建的美国顾客满意度指数理论模型(ACSI)。[①] ACSI 模型主要包含九个关系、六个结构变量。仅就结构变量来看,顾客满意度的前因变量有感知价值、感知质量、顾客期望;结果变量有顾客忠诚、顾客抱怨。具体情况见图 8-5[②]:

---

① 自 1994 年起,美国质量协会每季度在《财富》杂志上公布一次 ACSI 调查结果,美国 30 个重要的联邦政府机构确定用 ACSI 作为测量顾客满意度的工具。目前 ACSI 成为世界上最有影响力的顾客满意度指数模型,随后建立的大多数全国性顾客满意度指数模型都是以 ACSI 为基础的。

② 刘新燕.顾客满意组织树模型研究[M].北京:中国财政经济出版社,2004:78.

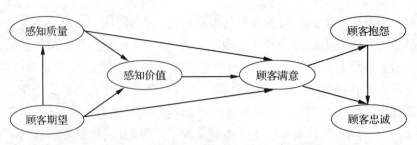

图 8-5　美国顾客满意度指数（ACSI）模型

在所有的顾客满意的前置因素中，顾客期望是影响顾客满意度的主要因素，顾客满意度的产生主要是因为顾客在进行购买前会产生对产品绩效（产品将会提供的各种利益和效用）形成期望，在顾客购买后，会将消费时所获得的真实绩效与购买前的期望进行比较，由此形成二者之间的差距或者"不一致"。如果实际绩效高于期望，则产生"满意"反应；如果实际绩效等于期望，则会有"适度满意"反应；如果实际绩效低于期望，则会导致"不满意"。通过期望与实际感知绩效的"不一致"来讨论公众满意情况，这也是顾客满意理论的基础——期望模型（如图 8-6 所示）。

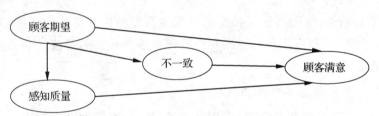

图 8-6　顾客期望与顾客满意

ACSI 不仅适用于私人部门，也适用于公共部门。美国最先将 ACSI 模型应用于社会公众对于公共部门的满意度测评。公共部门与私人部门的顾客满意度测评模型有较大的不同。由于公共部门提供的公共服务是无偿的，且具有非排他性，因此在公共部门的测评模型中便没有考虑价格的因素，即没有"感知价值"这一结构变量。另外，由于公共服务具有特殊性，"顾客忠诚"这一变量则改为了"顾客信任"。美国公共部门的顾客满意度指数模型见图 8-7。我国公共体育服务的接受者满意度模型将在此基础上进行构建。

第八章 公共体育服务评价体系

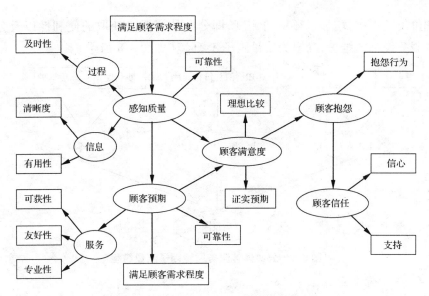

图 8-7 美国公共部门顾客满意度指数模型

（三）我国公共体育服务接受者满意度指数模型构建

把握和分析我国公共体育服务接受者的服务需求，是开展我国公共体育服务接受者满意度测评的起点和基础。本研究将参照当前公共管理领域对于公众满意度测评的相关研究成果，结合公共体育服务的实际情况，对模型中的各个变量进行选取。

1. 接受者期望

ACSI 模型中的顾客期望是指顾客期望将会得到何种质量的服务或产品，而不是该服务或产品会达到何种质量水平。本研究中所提到的接受者期望所指的是接受者期望获得的某种质量水平的服务或产品。

2. 感知质量

感知质量的选取是我国公共体育服务接受者满意度指数模型构建的一个关键点。本研究在保留对感知质量总体评价测量的基础上，根据公共体育服务的特点，加入了对具体微观质量的测量。

3. 质量因子

ACSI 模型确定服务、过程、信息为质量因子，进一步测度感知质量。本研究在此基础上，根据我国公共体育服务的特点，对质量因子做了一些修改和调整。首先保留了服务质量因子中对工作人员态度和专业性的测度，确定为质量因子1：工作人员。其次，加入了公共体育服务接受者对公共体育服务的感知价值测度，即接受的公共体育服务质量与所对应价格的对比，确定为质量因子2：

感知价值。再次,增加了环境的测度,即公共体育服务获取的便利性以及公共体育服务设施的维护,确定为质量因子3:环境(如图8-8所示)。

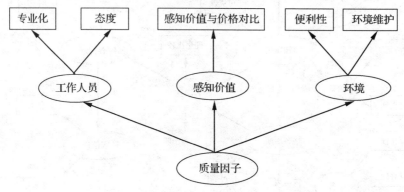

图8-8　公共体育服务质量因子测量模型

4. 接受者满意

国内专业人士与学者对顾客满意度指数模型进行研究,在顾客满意的定义上存在很大争议,我们对相关文献资料进行归纳与整理,进而确定顾客满意的概念。顾客满意的定义主要有以下两种:第一,特定交易行为。顾客享受某项服务或使用某件产品之后,依据服务与产品的使用效果对其进行整体评价。第二,累积的顾客满意。将之前享受服务或使用产品的消费经历作为主要依据,对该服务与产品进行综合评价。

此次研究工作中,公共体育服务的接受者满意依据顾客满意的第二种定义进行界定,即累积的顾客满意。尽管通过特定交易行为能够将顾客对服务或该产品的接受程度充分反映出来,清楚知晓顾客对该服务或产品的满意程度,但就现实情况而言,公共体育服务是政府部门为社会公众提供的公共服务,与各级政府打交道的经历可能会影响到社会公众对公共服务的满意度,即累积满意度。

5. 接受者抱怨

从顾客满意度指数模型来看,一般用两个变量对接受者抱怨潜变量进行解释——当顾客不满意时,以不再购买此服务或产品来表示不满,或者是通过投诉索要赔偿来表示不满。但是公共体育服务是由政府部门提供的,受中国传统文化和政治因素影响,多数中国公众认为政府是权威的象征,因为对政府提供的公共服务不满意而向政府部门投诉的公众还是少数,因此,本研究将接受者抱怨的潜变量确定为投诉、向熟人抱怨、向陌生人抱怨三个变量来反映不同的抱怨程度。

6. 接受者信任

在 ACSI 模型中,结果变量中顾客信任因子用信心和支持两个变量来表示。在公共体育服务指数模型中,使用政府初衷和信赖程度两个变量来表示接受者信任。

(四)我国公共体育服务接受者满意度的测评方法

在模型构建完成以后,选择测评方法成为我国公共体育服务接受者满意度测评的关键所在。为了保证实证测评的科学性和准确性,测评方法需要能够同时处理多个自变量与多个因变量之间的关系,而且能够处理潜在变量并允许观察变量存在误差。在目前满意度指数模型计算研究中,选择结构方程模型是最主流的方法之一。结构方程模型(structural equation model,简称 SEM)是分析潜在变量(含测量误差)的重要工具,可将其直接视为验证性多元统计分析技术,被广泛应用于管理学、社会学、心理学领域,将传统统计方式与方差分析、路径分析、验证性因素分析、多元回归等有效结合。结构方程模型由以下几个部分构成,即结构关系的假设检验、测量模型等,通过测量模型对潜在变量、观察变量的关系进行梳理,其中需要引起注意的是验证性因子分析。结构模型通过路径分析,将潜在变量的关系反映出来。将以上两种统计方式的概念进行整合,依据估计程序进行相关操作,产生各项参数的估计值,进而检验理论模型的整体合力性。

SEM 的建模过程及其主要组成部分见图 8-9[①]:

1. 理论:对所要研究的现象寻找理论依据,采用复杂的因果关系加以描述,或提出合理的假设。

2. 模型界定:将理论描述的因果关系或假设关系,以结构方程模型的形式加以表述,形成测量模型和结构模型。

3. 模型识别:决定所界定的模型是否可识别。如果可以识别,则在表示理论模型中的每一个参数皆可导出唯一的估计值。

4. 选择测量变量并收集数据:选择用于模型中潜在变量对应的可测变量,并且通过编制问卷以收集可测变量的数据资料作为此后的分析之用。

5. 模型拟合:又叫参数估计,这是对模型中各变量之间的参数进行估计,常用的拟合方法有偏最小二乘法、最大似然法、线性结构关系法等。

6. 模型检验:又叫模型评价,是通过一些拟合指标对模型的拟合度进行评价,用以检验模型的合理性。

---

① 林嵩. 结构方程模型原理以及 AMOS 运用[M]. 武汉:华中师范大学出版社,2008:55.

7. 模型修正：当模型没有通过检验标准时，需要根据拟合指标对模型进行调整，如改变变量书目，或调整变量关系。

8. 结果说明：对模型拟合的结果进行分析，探讨变量间的相互关系及其反映的研究结论。

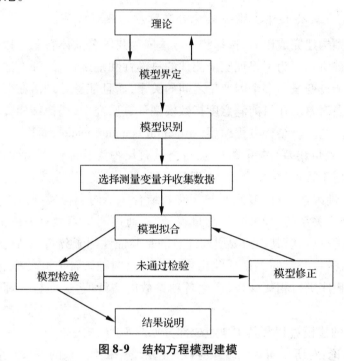

图8-9　结构方程模型建模

（五）量表的设计

由于模型中的潜在变量不能直接测量，因此需要选取合适的可测变量来对潜在变量进行衡量。本研究在理解潜在变量的内涵的基础上，通过借鉴顾客满意度指数模型对可测变量的选取，结合我国公共体育服务的特点以及在实证研究中调查的可操作性，确定了我国公共体育服务接受者满意度的可测变量（见表8-9）。可测变量的选择过程就是建立一套可用于实际调研的指标体系。本研究根据之前所提到的我国公共体育服务接受者满意度的指数模型，构建了五个分量表，并设计问卷，以便于数据的采集。

表 8-9　我国公共体育服务接受者满意度指数模型的潜在变量和可测变量

二级指标潜在变量	三级指标标识变量		外在可测变量
接受者期望	整体期望		对于公共体育服务整体质量的期望
感知质量	感知质量		对于公共体育服务整体质量的感知情况
			对于公共体育服务设施整体质量的感知情况
			对于国民体质监测质量的感知情况
			对于体育指导服务整体质量的评价
感知质量测度（质量因子）	工作人员	专业性	对于公共体育服务工作人员的专业情况打分
		态度	对于公共体育服务工作人员的态度情况打分
	感知价值	感知质量与价格对比	对于收费场馆设施服务质量与价格的对比差距
			对于收费性服务设施的价格评价
			对于收费性体育指导的价格评价
			收费性体育指导与收费价格的对比差距
	环境	环境维护	对于损坏的公共体育服务设施维修是否及时
		便利性	到最近的体育锻炼场地所需时间
			公共体育服务设施的便利性
接受者满意	满意程度		公共体育服务设施满足需求的程度
			对于国民体质监测服务质量的满意程度
			对于公共体育服务从业人员的服务质量满意程度
			公共体育服务满足体育需求的程度
	预期比较		公共设施服务与预期对比差距
			公共体育服务整体质量与预期对比差距
接受者抱怨	抱怨方式		投诉想法
			向熟人抱怨
			向陌生人抱怨
接受者信任	政府初衷		政府提供公共体育服务的目的
	信赖程度		对于公共体育服务设施安全性是否信赖
			国民体质监测对进行体育健身的帮助程度
			体育健身讲座对进行体育健身的帮助程度
			对于公共体育服务从业人员的信赖程度
			在享受公共体育服务权利上的公平程度

1. 接受者期望

在设计该量表时,作者采用五级量表,设计了如下问题:

对于公共体育服务的整体质量,您认为将会在什么水平?(1代表非常低,3代表中等,5代表非常高)

2. 感知质量

此部分量表主要包括公共体育服务接受者在接受公共体育服务之后的累计质量感知,同时又包含了对于公共体育服务中的具体服务来进行打分,本研究设计了以下问题:

①您对于公共体育服务的整体质量打几分?(1代表非常低,3代表中等,5代表非常高)

②您对于公共体育服务设施的整体质量打几分?(1代表非常低,3代表中等,5代表非常高)

③您对于国民体质监测质量的感知打几分?(1代表非常低,3代表中等,5代表非常高)

④您对于体育指导服务整体质量打几分?(1代表非常低,3代表中等,5代表非常高)

3. 质量因子

感知质量测度是公共体育服务接受者从宏观角度对于公共体育服务质量的整体性评价,所以,本研究加入了从微观角度对于服务质量的测度。之前确定了以工作人员、感知价值、环境三个方面作为微观评价公共体育服务质量的因素,即质量因子。本研究设计了如下问题:

①您对于公共体育服务工作人员的态度情况打几分?(1代表非常不好,3代表中等,5代表非常好)

②您对于公共体育服务工作人员的专业情况打几分?(1代表非常不专业,3代表中等,5代表非常专业)

③您对于收费场馆设施服务质量与价格的对比差距如何评价?(1代表非常大,3代表中等,5代表非常小)

④您对于收费性服务设施的价格如何评价?(1代表非常高,3代表中等,5代表非常低)

⑤您对于收费性体育指导的价格如何评价?(1代表非常高,3代表中等,5代表非常低)

⑥您认为收费性体育指导与收费价格的对比差距如何?(1代表非常大,3代表中等,5代表非常小)

第八章 公共体育服务评价体系

⑦您认为损坏的公共体育服务设施维修是否及时？（1代表非常不及时,3代表中等,5代表非常及时）

⑧您到最近锻炼场地所需时间？（1表示20分钟以上,2表示15～20分钟,3表示10～15分钟,4表示5～10分钟,5表示5分钟以内）

⑨您对于公共体育服务设施的便利性打几分？（1代表非常低,3代表中等,5代表非常高）

4. 接受者满意度

该量表从整体满意度角度来衡量公共体育服务接受者的满意情况,但是考虑到每个人的评价标准不一样,因此本研究对于接受者的满意度测量主要从直接评价整体满意度、与期望相比的满意情况两个方面进行。设计的问题如下：

①您对公共体育服务设施满足需求的程度如何评价？（1代表非常低,3代表中等,5代表非常高）

②您对于国民体质监测服务质量的满意程度如何评价？（1代表非常低,3代表中等,5代表非常高）

③您对于公共体育服务从业人员的服务质量满意程度如何评价？（1代表非常低,3代表中等,5代表非常高）

④您公共体育服务满足体育需求的程度如何评价？（1代表非常低,3代表中等,5代表非常高）

⑤公共设施服务与您预期对比的差距如何？（1代表非常大,3代表中等,5代表非常小）

⑥公共体育服务整体质量与您的预期对比差距如何？（1代表非常大,3代表中等,5代表非常小）

5. 接受者抱怨

各级政府为社会公众提供公共体育服务,但在本国政治体制、政治文化、传统文化的影响下,即便是社会公众对此表示不满,也往往不会向相关部门投诉。此次研究工作中,对接受者抱怨的变量因素进行分析,从向陌生人抱怨、向熟人抱怨、投诉想法这三个方面来进行测量,三个问题表达了接受者的不满程度逐渐增大,设计的问题如下：

①您有过由于对公共体育服务不满而产生投诉的想法吗？（1代表经常有,3代表有时候有,5代表从来没有）

②您是否有过由于对公共体育服务不满而向熟人抱怨的经历？（1代表经常有,3代表有时候有,5代表从来没有）

③您是否有过由于对公共体育服务不满而向陌生人抱怨的经历？（1代表

经常有,3代表有时候有,5代表从来没有)

在此需要提及的是,在接受者抱怨量表中,测量的是公共体育服务接受者对于抱怨的频率,以此来推断接受者的抱怨程度,而不是直接测量。

6. 接受者信任

该部分主要是测量接受者对于公共体育服务的信赖程度,设计问题如下:

①您认为政府提供公共体育服务的目的是为公众服务吗?(1代表非常不相信,3代表一般,5代表非常相信)

②您对于公共体育服务设施安全性信赖程度如何?(1代表非常不相信,3代表一般,5代表非常相信)

③您认为国民体质监测对进行体育健身的帮助程度如何?(1代表完全没有帮助,3代表一般,5代表非常有帮助)

④您认为体育健身讲座对进行体育健身的帮助程度如何?(1代表完全没有帮助,3代表一般,5代表非常有帮助)

⑤您对于公共体育服务从业人员的信赖程度如何?(1代表非常不相信,3代表一般,5代表非常相信)

⑥您认为在享受公共体育服务权利上的公平程度如何?(1代表非常不公平,3代表一般,5代表非常公平)

在量表建立好之后,以此作为依据制定问卷,并有针对性地进行发放,回收问卷、统计数据之后,以所得数据为基础,对本研究所构建的我国公共体育服务接受者满意度指数模型进行拟合度以及实证检验。具体的实证将在下文进行阐述。

前文已经分别构建了我国公共体育服务绩效评价指标体系、绩效评价标准体系和我国公共体育服务接受者满意度指数模型。然而所建立的评价体系和测评模型都还只是停留在理论层面上,在实践中应用是否合理以及适用暂时还不得而知。因此,接下来将主要开展实证研究,通过选取样本、发放问卷等调查方法,分别验证我国公共体育服务绩效评价体系和我国公共体育服务接受者满意度指数模型的合理性以及可行性,同时对测评结果进行分析,探讨提高我国公共体育服务绩效水平和接受者满意度的建议。

五、我国公共体育服务绩效评价体系的实证研究

(一)数据的采集及处理

接下来将主要验证前文所构建的我国公共体育服务绩效评价体系和标准

第八章 公共体育服务评价体系

体系的合理性。在前文所构建的评价指标体系、权重以及标准体系的基础上，有针对性地搜集数据。数据采集是我国公共体育服务绩效评价研究中的重要环节，数据的质量直接影响着实证研究的准确性以及指标体系的合理性。准确的数据才能更为合理、充分地发挥评价体系的功能，真实反映我国公共体育服务绩效水平现状，从而得出有效分析。为了全面、有效地搜集所需的数据材料，作者走访了国家体育总局相关部门的体育管理工作者，有针对性地搜集到了2013年之前的相关数据，为研究对我国公共体育服务绩效评价体系的实证研究奠定了基础。

由于搜集到的数据并不全部符合前文所构建的指标体系的要求，因此需要根据指标情况做进一步处理。

1. 资金投入

资金投入指标下包括两个测量指标，分别是年度场地设施建设资金投入指标和年度群众体育资金投入指标。

年度场地设施建设资金投入指标主要包括政府援建的国家级体育场(健身路径、篮球场、乒乓球台等)、政府援建的省级体育场地(健身路径、篮球场、乒乓球台等)、政府援建的地级体育场地(健身路径、篮球场、乒乓球台等)、政府援建的县级体育场地(健身路径、篮球场、乒乓球台等)、政府命名的各级全民健身基地(国家级、省级、地级、县级)、政府命名的各级全民健身中心(国家级、省级、地级、县级)、政府命名的各级体育公园(国家级、省级、地级、县级)、政府命名的各级群众体育场地(国家级、省级、地级、县级)。资金来源主要是政府拨款、体育彩票公积金和体育事业收入。本研究将这些数据求和作为年度场地设施建设资金投入指标数据。

年度群众体育资金投入指标主要包括农民体育健身工程、雪炭工程①、俱乐部建设、培训管理等内容，资金来源主要是政府拨款、体育彩票公积金和体育事业收入。本研究将这些数据求和作为年度群众体育资金投入指标数据。

2. 场地设施

场地设施指标包括体育健身场所总数量和晨(晚)练点数量两个测量指标。

体育健身场所总数量是指前文提到政府援建的国家级体育场(健身路径、篮球场、乒乓球台等)、政府援建的省级体育场地(健身路径、篮球场、乒乓球台等)、政府援建的地级体育场地(健身路径、篮球场、乒乓球台等)、政府援建的县级体育场地(健身路径、篮球场、乒乓球台等)、政府命名的各级全民健身基地

---

① 雪炭工程就是中国体育彩票发起、投资的体育类雪中送炭工程，具有公益性质，不以盈利为目标。

(国家级、省级、地级、县级)、政府命名的各级全民健身中心(国家级、省级、地级、县级)、政府命名的各级体育公园(国家级、省级、地级、县级)、政府命名的各级群众体育场地(国家级、省级、地级、县级)。

晨(晚)练点数量主要是街道晨(晚)练点和市区晨(晚)练点的统计数据。

3. 组织机构

组织机构指标包括体育组织数量和体质监测点数量两类测量指标。

体育组织数量主要包括各级公益体育俱乐部(国家级、省级、地级、县级)、国家级和省级青少年体育俱乐部、各级社区健康俱乐部(国家级、省级、地级、县级)、各级其他性质(半公益等)的体育俱乐部(国家级、省级、地级、县级)、各级综合运动项目组织(国家级、省级、地级、县级)和各级单项运动项目组织(国家级、省级、地级、县级)。将这些数据进行整合作为组织机构总数量的数据。

体质监测点数量主要是将各级体质监测点数量(国家级、省级、地级、县级)的总和作为实证数据。

4. 人力资源

人力资源的测量指标包括体育指导员总数量和晨(晚)练点配备的指导员数量。

体育指导员总数量主要包括当年统计的各等级职业性社会指导员数量(国家级、一级、二级、三级)、各等级公益性社会指导员数量(国家级、一级、二级、三级),其总量作为体育指导员总数量的数据资料。

晨(晚)练点配备指导员数量主要是街道晨(晚)练点和市晨(晚)练点所配备的各等级社会指导员数量(国家级、一级、二级、三级),其成为直接的数据来源。

5. 体质健康

体质健康的测量指标是年度体质监测受测人数和年度体质监测达标率。两项数据来源主要是各省的体质监测年度总受测人数和达标率,两者都是直接的统计数据。

6. 经常参加体育活动的人群

经常参加体育活动的人群指标的测量指标仅一项,即晨(晚)练点每天一小时相对稳定活动的人数,这一项直接成为统计的数据。

(二) 绩效评价

1. 单项评分评价结果

本研究在获得相应指标的数据资料并进行处理之后,对照前文所构建的我国公共体育服务绩效评分标准的相应得分,对我国各、自治区、直辖市的各个单

第八章 公共体育服务评价体系

项指标对应的实际情况进行评分。

例如,北京市的 2012 年度群众体育资金投入数为 27535.1 万元,在获取数据后,乘以年度群众体育资金投入指标的权重 0.24,得到加权后的数值 6608.424万元,然后对照我国公共体育服务绩效评分标准(表8-7),可以得出,北京市 2012 年度群众体育资金投入的评价得分为 35 分。按照同样的方法得出我国各省、自治区、直辖市各个单项指标的评分结果。具体结果如表 8-10 所示。

表 8-10 我国各省公共体育服务各单项指标评分结果(加权)

	年度场地设施建设资金投入	年度群众体育资金投入	体育健身场所总数量	晨(晚)练点数量	体育组织数量	体质监测点数量	晨(晚)练点配备指导员数量	体育指导员总数量	年度体质监测受测人数	年度体质监测达标率	每天一小时相对稳定活动人数
北京	15	35	1	10	5	60	50	20	1	1	100
天津	5	10	10	10	1	40	20	10	15	1	20
河北	5	20	50	55	25	90	70	20	50	1	35
山西	1	60	50	35	25	45	50	15	15	1	85
内蒙古	15	10	15	20	30	5	35	10	1	1	95
辽宁	15	15	50	40	30	25	85	20	1	1	45
吉林	5	10	25	25	1	10	25	1	25	1	45
黑龙江	10	15	15	10	15	40	60	15	75	1	75
上海	15	65	1	35	5	40	90	15	65	5	70
江苏	25	90	85	90	70	45	60	75	65	5	65
浙江	45	90	85	80	45	30	75	75	5	1	60
安徽	5	10	50	10	1	5	65	15	70	1	60
福建	45	70	50	25	30	5	40	15	25	1	55
江西	45	40	80	25	25	20	15	1	1	1	55
山东	20	65	50	85	40	20	85	50	1	1	1
河南	5	60	50	35	20	15	60	20	35	1	50
湖北	5	60	25	30	5	35	5	15	1	1	45
湖南	5	60	60	10	40	10	20	20	10	1	90
广东	55	70	50	40	45	50	70	45	25	1	40
广西	5	10	1	55	25	10	75	20	5	5	80
海南	1	1	45	1	10	10	10	1	40	1	30
重庆	30	70	15	35	65	25	65	35	30	1	30

续表

	年度场地设施建设资金投入	年度群众体育资金投入	体育健身场所总数量	晨(晚)练点数量	体育组织数量	体质监测点数量	晨(晚)练点配备指导员数量	体育指导员总数量	年度体质监测受测人数	年度体质监测达标率	每天一小时相对稳定活动人数
四川	10	10	10	10	15	20	15	10	55	1	25
贵州	10	10	5	20	25	5	15	10	15	1	25
云南	1	5	35	1	10	1	1	1	25	1	20
西藏	1	10	50	1	10	20	15	15	1	1	10
陕西	10	10	25	20	35	10	35	15	35	1	15
甘肃	5	15	1	1	1	20	35	1	5	5	10
青海	1	1	1	1	1	40	5	1	25	1	5
宁夏	1	20	1	1	1	1	5	1	1	1	5
新疆	5	10	1	10	10	85	15	5	65	1	1

* 由于缺失港、澳、台地区的相关数据,故表中未列出三地的评分结果。

在得到各单项指标的评分结果之后,依据综合评分评价方法,得出我国各省、自治区、直辖市(暂缺港、澳、台地区的数据)资金投入指标得分以及排名(见图 8-10)、场地设施指标得分以及排名(见图 8-11)、组织机构指标得分以及排名(见图 8-12)、人力资源指标得分以及排名(见图 8-13)、体质健康指标得分以及排名(见图 8-14)、经常参与锻炼的人群指标得分以及排名(见图 8-15)以及最后的综合得分情况和排名(见图 8-16)。

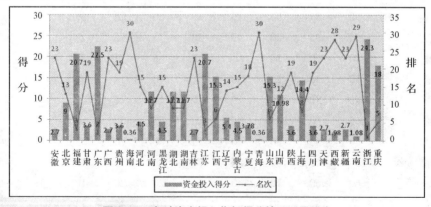

图 8-10 各地资金投入指标得分情况以及排名

第八章 公共体育服务评价体系

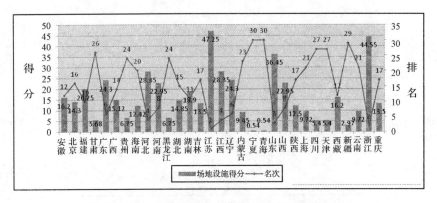

图 8-11 各场地设施指标得分情况以及排名

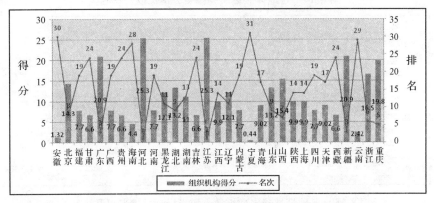

图 8-12 各地组织机构指标得分情况以及排名

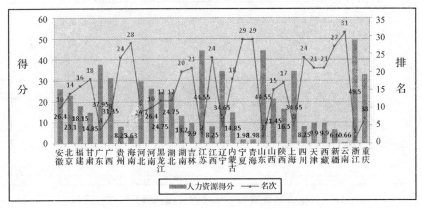

图 8-13 各地人力资源指标得分情况以及排名

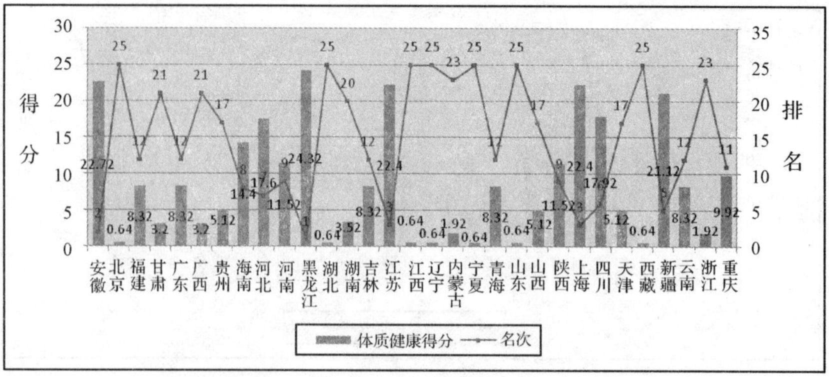

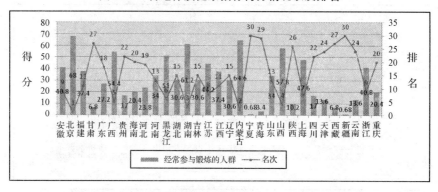

图 8-14　各地体质健康指标得分情况以及排名

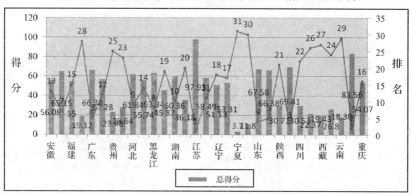

图 8-15　各地经常参与锻炼的人群指标得分情况以及排名

图 8-16　各地公共体育服务绩效评价综合得分情况以及排名

（三）评价等级

通过我国各省、自治区、直辖市公共体育服务绩效评价得分，我们可以直观地判定我国不同省份在各级指标上的得分情况，但要科学地判断各个省份在公共体育服务绩效方面的层次和水平，就必须建立我国公共体育服务绩效的等级

第八章 公共体育服务评价体系

评价标准。

按照测量与评价理论,等级评价通常采用五等评价法,即上等、中上等、中等、中下等、下等。五等评价既可以采用离差法,又可以采用百分位数法。因为百分位数法与离差法相比,除具有离差法的优点外,由于不是以平均数为基准值,以标准差为离散距,而是以中位数为基准值,以其他各百分位数为离散距来划分评价等级的,所以对于正态分布或非正态分布的各种资料均适用。五等评价法,国外已普遍使用,从发展趋势上看,将来很有可能以百分位数法代替离差法。

因此,为了反映我国各个省份在公共体育服务绩效方面的层次和水平差异,本研究采用百分位数法建立了我国公共体育服务绩效评价等级标准(见表8-11),并根据等级标准得到了我国各个省份的公共体育服务绩效的等级和排名(见表8-12)。

表8-11 我国公共体育服务绩效等级评价标准

标准指标	下等	中下等	中等	中上等	上等
	10% - 0.01↓	10%~25% - 0.01(包括10%)	25%~75%(包括25%,75%)	75% + 0.01~90%(包括90%)	90% + 0.01↑
绩效总得分	18.379↓	18.380~26.790	26.80~61.840	61.851~67.580	67.581↑

表8-12 我国公共体育服务绩效等级评价结果以及排名

排名	省、自治区、直辖市	等级	排名	省、自治区、直辖市	等级
1	江苏	上等	17	辽宁	中等
2	浙江	上等	18	江西	中等
3	上海	上等	19	湖北	中等
4	山东	中上等	20	吉林	中等
5	山西	中上等	21	陕西	中等
6	广东	中上等	22	四川	中等
7	北京	中上等	23	海南	中等
8	黑龙江	中上等	24	新疆	中下等
9	河北	中等	25	贵州	中下等
10	湖南	中等	26	天津	中下等
11	广西	中等	27	西藏	中下等
12	安徽	中等	28	甘肃	中下等
13	河南	中等	29	云南	中下等
14	福建	中等	30	青海	下等
15	重庆	中等	31	宁夏	下等
16	内蒙古	中等			

* 表中未列我国港、澳、台地区的评价结果及排名。

(四)结果分析

2013年12月31日,国家体育总局与江苏省人民政府签订了《建设公共体育服务体系示范区合作协议》,以江苏省为公共体育服务体系示范区,为我国公共体育服务体系建设提供示范,带动我国公共体育服务水平的发展。江苏省公共体育服务体系示范区的建立是对江苏省公共体育服务工作成绩的充分肯定。通过前文对构建的我国公共体育服务绩效评价体系的实证结果可以看出,江苏省的公共体育服务绩效综合评价得分排名全国第一位,这也充分说明,本研究构建的公共体育服务绩效评价体系具有实际操作的合理性和实用性。前文提到过,构建评价体系不是为了单纯地评价,而是通过得出评价结果,发现问题,探索提高路径,因此,除了能够得出准确的评价结果,还应该能够通过评价结果做出合理的现象分析和解释,获得我国公共体育服务绩效水平的提升路径。

1. 雷达分析法

为了能够更好地分析我国公共体育服务绩效水平,有针对性地发现我国公共体育服务绩效水平的提升路径,本研究又引入另一种经济系统评价中常采用的系统态势分析方法——雷达分析法。

雷达分析是通过雷达图的建立进行指标(因素)态势判断的。在经济系统发展态势评价中,雷达图是由三个同心圆构成的,系统评价各指标被平均分配在与同心圆相交的诸条射线上。其中,中间的圆代表各指标标准值,通常取某年度的计划值或同行业平均先进水平值;外面的大圆半径为中间圆半径的1.5倍,作为最好状态的标准(即最优值),里面的小圆半径为中间圆半径的1/2,作为最差状态的标准(即最劣值)。每个指标的最优值、标准值、最劣值标在代表该指标的射线上。在Office 2007中的Microsoft Excel可以输出雷达图,我们只需要按照雷达分析的步骤,首先计算出各指标的最优值、标准值、最劣值,然后在Microsoft Excel的Sheet栏中建立各指标的数据电子表格,列栏包括各指标,行栏包括最优值、标准值、最劣值和实际值,将各指标的数据分别输入对应的表格中。电子表格建立后,将表格内容选定,然后展开"插入"下拉菜单,选择"建立图表",在图表类型中选择"雷达图",在操作向导的提示下,便可完成指标雷达分析图的输出。

本研究在对所选取样本的公共体育服务绩效态势进行分析时,采用了雷达分析法,但运用雷达分析时与经济领域运用的雷达分析有所不同。主要表现在:本研究各指标的标准值采用所选样本的平均值,由于我们旨在对样本省份指标的态势进行总体上的判断,所以,我们不采用最优值和最劣值,而采用优势及劣势指标的临界值分别替代传统雷达分析中的最优值和最劣值,优势值的半

第八章 公共体育服务评价体系

径大小采用指标平均值＋标准差(M＋Std.)，劣势值的半径大小采用指标平均值－标准差(M－Std.)。

按照上述分析，我们分别对三个样本省份的公共体育服务绩效态势进行了个案雷达分析，在 Microsoft Excel 上分别输入各样本公共体育服务绩效测量指标，即三级指标(晨/晚练点每天一小时相对稳定活动人数、年度体质监测受测人数、年度体质监测达标率、体育指导员总数量、晨/晚练点配备指导员数量、体育组织数量、体质监测点数量、体育健身场所总数量、晨/晚练点数量、年度场地设施建设资金投入指标、年度群众体育资金投入)态势分析雷达图。具体方法是：

第一，依据我国公共体育服务绩效评价标准表(表8-7)分别计算样本省份测量指标的得分(采用指标不加权得分，见表8-13)。

第二，分别计算样本各个测量指标得分的平均值(M)和标准差(Std.)。

第三，界定样本省份测量指标得分的优势及劣势临界值(M±Std.)。

我国公共体育服务绩效测量指标雷达分析参照值见表8-14。

表8-13 我国各省公共体育服务各单项指标评分结果(不加权)

	年度场地设施建设资金投入	年度群众体育资金投入	体育健身场所总数量	晨(晚)练点数量	体育组织数量	体质监测点数量	晨(晚)练点配备指导员数量	体育指导员总数量	年度体质监测受测人数	体质监测达标率	每天一小时相对稳定活动人数
北京	75	55	15	20	15	80	55	70	15	40	100
天津	50	10	25	15	10	80	35	20	50	15	20
河北	50	65	75	80	55	100	80	75	75	80	35
山西	10	65	65	65	65	80	60	60	40	75	85
内蒙古	65	25	30	40	65	15	50	30	5	80	95
辽宁	65	45	80	75	75	55	100	75	1	35	45
吉林	35	30	40	50	40	35	70	1	55	20	45
黑龙江	55	50	30	30	35	65	65	55	90	25	75
上海	70	75	5	75	10	80	90	40	80	90	40
江苏	80	90	100	100	100	70	90	100	75	90	65
浙江	90	100	90	90	90	60	80	90	35	55	60
安徽	20	30	60	25	5	10	55	60	85	55	60
福建	85	85	75	55	70	15	55	45	55	55	55
江西	90	65	90	55	60	50	15	25	25	45	55
山东	75	90	80	95	80	40	90	90	25	35	50

续表

	年度场地设施建设资金投入	年度群众体育资金投入	体育健身场所总数量	晨(晚)练点数量	体育组织数量	体质监测点数量	晨(晚)练点配备指导员数量	体育指导员总数量	年度体质监测受测人数	体质监测达标率	每天一小时相对稳定活动人数
河南	55	75	70	65	40	35	70	65	65	55	50
湖北	30	70	45	60	50	65	75	50	25	55	45
湖南	25	65	85	40	80	25	70	65	70	20	90
广东	100	80	55	80	85	85	75	85	65	5	40
广西	15	40	15	80	45	20	85	80	30	100	80
海南	1	1	55	10	20	30	10	10	75	85	30
重庆	80	80	35	65	90	55	75	85	100	1	30
四川	30	25	25	25	30	50	25	35	80	15	25
贵州	40	15	20	40	55	5	30	25	50	10	25
云南	15	5	50	1	25	1	1	1	50	50	20
西藏	15	20	65	35	25	50	25	40	5	15	10
陕西	60	25	40	50	75	25	45	50	70	55	15
甘肃	45	40	10	45	30	40	50	20	30	75	10
青海	5	5	1	10	1	75	5	5	65	70	5
宁夏	5	50	5	5	5	5	15	10	15	35	1
新疆	50	15	1	5	20	90	15	15	90	5	1

* 表中未列出我国港、澳、台地区的评分结果。

表8-14 我国公共体育服务测量指标雷达分析参照值

	平均分	标准差	最优值	最劣值
			平均分+标准差	平均分−标准差
年度场地设施建设资金投入	47.94	29.01	76.95	18.93
年度群众体育资金投入	48.1	29.15	77.25	18.95
晨(晚)练点每天一小时相对稳定活动人数	44.9	28.55	73.45	16.35
年度体质监测达标率	46.65	28.94	75.59	17.71
年度体质监测受测人数	51.48	28.26	79.74	23.58
晨(晚)练点配备指导员数量	53.42	28.88	82.3	24.54
体育指导员总数量	47.77	28.92	76.69	18.85
体质监测点数量	48.1	28.37	76.47	19.73
体育组织数量	46.81	29.35	76.16	17.46
晨(晚)练点数量	48.26	28.27	76.53	19.99
体育健身场所总数量	46.35	29.92	76.27	16.43

2. 分析样本选择以及分析

（1）江苏省公共体育服务绩效情况雷达分析。由于江苏省公共体育服务绩效排名处于全国第一位,且江苏省现在是国家体育总局确立的公共体育服务体系建设示范区,选择江苏省作为样本,分析江苏省公共体育服务体系的绩效情况,将有助于进一步提高江苏省公共体育服务绩效水平,促进江苏省公共体育服务体系的建设和完善,发挥我国公共体育服务体系建设示范区的师范作用,促进我国公共体育服务绩效水平的整体提高以及我国公共体育服务体系的整体构建。

根据江苏省公共体育服务各个测量指标的不加权得分得出江苏省公共体育服务测量指标雷达分析与参照值(见表8-15),并参照表8-15得出江苏省公共体育服务测量指标态势雷达分析图(见图8-17)。

表8-15 江苏省公共体育服务测量指标雷达分析与参照值表

	年度场地设施建设资金投入	年度群众体育资金投入	体育组织数量	体质监测点数量	体育健身场所总数量	晨(晚)练点数量	晨(晚)练点配备指导员数量	体育指导员总数量	年度体质监测受测人数	年度体质监测达标率	晨(晚)练点每天一小时相对稳定活动人数
江苏	80	90	100	70	100	100	90	100	75	90	65
最优值	76.95	77.25	76.16	76.47	76.27	76.53	82.3	76.53	79.74	75.59	73.45
最劣值	18.93	18.95	17.46	18.85	16.43	19.99	24.54	19.99	17.71	17.71	16.35

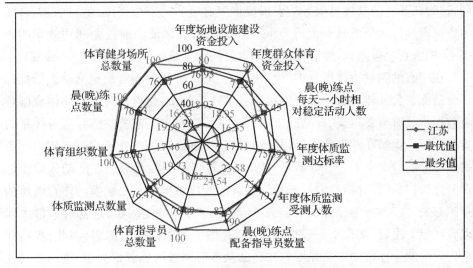

图8-17 江苏省公共体育服务测量指标态势雷达分析图

通过图8-17和表8-14可以看出,江苏省公共体育服务的测量指标得分绝大多数高于最优值,且有几项指标得分在90分以上,得分较低的几项指标也接近最优值。从江苏省测量指标的高评分可以看出,江苏省省政府、江苏省体育局等相关单位对于江苏省公共体育服务工作高度重视,为江苏省公共体育服务体系的构建和提升做出了大量富有成效的工作。

从图8-17可以看出,体育组织数量、体育指导员总数量、体育健身场所总数量和晨(晚)练点数量四项指标的评分均为100分(满分)。这四项测量指标所测内容直接影响着社会公众接受公共体育服务的便利性和质量。公共体育服务体系是为促进全民健身、增强人民体质的关键举措,服务对象是社会大众,江苏省四项满分测量指标正是与社会公众进行体育锻炼关系最为紧密的四项因素,是社会公众享受便利、高质量的公共体育服务主要途径。由此可以看出,江苏省对于公共体育服务体系的认识比较深刻,深知发展公共体育服务体系的规律,江苏省公共体育服务绩效评分全国排名第一与江苏省注重建设社会公众获取公共体育服务途径密不可分。

江苏省公共体育服务体质监测点数量、年度场地设施建设资金投入等几项指标虽然没有达到满分,但也均高于最优值。年度场地设施建设资金投入是公共体育服务最基本的保障,经济基础决定上层建筑,雄厚的资金保障能够为公共体育服务的发展做出卓越的贡献。但是,江苏省资金投入的两项指标(年度场地设施建设资金投入、年度群众体育资金投入)均未达到满分,由此可以看出,江苏省对于投入资金的利用效率较高。江苏省体育彩票销售额居于全国前列,这为江苏省公共体育服务的发展提供了有坚实的资金保障,就目前来看,江苏省的资金投入仍然具有上升空间。如果能够在保证当前资金利用效率的前提下,加大资金投入,必然会促进江苏省公共体育服务绩效水平的进一步提高。

在所有的测量指标评分中,晨(晚)练点每天一小时相对稳定活动人数指标评分最低。公共体育服务的最终接受者是社会公众,此指标对于公共体育服务绩效评价具有重要意义,提高此指标评分也可以看作当前公共体育服务体系的重要目标。虽然江苏省此指标评分结果相对较低,但仍然处于我国各省份同类指标评分的较高水平。江苏省晨(晚)练点每天一小时相对稳定活动人数指标评分之所以最低,分析原因可能与江苏省的人口结构以及公民参与体育锻炼的意识有关。江苏省是经济发展强省,有较多的外来务工人员,这部分人群大多以青壮年为主,且文化水平较低,参与体育锻炼的意识相对薄弱,因此,提高此指标评分的途径应当以加强培养社会公众参与体育锻炼意识为主,进而提升江苏省公共体育服务绩效水平。

总体来看,江苏省公共体育服务绩效水平处于上等水平,资源利用率较高,可以通过进一步的资金投入来提高公共体育服务绩效水平。必须注意的是,江苏今后应当加强对于体育锻炼重要性的宣传,增强社会公众参与体育锻炼的意识。总之,江苏省公共体育服务体系的建设具有很多经验值得向全国推广。

(2)广东省公共体育服务绩效情况雷达分析。广东省是我国经济发展较快的省份,具有雄厚的资金保障基础,但是广东省的公共体育服务绩效评价得分仅仅处于中上等水平,因此,本研究选择广东省作为样本进行分析,以发现广东省公共体育服务发展的欠缺之处,为其他地区发展公共体育服务提供前车之鉴。

本研究根据广东省各个测量指标的不加权得分得出广东省公共体育服务测量指标雷达分析与参照值(见表8-16),并参照表8-16得出广东省公共体育服务测量指标态势雷达分析图(见图8-18)。

表8-16 广东省公共体育服务测量指标雷达分析与参照值

	年度场地设施建设资金投入	年度群众体育资金投入	体育组织数量	体质监测点数量	体育健身场所总数量	晨(晚)练点数量	晨(晚)练点配备指导员数量	体育指导员总数量	年度体质监测受测人数	年度体质监测达标率	晨(晚)练点每天一小时相对稳定活动人数
广东	100	80	85	85	55	80	75	85	65	5	40
最优值	76.95	77.25	76.16	76.47	76.27	76.53	82.3	76.69	79.74	75.56	73.45
最劣值	18.93	18.95	17.46	18.85	16.43	19.99	24.54	18.85	23.58	17.71	16.35

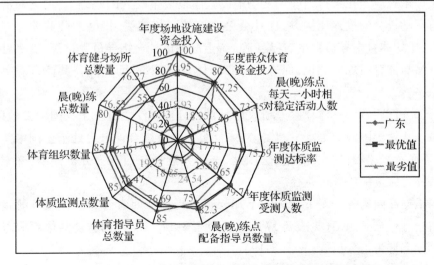

图8-18 广东省公共体育服务测量指标态势雷达分析图

从各项测量指标的评分来看,广东省的场地设施建设投入为满分,群众体育资金投入也处于最优值行列,资金投入较多,总体来看,符合广东省经济大省的角色。但是,广东省的资金投入偏重于场地设施建设,对于群众体育资金的投入相对较少。公共体育服务主要对象是社会公众,社会公众对于体育资源的要求不仅仅是体育场地设施需求,同样需要政府组织体育活动等。广东省注重设施建设,虽然能够为社会公众提供更好、更多的体育锻炼场地设施,但是,群众体育资金投入的相对较少,容易导致公共体育服务场地设施资源不能够得到充分的利用,造成资源闲置浪费。

从图 8-18 来看,广东省公共体育服务大部分可测量指标都处于最优值,但是,晨(晚)练点每天一小时相对稳定活动人数指标和年度体质监测达标率指标分数较低,体质监测达标率指标甚至低于最劣质。这两项指标是公共体育服务绩效评价效益评价指标的关键指标,对于反映公共体育服务效益水平有重要作用。分析其较低的原因,可能与广东省外来人口众多,人们的生活节奏较快,社会公众参与体育锻炼的意识薄弱有关。另外,体育健身场所总数量指标评分也低于最优值,广东省年度场地设施建设投入指标的评分为最高分,体育健身场所数量却较少,这可能与广东省的地区经济特点有关,虽然年度场地设施建设资金投入较高,但是由于物价高,场地设施建设的成本自然也高,高投入没有带来高产出。同时,体育健身场所数量相对较少,也影响了社会公众参与体育锻炼活动,以致影响每天一小时相对稳定活动人数指标和年度体质监测达标率指标的评分结果。

广东省应当在维持当前年度场地设施建设资金投入的基础上,加大对群众体育活动资金的投入比例,增加社会公众能够直接感受、接触的公共体育服务投入,比如体育指导员数量、各晨(晚)练点配备的社会指导员数量等,提高社会公众参与体育锻炼的意识,促进公众参与体育锻炼,进而提高公共体育服务绩效水平。

(3)江西省公共体育服务绩效情况雷达分析。江西省位于我国中部地区,经济水平处于国内中等水平,其公共体育服务绩效综合评分也处于全国中等水平,表面看来比较符合实际情况,因此,本研究选择江西省为分析样本,探索其公共体育服务绩效评价路径。

根据江西省各个测量指标的不加权得分得出江西省公共体育服务测量指标雷达分析与参照值(见表 8-17),并参照表 8-17 得出江西省公共体育服务测量指标态势雷达分析图(见图 8-19)。

第八章 公共体育服务评价体系

表8-17 江西省公共体育服务测量指标雷达分析与参照值表

	年度场地设施建设资金投入	年度群众体育资金投入	体育组织数量	体质监测点数量	体育健身场所总数量	晨(晚)练点数量	晨(晚)练点配备指导员数量	体育指导员总数量	年度体质监测受测人数	年度体质监测达标率	晨(晚)练点每天一小时相对稳定活动人数
江西	90	65	60	50	90	55	15	25	25	45	55
最优值	76.95	77.25	76.16	76.47	76.27	76.53	82.3	76.53	79.74	75.59	73.45
最劣值	18.93	18.95	17.46	18.85	16.43	19.99	24.54	19.99	17.71	17.71	16.35

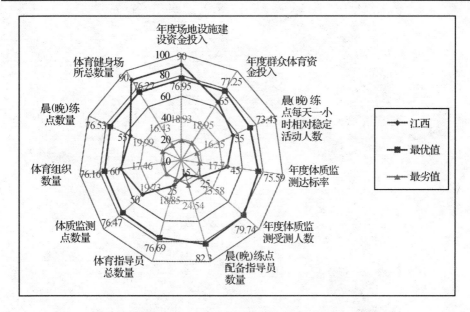

图8-19 江西省公共体育服务测量指标态势雷达分析图

从图8-19可以发现,江西省与广东省一样,在年度体育场地设施的资金投入较多,但是由于江西省的物价水平要比广东省低,因此,其体育健身场所总数量评价得分高于最优值。从所有的测量指标得分来看,江西省只有年度体育场地设施投入和体育场地数量两项指标高于最优值,其他公共体育服务指标均低于最优值甚至低于最劣质。由此推断,江西省目前对于公共体育服务体系的建设偏重于硬件投入建设,体育指导员、体育组织等软件建设相对较为薄弱,忽视了服务的提升,而建设公共体育服务体系的重点恰恰就在于服务。因此,加大培养体育指导员数量和质量成为江西省提高公共体育服务绩效水平的主要途径。

通过分析以上三个样本省份我们可以发现,我国共公共体育服务绩效水平提高的主要途径应当是发展社会公众能够直接感受到的测量指标项目,比如体育组织数量、体育社会指导员数量等,让社会公众能够更加便利地感受到更高质量的公共体育服务,提高社会公众的身体素质和社会公众参与体育锻炼的意识。公共体育服务是为社会公众提供公共体育服务资源,改善和发展公民体质,满足社会公众的体育需求,这既是公共体育服务体系建设的目标,也是我国公共体育服务绩效水平提高的路径。

参考文献

[1] 莱昂·狄骥.公法的变迁[M].郑戈,译.沈阳:辽海出版社,1999.

[2] 石国亮.国外政府信息公开探索与借鉴[M].北京:中国言实出版社,2011.

[3] 罗杰·科特威尔.法律社会学导论[M].潘大松,译.北京:华夏出版社,1989.

[4] 樊炳有,高军.体育公共服务:内涵、目标及运行机制[M].北京:人民体育出版社,2010.

[5] 秦椿林,张瑞林.体育管理学[M].北京:高等教育出版社,2002.

[6] 任强.公共服务均等化问题研究[M].北京:经济科学出版社,2009.

[7] 刘学之.基本公共服务均等化问题研究[M].北京:华夏出版社,2008.

[8] 范宏伟.公共体育服务均等化研究[M].北京:北京体育大学出版社,2010.

[9] 马占新,马生昀,包斯琴高娃.数据包络分析及其应用案例[M].北京:科学出版社,2013.

[10] 撒穆尔·伊诺克·斯通普夫.西方哲学史(第八版)[M].北京:世界图书出版公司,2008.

[11] 中共中央宣传部.科学发展观学习读本[M].北京:学习出版社,2008.

[12] 唐铁汉.中国公共管理重大理论与实践创新[M].北京:北京大学出版社,2007.

[13] 丁元竹.非政府公共部门与公共服务——中国非政府公共部门服务状况研究[M].北京,中国经济出版社,2005.

[14] 闵健,李万来,刘青.公共体育管理概论[M].北京:北京体育大学出版社,2005.

[15] 周三多,陈传明,鲁明泓.管理学——原理与方法(第四版)[M].上海:复旦大学出版社,2007.

[16] 孙晓莉.中外公共服务体制比较[M].北京:国家行政学院出版社,2008.

[17] 沈荣华.公共服务制度安排:增加投入、扩大参与和改善过程[M].北京:

中国经济出版社,2006.
- [18] 本书编写组.中共中央关于构建社会主义和谐社会若干重大问题的决定[M].北京:人民出版社,2006.
- [19] 句华.公共服务中的市场机制:理论、方式与技术[M].北京:北京大学出版社,2006.
- [20] 宋世明.美国行政改革研究[M].北京:国家行政学院出版社,1999.
- [21] 张国清.和谐社会研究[M].北京:人民出版社,2006.
- [22] 冯云廷.城市公共服务体制:理论探索与实践[M].北京:中国财政经济出版社,2004.
- [23] 卢映川,万鹏飞,等.创新公共服务的组织与管理[M].北京:人民出版社,2007.
- [24] 艾伦·劳顿著.公共服务伦理管理[M].冯周卓,汤林弟,译.北京:清华大学出版社,2008.
- [25] 陈干全.公共服务民营化及其政府管理研究[M].合肥:安徽大学出版社,2008.
- [26] 李军鹏.公共服务学——政府公共服务的理论与实践[M].北京:国家行政学院出版社,2007.
- [27] 李军鹏.公共服务型政府[M].北京:北京大学出版社,2005.
- [28] 唐铁汉,袁曙宏.公共服务创新[M].北京:国家行政学院出版社,2007.
- [29] 刘厚金.我国政府转型中的公共服务[M].北京:中央编译出版社,2008.
- [30] 任洁.公共服务能力[M].北京:人民出版社,2005.
- [31] 中国(海南)改革发展研究院.建设公共服务型政府[M].北京:中国经济出版社,2005.
- [32] 中国(海南)改革发展研究院.基本公共服务与人中国人类发展[M].北京:中国经济出版社,2008.
- [33] 中国(海南)改革发展研究院.聚焦中国公共服务体制[M].北京:中国经济出版社,2005.
- [34] 珍妮特·V.登哈特,等.新公共服务——服务而不是掌舵[M].丁煌,译.北京:中国人民大学出版社,2004.
- [35] 鲍明晓.经济学视野中的群众体育[C]//国家体育总局政策法规司.群众体育战略研究[M].北京:北京体育大学出版社,2005.
- [36] 本书编写组.中共中央关于制定国民经济和社会发展第十一个五年规划的建议(辅导读本)[M].北京:人民出版社,2005.

[37] 贺新宇.重塑公共管理的基本职能[M].北京:中国社会科学出版社,2006.

[38] 陈昌盛,蔡跃洲.中国政府公共服务:体制变迁与地区综合评估[M].北京:中国社会科学出版社,2007.

[39] 撒穆尔·伊诺克·斯通普夫.西方哲学史(第八版)[M].世界图书出版公司,2008.

[40] 中共中央宣传部.科学发展观学习读本[M].北京:学习出版社,2008.

[41] 课题组.国外公共服务体系建设与我国建设服务型政府[J].中国行政管理,2011(2).

[42] 课题组.上海市体育公共服务的实践与探索[J].体育科研,2008(2).

[43] 刘玉.论社会转型期我国体育公共服务的内涵、特性与分类框架[J].成都体育学院学报,2010,36(10).

[44] 郇昌店,肖林鹏,李宗浩,杨晓晨.我国公共体育服务发展述评[J].体育学刊,2009(6).

[45] 戴永冠,田雨.论体育强国的精神维度[J].成都体育学院学报,2011(7).

[46] 申静文.从我国的国情看企业化政府的可行性[J].法制与社会,2007(11).

[47] 吴志华.试论政府适度仿企业化[J].华东师范大学学报(哲学社会科学版),2000(2).

[48] 岑劲霈.马来国立大学实行企业化改革[J].民办教育研究,2006(4).

[49] 韩健.呈贡10名"新官"昨受聘 "政府企业化管理"现云南[EB/OL].http://www.baoshan.cn/4034/2005/08126/7070/40251.[2005-08-26].

[50] 刘福垣.地方政府要防止企业化倾向[J].宁波经济(财经视点),2004(3).

[51] 肖林鹏,李宗浩,杨晓晨.公共体育服务概念及其理论分析IJ].天津体育学院学报,2007(2).

[52] 任春香,李红卫.新时期我国公共体育服务体系的基本内容探析[J].体育与科学,2011(5).

[53] 谢正阳,胡乔,李燕领,汤际澜.公共体育服务体系建设中公民参与的必要性、可行性及路径[J].南京体育学院学报,2011(1).

[54] 戴维·奥斯本,特德·盖布勒.改革政府:企业精神如何改革着公营部门[M].周敦仁,译.上海:上海译文出版社,1996.

[55] 国家发展改革委社会发展司.加快发展体育公共服务积极扩大群众体育消费[J].中国经贸导刊,2010(4).

[56] 何精华.区分供给与生产:基于政府公共服务职能实现方式的分析框架[J].中国行政管理,2007(2).

[57] 卢志军.广州市城市社区公共体育服务供给影响因素与对策[J].广州体育学院学报,2011(4).

[58] 李景鹏.从管制型政府向服务型政府的转变[J].新视野,2004(5).

[59] 张树平,曹立红.当代中国行政改革中的政府仿企业化问题浅析[J].探索,2001(4).

[60] 方同义.多元利益群体的利益表达与和谐社会建设[J].浙江社会科学,2006(6).

[61] 陶元浩.弱势群体利益表达机制社会化途径的完善[J].新东方.2007(4).

[62] 李红.和谐社会亟待建立完善多元利益诉求表达协调机制[J].湖南社会科学,2007(4).

[63] 肖国良.21世纪初我国群众体育的发展趋势及对策[J].广州体育学院学报,2001(1).

[64] 栾开封.《全民健身条例》试解读[J].体育文化导刊,2011(1).

[65] 张发强.贯彻"三个代表",抓好"三个环节",借助"三会两湖",努力开创新世纪、新阶段群众体育工作的新局面[J].中国体育科技,2003(6).

[66] 政府有哪些公共服务职能?[EB/OL].http://zhidao.baidu.com/question/447973.html.

[67] 陈红峰.财政扶持企业专项资金支出绩效评价之我见[J].财会月刊(综合),2007(1).

[68] 樊炳有.我国体育公共服务发展理念及目标[J]上海体育学院学报,2010(5).

[69] 樊炳有.体育公共服务理论框架及系统结构[J].体育学刊,2009(6).

[70] 戴永冠,许斌.对我国竞技体育体制人本思想的思考[J].体育学刊,2009(3).

[71] 裴立新.关于构建省域全民健身体系的理论研究[J].西安体育学院学报,2007(4).

[72] 张兆才.城市社区群众体育的变化与发展对策[J].上海体育学院学报,2005(2).

[73] 张发强.中国社会体育现状调查结果报告[J].体育科学,1999(1).

[74] 周良君.广东省体育公共服务均等化现状与路径选择[J].上海体育学院学报,2011(35).

[75] 林锋."幸福广东"视域下公共体育服务均等化现状与对策[J].体育成人教育学刊,2011(5).

[76] 肖建忠,郭裔.广东农村体育开展现状与发展对策[J].上海体育学院学报,2008(4).

[77] 粤所有乡镇将建公共体育设[EB/OL].http://www.gdsports.net/html/gd-tyyw/2012_08_31_09_9177.html.

[78] 储节旺,郭春侠.知识创新的信息保障研究[J].情报杂志,2006(1).

[79] 江明融.公共服务均等化论略[J].中南财经政法大学学报,2006(3).

[80] 张玉珍,张红萱.构筑国家知识创新的信息保障体系研究[J].现代情报,2006(9).

[81] 王文华.试论新时期图书馆对知识创新的信息保障体系[J].现代情报,2006(12).

[82] 沈荣华.各级政府公共服务职责划分的指导原则和改革方向[J].中国行政管理,2007(1).

[83] 安体富.完善公共财政制度逐步实现公共服务均等化[J].财经问题研究,2007(7).

[84] 耿振英.河北省科技信息保障体系研究[J].现代情报,2007(8).

[85] 查先进,焦玉英.网络环境下企业竞争的信息保障[J].中国图书馆学报,1999(6).

[86] 廉立军,黄晓鹏.关于建立高校科研辅助支持系统及科研信息保障体系的思考[J].现代情报,2005(12).

[87] 郑家鲲,黄聚云.基本公共体育服务评价指标体系的构建[J].上海体育学院学报,2013(1).

[88] 丁鸿祥.社区公共体育服务供给模式创新研究[J].广州体育学院学报,2012(1).

[89] 张彦.社会保障概论[M].南京:南京大学出版社,1999.

[90] 曹可强.论政府公共体育服务供给的需求导向——以上海市为例[J].成都体育学院学报,2011(11).

[91] 赵景明.大学生创业决策的信息保障研究[J].图书馆学研究,2011(3).

[92] 胡潜,李巍.创新型国家的信息服务体制与信息保障体系构建(5)——面向企业创新的集成信息服务推进[J].图书情报工作,2010(6).

[93] 吕炜,王伟同.我国基本公共服务提供均等化问题研究——基于公共需求与政府能力视角的分析[J].财政研究,2008(5).

[94] 尹维增,张德利.对构建和谐社会环境下公共体育服务的基本责任研究[J].体育与科学,2009(1).

[95] 郇昌店,肖林鹏.公共体育服务均等化初探[J].体育文化导刊,2008(2).

[96] 史全胜.高校图书馆资料室对重点学科文献信息保障体系构建探讨[J].图书馆工作与研究,2007(5).

[97] 阎世竞.动态优化藏书结构提高文献信息保障能力[J].图书馆工作与研究,2007(5).

[98] 乔冬梅,袁红梅.开放存取与西部科技信息保障战略[J].图书馆理论与实践,2007(5).

[99] 肖林鹏,李宗浩,杨晓晨.我国公共体育服务体系概念开发及其结构探讨[J].天津体育学院学报,2007(6).

[100] 王松涛,郑思齐,冯杰.公共服务设施可达性及其对新建住房价格的影响——以北京中心城为例[J].地理科学进展,2007(6).

[101] 肖林鹏.论我国公共体育服务供给的基本问题[J].体育文化导刊,2008(1).

[102] 项继权.基本公共服务均等化:政策目标与制度保障[J].华中师范大学学报(人文社会科学版),2008(1).

[103] 赵杨,胡潜,张耀坤.创新型国家的信息服务体制与信息保障体系构建(4)——国家创新发展中的行业信息资源配置体系重构[J].图书情报工作,2010(6).

[104] 战梦霞.推进城乡劳动保障基本公共服务均等化共享改革发展成果[J].特区经济,2010(8).

[105] 于善旭.论《全民健身条例》对公共体育服务的制度推进[J].天津体育学院学报,2010(4).

[106] 唐鹏,潘蓉,刘嘉仪.农村公共体育服务体系的建构研究[J].体育与科学,2010(6).

[107] 周俊.政府购买公共服务的风险及其防范[J].中国行政管理,2010(6).

[108] 朱征宇,付强.我国区域公共体育服务体系构建的理论分析[J].广州体育学院学报,2011(5).

[109] 任春香,李红卫.新时期我国公共体育服务体系的基本内容探析[J].体育与科学,2011(5).

[110] 平杰,郭修金.青少年公共体育服务平台的构建[J].上海体育学院学报,2012(1).

[111] 于善旭.公共体育服务对法治政府建设的必然诉求[J].北京体育大学学报,2012(1).

[112] 张宏,陈琦.我国公共体育服务体系服务项目标准研究[J].成都体育学

院学报,2012(9).
[113] 刘德新,李少龙,任保国.《全民健身计划》实施目标下构建公共体育服务保障体系的研究[J].北京体育大学学报,2013(3).
[114] 张玉珍.高校知识创新中的信息保障体系研究[J].情报杂志,2005(1).
[115] 郑琳.企业供应链管理及其信息保障机制[J].情报科学,2003(2).
[116] 王小娟,郁俊,罗华敏,等.新农村多元化公共体育服务形式实证研究[J].体育科学,2012(2).
[117] 王翠萍.国家创新体系的知识管理与信息保障研究综述[J].图书情报工作,2008(2).
[118] 黄晓.和谐社会语境下公共体育服务均等化发展研究[J].成都体育学院学报,2008(5).
[119] 田菁,王秀芳.高校图书馆面向学科专业的文献信息保障模型[J].图书馆工作与研究,2006(3).
[120] 冯国有.体育公共服务均等化及其财政政策选择[J].上海体育学院学报,2007(6).
[121] 林万龙.中国农村公共服务供求的结构性失衡:表现及成因[J].管理世界,2007(9).
[122] 李萍美,许玲.我国公共体育服务市场化分析及路径选择[J].西安体育学院学报,2008(6).
[123] 吕炜,王伟同.我国基本公共服务提供均等化问题研究——基于公共需求与政府能力视角的分析[J].经济研究参考,2008(34).
[124] 郇昌店,肖林鹏,杨晓晨.我国公共体育服务研究框架探讨[J].山东体育学院学报,2009(2).
[125] 陈凌,毕强.高校自主创新信息保障体系运行机制研究[J].情报科学,2009(6).
[126] 郇昌店,肖林鹏,李宗浩,杨晓晨.我国公共体育服务发展述评[J].体育学刊,2009(6).
[127] 蓝国彬.实现城乡公共体育服务均等化的路径思考[J].体育与科学,2010(2).
[128] 范宏伟,靳厚忠,秦椿林,等.中国都市公共体育服务均等化发展的实证研究[J].武汉体育学院学报,2009(9).
[129] 胡吉明.创新型国家的信息服务体制与信息保障体系构建(2)——基于创新价值链的信息服务转型[J].图书情报工作,2010(6).

[130] 胡昌平,张敏,张李义.创新型国家的信息服务体制与信息保障体系构建(3)——知识创新中的跨系统协同信息服务组织[J].图书情报工作,2010(6).

[131] 刘德吉.国内外公共服务均等化问题研究综述[J].上海行政学院学报,2009(6).

[132] 朱睿,孙庆祝.我国公共体育服务系统构建研究[J].体育文化导刊,2010(3).

[133] 邓胜利,张李义,李巍.创新型国家的信息服务体制与信息保障体系构建(6)——创新发展导向下的国家信息保障制度建设[J].图书情报工作,2010(6).

[134] 尹德成.信息保障体系及技术发展研究[J].现代雷达,2010(8).

[135] 安体富,任强.政府间财政转移支付与基本公共服务均等化[J].经济研究参考,2010(47).

[136] 赖其军,郇昌店,肖林鹏,等.从政府投入到政府购买——公共体育服务供给创新研究[J].体育文化导刊,2010(10).

[137] 孙友祥.区域基本公共服务均等化的跨界治理研究——基于武汉城市圈基本公共服务的实证分析[J].国家行政学院学报,2011(1).

[138] 杨宝.政府购买公共服务模式的比较及解释——一项制度转型研究[J].中国行政管理,2011(3).

[139] 王艳.公共体育服务政府供给的创新途径研究[J].沈阳体育学院学报,2011(2).

[140] 汪锦军.农村公共服务提供:超越"碎片化"的协同供给之道——成都市公共服务的统筹改革及对农村公共服务供给模式的启示[J].经济体制改革,2011(3).

[141] 郇昌店,张琮.我国公共体育服务概念的辨析——兼与范冬云先生商榷[J].西安体育学院学报,2011(3).

[142] 芦军志.广州城市社区公共体育服务供给影响因素与对策[J].广州体育学院学报,2011(4).

[143] 浦义俊,宋惠娟,邱崇禧.善治视阈下公共体育服务均等化路径选择[J].成都体育学院学报,2011(10).

[144] 郑家鲲."十二五"时期构建我国公共体育服务体系的若干思考[J].成都体育学院学报,2011(12).

[145] 陈丛刊,卢文云,陈宁.英国公共体育服务供给体系建设的经验与启示[J].成都体育学院学报,2012(1).

[146] 胡昌平,瞿成雄.国家知识创新信息保障平台的协同建设[J].山西大学学报(哲学社会科学版),2012(3).

[147] 彭志平.广东生物医药企业创新信息需求及信息保障调查与分析[J].图书情报工作,2012(14).

[148] 戴健,郑家鲲.我国公共体育服务体系研究述评[J].上海体育学院学报,2013(1).

[149] 赵伯兴.知识创新系统的信息保障[J].情报科学,2003(1).

[150] 程刚.企业技术创新的信息保障体系研究[J].中国科技论坛,2003(5).

[151] 张海政,阚华,王建涛.面向公众素质的文献信息保障体系研究[J].图书情报知识,2005(4).

[152] 肖希明.构建知识创新的信息保障体系[J].图书馆论坛,2003(6).

[153] 唐铁汉.强化政府公共服务职能努力建设公共服务型政府[J].中国行政管理,2004(7).

[154] 顾丽梅.新公共服务理论及其对我国公共服务改革之启示[J].南京社会科学,2005(1).

[155] 孙志明,龚传信,刘广宇.军事装备信息保障研究[J].情报杂志,2005(1).

[156] 贺洪明.论西部贫困地区文献信息保障机制的建立[J].情报资料工作,2005(2).

[157] 王翠萍.论国家创新体系中的信息保障系统建设[J].情报资料工作,2002(2).

[158] 易剑东.中国体育公共服务研究[J].体育学刊,2012(2).

[159] 孙瑞英.建立国家文献信息保障体系的构想[J].情报科学,2002(7).

[160] 陈静霜.我国公共体育服务模式选择与供给主体分析[J].成都体育学院学报,2009(6).

[161] 刘思.中国体育事业投入产出数据包络分析[J].武汉体育学院学报,2006(7).

[162] 冯国有.体育公共服务均等化及其财政政策选择[J].上海体育学院学报,2007(6).

[163] 李丽,张林.体育公共服务:体育事业发展对公共财政保障的需求[J].体育科学,2010(6).

[164] 王才兴.体育公共服务国际比较与启示[J].体育科研,2008(2).

[165] 余平.财政体育投入的效率研究[J].武汉体育学院学报,2010(10).

[166] 吕亮雯,何静.基于超效率DEA模型的广东地方财政科技投入产出效率

分析[J].科技管理研究,2011(4).

[167] 高斌,等.上海静安区中小学体育场馆对外开放的政府购买模式分析[J].滁州学院学报,2011(4).

[168] 田卫民.中国科技投入对经济增长的贡献:1953—2007[J].经济问题探索,2011(8).

[169] 俞丽萍.体育公共服务均等化的财政分析[J].体育文化导刊,2012(7).

[170] 谭秀阁,杨建飞,王珏.基于DEA的我国财政科技投入效率评价[J].西安财经学院学报,2013(1).

[171] 刘霞.我国体育公平缺失的政策解析[J].体育与科学,2013(3).

[172] 陈洪平.体育产业财税支持政策的财政法思考[J].武汉体育学院学报,2013(3).

[173] 樊炳有.体育公共服务内涵、目标及运行机制研究[R].2007国家体育总局哲学、社会科学课题研究报告,2009(2).

[174] 贾康.区分"公平"与"均平"把握好政府责任与政策理性[J].财政研究,2006(12).

[175] 迟福林.推进制度建设加强基本公共服务(上)[J].当代经济,2008(5).

[176] 白晋湘.从全能政府到有限政府——市场经济条件下政府体育职能转变的思考[J].体育科学,2006(5).

[177] 罗旭.我国全民健身服务体系的理论与实证研究[J].体育科学,2008(8).

[178] 王忠武.论和谐社会建设的价值理念主导与价值目标追求[J].东南大学学报(哲学社会科学版),2008(2).

[179] 樊炳有.体育公共服务运行机制探讨[J].体育与科学,2010(2).

[180] 樊炳有.我国体育公共服务供给制度及实践路径选择探讨[J].体育与科学,2009(4).

[181] Kerrssens, Cook. Design principles of the developing of measurement systems for R&D process[J]. R&D Management,1997(4).

[182] Brown, Avension. Measuring R&D productivity[J]. Research Technology Management,1998(6).

[183] Ansoff I. Corporate strategy[M]. NewYork:McGraw—Hill Inc,1965.

[184] Freemanre. Strategic management:a stakeholder approach[M]. Boston:Pitman,1997.

后 记

"全民健身,健康中国"行动计划成为全面建成小康社会进程中体育事业的发展目标。满足人民群众多层次、宽领域、广覆盖公共体育服务需求,需要建立完善的公共体育服务体系。建设覆盖城乡、健康惠民的公共体育服务体系,是一项艰巨而光荣的任务,也是一项涉及面广、十分复杂的社会系统工程。公共体育服务体系建设既要立足基本国情,立足群众参与体育、享受体育的需求,建设群众身边的场地设施,建立健全群众身边的体育组织,开展群众身边的体育活动,使群众的体育权利得到充分保障;又要坚持政府主导,牢牢把握公共体育服务的公益性质,其中有诸多理论和实践问题需要我们深刻认识。为此,我们必须准确掌握公共体育服务体系建设这一系统的、动态的工程建设的核心问题,准确把握不同时期的公共体育服务体系内涵建设、构成要素、运行方式及其保障机制关键点,这样才能够合理构建公共体育服务体系。

十八大以来,党中央高度重视民生工程,改革的成果惠及全民。习近平同志指出:"人民对美好生活的向往,就是我们的奋斗目标。"这充分体现了党情系群众、关注民生的为民情怀。体育工作谋民生之利,解民生之忧,构建完善公共体育服务体系,就是"满足人民对美好生活的向往"的最好实践。公共体育服务体系的基本内涵就是要坚持以人为本,面向基层、保障基本、服务群众。其宗旨就是保障人的基本生存权,满足人的基本尊严和基本健康的需要。其鲜明特征就是公益性、普遍性、基本性、文化性。

《我国公共体育服务体系研究》是在经过大量的前期调研和理论研究基础之上形成的,是 2012 年国家软科学研究计划项目(编号:2012GXS4B058)研究成果。课题由我来牵头,课题组研究人员有苏州大学体育学院樊炳有教授、戴俭慧教授,陶玉流副教授、李燕领副教授、丁青博士,传媒学院谷鹏副教授,商学院邵伟钰副教授,法学院陈华荣博士后;江西师范大学戴永冠副教授、韦伟博士;杭州师范大学刘洋副教授等。体育学院张大志博士,研究生付冰、刘广飞参与了课题资料的收集和调研工作。

　　课题组经过多次、多部门的实地调研、访谈,查阅大量的国内外与公共服务体系相关的资料,针对公共体育服务体系构建及其内涵问题进行深入的研究与探讨。研究报告共分八章,主要围绕公共体育服务体系的基础理论、需求体系、供给体系、保障体系、评价体系五大关键问题展开研究。研究回答了当今最迫切的公共体育服务体系建设实践中的理论问题与现实问题,力图提出具有原创性的理论见解、理论体系与政策主张。尽管公共体育服务体系研究鲜有一些成果呈现,但是本研究还是体现了新颖和创新之处:一是紧密结合当今供给侧改革的思路,以供给侧改革调整供给结构,因此本研究第三章供给体系着重阐释了供给体制与机制问题,突破了传统研究侧重供给方式的研究思路。二是本研究从第四章至第七章着重探讨了供给体系的保障问题,是对公共体育服务体系的一个新的思考,组织体系、制度体系、信息服务体系、财政服务体系、评价体系实则都是保障供给体系的有效实施。这一研究框架体系是对现有公共体育服务体系研究的一个突破,也是本课题研究思路的创新之处。三是本研究明确了公共体育服务体系的深刻内涵和理论架构,从而丰富了公共体育服务的理论体系,为全面建设小康社会过程中公共体育事业的发展提供理论支持。四是本研究既有质的规定,又有量的要求。尤其在公共体育信息服务体系与评价体系方面,采用模型研究与数据分析,使研究成果因有理有据而更加翔实。

　　在课题研究之时,江苏和国家体育总局2013年年底签署共建公共体育服务示范区合作协议,目标是截至2015年年底江苏全省基本建立功能明确、网络健全、城乡一体、惠及全民的公共体育服务体系,实现苏南80%、苏中和苏北60%建成示范区的目标,截至2017年年底全省最终全面建成示范区。这体现了公共体育服务体系建设关系人民群众身体健康和生活幸福,是"迈上新台阶、建设新江苏"的重要内容。可以说,《我国公共体育服务体系研究》能为构建功能明确、网络健全、城乡一体、惠及全民的公共体育服务体系提出制度化安排、长效化推进机制,这既是课题研究的初衷,也是研究的最终目的。今后,课题组还将围绕公共体育服务均等化、标准化和多元化做文章,积极推进公共体育服务与健康、养老、文化、旅游融合发展,推动和引导体育产业的发展,形成公共体育服务与体育产业相互补充、协同创新的发展机制,完善落实规划、政策、标准、规范和

后 记

制度,拓展全民健身活动的深度和广度,为公共体育服务体系的理论研究和实践探索做出应有的贡献。

课题在研究过程中,参考了诸多研究成果,得到了各调研单位的大力支持和热情帮助,又经所有参与人员的共同努力,课题研究得以顺利完成,在此一并表示谢意。由于公共体育服务体系建设具有动态性,其研究思路、视野难免与现实发展存在差距,受研究水平所限,难免存在不足之处,敬请批评指正。

王家宏

2016 年 7 月 10 日